婚姻与家庭的规矩方圆

——婚姻家庭法律问题解答

徐康平　唐　玮　主　编

學苑出版社

撰写人（按姓氏笔画）

王成香　王振友　王桂菊　冯　尧
包明雅　刘梦军　冷荣芝　邱　晴
陈芷染　单美玉　信小静　胡朝新
唐　玮　徐　冉　徐净菡　徐康平

前　言

婚姻法是民法的重要组成部分，是调整社会婚姻关系的法律规范的总和，是社会的婚姻制度在法律上的集中表现。1950年我国制定了婚姻法，1980年对该法作了修订。几十年来的实践证明，婚姻法确立的婚姻自由、一夫一妻、男女平等的婚姻制度以及保护妇女、儿童和老人合法权益，禁止重婚，禁止家庭成员间的虐待和遗弃等基本原则对于建立和维护平等、和睦、文明的婚姻家庭关系，维护社会治安，促进社会主义精神文明建设和社会进步，发挥了积极作用。

为了便于广大公民熟知和掌握婚姻法，以更好地解决婚姻家庭关系中的纠纷，维护婚姻家庭关系的稳定，我们编写了《婚姻与家庭的规矩方圆——婚姻家庭法律问题解答》这本书。本书内容实用，结构新颖，适合于普通公民。全书分为结婚、收养、离婚、抚养、赡养、继承、救助措施与法律责任七个部分，配以简明的案例形式，每条均由“案情简介”、“专家提示”和“法律依据”三部分组成。本书既是一本普及婚姻法的读物，也是维护您婚姻家庭关系的良师益友。

由于本书编写时间比较仓促，加之作者水平有限，本书出现疏漏和错误在所难免，敬请读者批评指正。

作　者

2011年7月

目 录

结 婚

收　养

离　婚

抚　养

赡　养

继　承

救助措施与法律责任

结婚

2. 换亲是否属于包办买卖婚姻?

案情简介

某偏远农村地区一直都有换亲、转亲的习俗。此地男青年杜磊因为家境贫寒，已经年近30却还没能结婚，而杜磊有一妹妹杜梅也正值婚龄。杜家父母为了帮儿子解决婚姻大事延续杜家香火，决定和邻村的于家换亲。双方商定于家女儿于雪芹嫁给杜磊，杜梅则要和于雪芹的哥哥于建国结婚。此时，杜梅已经和自己的初中同学陈壮壮确立了恋爱关系，但是为了哥哥的婚事便违心地答应了在哥哥结婚后和于建国去登记结婚。杜磊和于雪芹如期完婚后，于家多次催促杜梅和于建国去办理结婚登记手续，并扬言如果杜梅再不去就要来抢人。杜梅实在不愿意屈就，便离家出走和男友陈壮壮外出打工。于家见杜家不守信，就逼迫女儿和杜磊离婚。但是，于雪芹和杜磊婚后生活和谐，已经培养出了深厚的感情，两人不愿离婚，想要寻求法律的帮助。

专家提示

本案主要涉及换亲行为是否属于包办买卖婚姻的法律问题。

所谓换亲，是指都有儿女的两家父母互相把自己的女儿嫁给对方儿子的一种包办婚姻的形式。所谓转亲，是指发生在三个都有儿女的家庭之间相互转着娶嫁的一种特殊的换亲形式。在换亲或转亲的婚姻方式中存在着两个或两个以上互为依存的婚姻关系。

换亲是旧社会残留下来的一种包办买卖婚姻的形式，严重地侵害了当事人的婚姻自由权。而且,换亲婚姻中很容易出现纠纷,夫妻感情大多不融洽。新中国成立后,换亲、转亲行为在我国大部分地区已经销声匿迹。但受封建残余思想和政治经济等条件的影响,在我国的一些偏远农村,父母主持和包办的换亲、转亲婚姻仍然存在。

我国《宪法》、《婚姻法》等相关法律均规定了婚姻自由原则,公民享有婚姻自主权,禁止买卖、包办婚姻和其他干涉婚姻自由的行为。对于现实中以换亲形式结成的婚姻,应根据具体情况具体分析,有区别地对待:首先,虽然换亲由双方父母主持,但是两婚姻当事人接触之后,自愿结婚并办理了结婚登记手续的,应视为有效的婚姻关系,受我国婚姻法的保护。其次,如果双方当事人未履行结婚登记手续,即以夫妻名义共同生活,应视为无效婚姻。这种情况下,如果双方当事人在"婚后"产生了夫妻感情,无意解除婚姻关系的,可经由婚姻登记机关或者人民法院确认为有效婚姻关系。如果没有建立起夫妻感情,要求解除婚姻关系的,应由人民法院按离婚案件处理,调解或者判决解除其婚姻关系。最后,如果双方当事人没有以夫妻名义共同生活,也不愿履行结婚登记手续的,任何人不得加以强迫或干涉。

本案中,杜家父母和于家父母主持双方子女换亲的行为属于典型的包办买卖婚姻,是侵犯他人婚姻自由的违法行为。婚姻自由包括结婚自由和离婚自由,因此,杜梅有不与于建国结婚的结婚自由,而结婚后不愿离婚的杜磊和于雪芹也有不离婚的离婚自由。

法律依据

《中华人民共和国婚姻法》第二条规定:“实行婚姻自由、一夫一妻、男女平等的婚姻制度。保护妇女儿童和老人的合法权益。”

《中华人民共和国婚姻法》第三条第一款规定:“禁止包办、买卖婚姻和其他干涉婚姻自由的行为。禁止借婚姻索取财物。”

3. 父母干涉儿女婚事是否违法？

案情简介

某市女青年刘小雅与农村青年苏大伟是大学同学，两人在大学期间建立了恋爱关系。大学毕业后，刘小雅与苏大伟恋情稳定，打算将恋爱关系告知双方家长并结婚。但是，刘小雅的父母知道后，嫌弃苏大伟出身农村且家境贫困，坚决反对自己女儿和苏大伟交往。在多次劝说女儿后，刘小雅父母发现女儿仍然态度坚决，常常背着父母与苏大伟接触。为了彻底断绝两人的关系，刘小雅父母索性把她锁在房间里，将其禁闭。小雅多次和父母沟通，并告知父母他们的做法是违反《婚姻法》的，但是小雅父母坚持认为他们是为了女儿的终身幸福着想，他们管自己的女儿没有错。

专家提示

本案涉及公民的婚姻自由问题。

所谓婚姻自由，是指婚姻当事人有权依法自主决定其婚姻问题，不受其他任何人强迫或干涉的权利。婚姻自由是我国宪法赋予公民的一项基本权利，包括结婚自由和离婚自由两个方面。

结婚自由是指符合结婚条件的婚姻当事人有权依据本人的意愿决定自己是否结婚、与谁结婚、什么时候结婚等问题，不受任何人的非法干涉；离婚自由是指符合离婚条件的婚姻当事人有权自主决定自己是否离婚、何时离婚等问题，任何人不得非法干涉。

受封建传统思想和习俗的影响，我国还普遍存在着侵犯公民婚姻自由的行为，主要表现为：包办买卖婚姻，强迫他人结婚或离婚、干涉丧偶或离婚者再婚等。根据我国相关法律规定，以暴力、威胁等手段干涉他人婚姻自由不仅是一种违法行为，情节严重的还会构成暴力干涉婚姻自由罪，将依法追究刑事责任。这里所谓的暴力，是指对意图结婚或离婚的人实行拳打脚踢、捆绑、禁闭、强抢等人身强制的方法。

本案中，刘小雅的父母不顾女儿的意愿，为阻止其与苏大伟结婚将其禁闭在家中，已经侵犯了刘小雅的婚姻自由权。但是，刘小雅父母干涉女儿婚姻自由的行为尚未造成严重后果，且被害人刘小雅未向司法机关告发，基于暴力干涉婚姻自由罪不告不理的处理原则，不宜追究被告人的刑事责任。如果刘小雅要求公安机关处理，公安机关可依照《中华人民共和国治安管理处罚法》的规定，对其父母进行警告、拘留或者罚款，以保障小雅的婚姻自由。

法律依据

《中华人民共和国宪法》第四十九条规定："禁止破坏婚姻自由……"

《中华人民共和国婚姻法》第三条第一款规定："禁止包办、买卖婚姻和其他干涉婚姻自由的行为。"

《中华人民共和国婚姻法》第五条规定："结婚必须男女双方完全自愿，不许任何一方对他方加以强迫或任何第三者加以干涉。"

《中华人民共和国妇女权益保障法》第四十一条规定："国家保护妇女的婚姻自主权。禁止干涉妇女的结婚、离婚自由。"

《中华人民共和国刑法》第二百五十七条规定："以暴力干涉他人婚姻自由的，处二年以下有期徒刑或拘役。犯前款罪，致使被害人死亡的，处二年以上七年以下有期徒刑。"

4. 子女干涉老年人的再婚行为是否违法?

案情简介

傅大爷的老伴儿已经病故多年，其间傅大爷独自抚养子女至子女们都成家立业。随着年纪的增长，年近古稀的张大爷愈发感觉孤独和空虚，为了晚年有人陪伴照应，傅大爷有了再找老伴儿的打算。不久，经朋友牵线，他认识了和自己遭遇相似的李大娘，两人相处很融洽，就打算结为夫妻，长期生活在一起。当两位老人准备登记结婚和子女沟通时，却遭到双方子女的阻拦。双方子女均言辞激烈，百般阻挠，扬言如果他们胆敢结婚就和他们断绝关系。傅大爷的儿子甚至威胁要把傅大爷赶出家门，不再尽赡养义务。两位老人想要结婚，却惧怕子女们的威胁，怕年老了无人赡养，不知道该怎么办。

专家提示

本案涉及子女干涉老年人婚姻自由的法律问题。

我国《宪法》及《婚姻法》规定的婚姻自由原则体现的是公民对其婚姻问题的意思自主，包括结婚自由和离婚自由。任何公民的婚姻自由权利都是平等的，并没有青年人、中年人，或老年人的婚姻自由之分。丧偶老人再婚，只要是出于双方自愿，并且符合法律的规定，都应当受到法律的保护。

近年来，随着我国的老龄人口增多，国家也越来越重视对老年人权益的保护。但是，对于老年人的再婚行为，子女们往往不能理解老年人的苦衷，觉得自己的父母再婚有损其颜面，并且会产生财产上的纠纷等。因此，子女对老年人婚姻自由的干涉时有发生，主要表现为规劝老人保持晚节；威胁老人，如老人再结婚的话，儿女将与其断绝关系不再承担赡养义务；甚至采取暴力的形式干涉老年人的婚姻问题。这些干涉老年人婚姻自由的行为严重地侵害了老年人的合法权益，剥夺了老年人追求幸福的权利，使老人的身心受到很大的摧残。

根据我国相关法律的规定，老年人也同年轻人一样享有婚姻自由。子女或者其他亲属应当尊重老年人的婚姻权利，不得干涉老年人再婚以及婚后的生活。子女不应因父母再婚而拒绝履行赡养义务，子女对父母的赡养义务，不因父母的婚姻关系变化而终止。如果暴力干涉老年人婚姻自由或者对老年人负有赡养义务、扶养义务而拒绝赡养、扶养，情节严重构成犯罪的，还要承担刑事责任。

本案中，傅大爷和李大娘对于双方子女干涉两人再婚的行为，可以请有关单位或部门进行调解。有关单位或部门应当对双方子女进行严肃的批评教育，使他们正确地对待老人的再婚问题。如果双方子女仍不悔改或以老人再婚为由拒不承担赡养义务的，两位老人可以诉至法院以维护自己的权益。

法律依据

《中华人民共和国宪法》第四十九条第四款规定:“禁止破坏婚姻自由,禁止虐待老人、妇女和儿童。”

《中华人民共和国婚姻法》第三条第一款规定:“禁止包办、买卖婚姻和其他干涉婚姻自由的行为。”

《中华人民共和国婚姻法》第三十条规定:“子女应当尊重父母的婚姻权利,不得干涉父母再婚以及婚后的生活。子女对父母的赡养义务,不因父母的婚姻关系变化而终止。”

《中华人民共和国老年人权益保障法》第十八条规定:“老年人的婚姻自由受法律保护,子女或者其他亲属不得干涉老年人离婚、再婚和婚后生活。赡养人的赡养义务不因老年人的婚姻关系变化而消除。”

《中华人民共和国老年人权益保障法》第四十七条规定:“暴力干涉老年人婚姻自由或者对老年人负有赡养义务、扶养义务而拒绝赡养、扶养,情节严重构成犯罪的,依法追究刑事责任。”

5. 丧偶妇女可否携子带产改嫁?

案情简介

古月蓉的丈夫因车祸去世后,她就一直带着三岁的儿子刘文峰和婆家人一起生活。孤儿寡母的生活本来就十分艰难,再加上和婆婆之间的关系逐渐恶化,古月蓉有了带孩子改嫁的打算。后来,在其娘家人的撮合下,古月蓉和一起长大的邻居张建军确立了恋爱关系,并准备结婚。张建军表示为了给刘文峰最好的成长环境,让刘文峰改姓张,他和古月蓉婚后就不再生孩子了。但是,在古月蓉回婆家准备处理其继承的房产和其他财产时,却遭到了婆家人的阻挠。刘家人认为,古月蓉如果改嫁,刘家的东西她一点儿也不能带走;并且认为刘文峰是刘家的血脉,古月蓉不能带着孩子改嫁。古月蓉没有办法,只好诉至法院要求维权。

专家提示

本案涉及丧偶妇女改嫁的法律问题。

丧偶妇女(俗称寡妇),是指死了丈夫的妇女。丧偶妇女作为没有配偶的公民,依法享有婚姻自由权,任何人都无权对其再婚行为加以强迫或干涉。

受封建残余思想和经济文化落后等因素的影响,在我国的某些地方,还存在寡妇再婚遭到亲属或他人干涉的情况。依照我国《婚姻法》和《继承法》的规定,结婚必须男女双方完全自愿,不许任何一方对他方加以强迫或任何第三者加以干涉;配偶之间有遗产继承权,并且配偶和子女、父母并列为第一顺序继承人;夫妻一方死亡后另一方再婚的，有权处分所继承的财产，任何人不得干涉。另外，按照我国《民法通则》的规定，父母是未成年子女的法定监护人，有保护被监护人的人身、财产及其他合法权益的权利和义务。只有未成年人的父母已经死亡或者没有监护能力的，才可由未成年人的祖父母等监护人监护。

本案中，刘家人干涉古月蓉再婚的行为是干涉他人婚姻自由的违法行为。古月蓉有权在处理其合法财产后，携子改嫁，任何人无权干涉。

法律依据

《中华人民共和国婚姻法》第五条规定："结婚必须男女双方完全自愿，不许任何一方对他方加以强迫或任何第三者加以干涉。"

《中华人民共和国继承法》第十条规定："遗产按照下列顺序继承：

第一顺序：配偶、子女、父母。

第二顺序：兄弟姐妹、祖父母、外祖父母。

继承开始后，由第一顺序继承人继承，第二顺序继承人不继承。没有第一顺序继承人继承的，由第二顺序继承人继承。"

《中华人民共和国继承法》第三十条规定："夫妻一方死亡后另一方再婚的，有权处分所继承的财产，任何人不得干涉。"

《中华人民共和国民法通则》第十六条规定："未成年人的父母是未成年人的监护人。"

6. 使用虚假证明结婚后又与他人以夫妻名义同居生活是否构成重婚罪?

案情简介

四川某地的周云月于2005年在深圳一家玩具厂打工时,认识了比自己小五岁的四川老乡赵玉,不久两人确立了恋爱关系。2005年年底,周云月和赵玉打算结婚,但是赵玉只有17周岁未到法定婚龄。于是,赵玉不顾家人反对,办了假身份证并开具了虚假的证明隐瞒真实年龄与周云月办理了结婚登记。婚后,两人虽然生育了一双儿女,但是始终矛盾不断。赵玉自2009年年底就一直居住在娘家,留下周云月独自一人抚养两个孩子。不久赵玉在娘家交了男友姜鑫,二人遂以夫妻名义共同生活在一起。周云月认为赵玉和自己是领了结婚证的,赵玉的行为构成了重婚罪,于是领着孩子多次上门要求赵玉回家;赵玉则认为自己和周云月结婚时没到结婚年龄婚姻无效,且自己也没有和姜鑫再领结婚证,不构成重婚罪。

专家提示

本案涉及重婚罪认定的法律问题。

根据我国的法律规定,重婚罪是指有配偶者与他人结婚,或者明知他人有配偶而与之结婚的行为。另外,有配偶的人与他人以夫妻名义同居生活的,或者明知他人有配偶而与之以夫妻名义同居生活的,也应该按重婚罪定罪处罚。也就是说,重婚罪在客观方面有两种表现形式:一种是有配偶者和第三人登记结婚或者无配偶者明知他人已有配偶而与之登记结婚；另一种是有配偶者与第三人虽未登记结婚但确实以夫妻关系同居生活，或者无配偶者明知他人已有配偶而与文以夫妻名义同居生活。

本案中，要认定赵玉是否构成重婚罪，应明确两个问题：第一，周云月与赵玉的婚姻是否为有效婚姻。第二，赵玉与姜鑫的同居行为是否受法律规制。

首先，赵玉与周云月的婚姻为有效婚姻。依据我国《婚姻法》规定，虽然未到法定婚龄的婚姻无效，但是如果当事人依据《婚姻法》向人民法院申请宣告婚姻无效时，法定的无效婚姻情形已经消失的，人民法院将不予支持。本案中，赵玉在 2009 年已经达到了法定婚龄，法定的无效婚姻情形已经消失了，此时其与周云月的婚姻为有效婚姻，赵玉即为法定的有配偶者。

其次，赵玉和姜鑫两人虽然没有进行结婚登记，但是已经对外以夫妻名义共同同居生活，符合事实婚姻的条件。我国法律虽然不承认事实婚姻，但是对于有配偶的人与他人以夫妻名义同居生活的，或者明知他人有配偶而与之以夫妻名义同居生活的，仍按重婚罪定罪处罚。

可见本案中，赵玉的行为已经构成了重婚罪。

法律依据

《中华人民共和国婚姻法》第三条第二款规定:“禁止重婚。禁止有配偶者与他人同居……”

《中华人民共和国婚姻法》第十条有下列情形之一的,婚姻无效:“……(四)未到法定婚龄的。”

《最高人民法院关于适用〈中华人民共和国婚姻法〉若干问题的解释(一)》第八条规定:“当事人依据婚姻法第十条规定向人民法院申请宣告婚姻无效的,申请时,法定的无效婚姻情形已经消失的,人民法院不予支持。”

《最高人民法院关于〈婚姻登记管理条例〉施行后发生的以夫妻名义非法同居的重婚案件是否以重婚罪定罪处罚的批复》规定:“有配偶的人与他人以夫妻名义同居生活的,或者明知他人有配偶而与之以夫妻名义同居生活的,仍应按重婚罪定罪处罚。”

7. 婚姻法上禁止结婚的疾病有哪些?

案情简介

某市单亲妈妈李慧经常受到邻居单身男青年郑峰的关照,对其的感激渐渐转为爱慕之情,有了和郑峰重新组建家庭的打算。可是当李慧向郑峰表白时,郑峰却说自己有生理缺陷不能发生性行为,法律可能禁止其结婚。但李慧觉得郑峰其他方面都很好,而且自己已经有孩子了,不介意郑峰的生理缺陷,只要二人愿意就可以结婚。于是,二人就到婚姻登记机关登记结婚,婚姻登记人员对二人讲明利弊后,二人仍然态度坚决。

专家提示

本案涉及患有哪些疾病是禁止结婚的法律问题。

根据我国《婚姻法》规定,患有医学上认为不应当结婚的疾病的人禁止结婚,婚姻登记机关对这种情形应不予登记。出于优生学的考虑,大多数国家的法律都对禁止结婚的疾病作了规定。这些疾病通常分为两类:一类是严重的精神方面的疾病,如精神病、重症智力低下者等;另一类是重大不治且有传染性的身体方面的疾病,患者婚后会严重危害对方和下一代的健康。

随着科学的发展,人类将会发现更多的不宜结婚的疾病,因此,我国现行《婚姻法》只是原则性地规定了“医学上认为不应当结婚的疾病”的说法,对其并未做具体的列举性的规定。根据《中华人民共和国母婴保健法》、《中华人民共和国传染病防治法》和卫生部的有关规定,医学上认为不应当结婚的疾病主要有两种情形:第一,严重遗传性疾病,是指由于遗传因素先天形成,患者全部或者部分丧失自主生活能力，后代再现风险高，医学上认为不宜生育的遗传性疾病。第二，暂缓结婚的疾病，包括在传染期内的指定传染病以及在发病期内的精神病两种情形。其中，指定传染病，是指艾滋病、淋病、梅毒、麻风病以及医学上认为影响结婚和生育的其他传染病。在发病期内的精神病，是指精神分裂症、躁狂抑郁性精神病以及其他重型精神病。

本案中，郑峰存在生理缺陷不能发生性行为，不属于我国法律规定的不宜结婚或暂缓结婚的情形。因此，只要李慧和郑峰双方自愿，婚姻登记机关应当准予两人登记结婚。

法律依据

《中华人民共和国婚姻法》第七条规定："有下列情形之一的，禁止结婚：……（二）患有医学上认为不应当结婚的疾病。"

《婚姻登记条例》第六条规定："办理结婚登记的当事人有下列情形之一的，婚姻登记机关不予登记：……（五）患有医学上认为不应当结婚的疾病的。"

《中华人民共和国母婴保健法》第八条规定："婚前医学检查包括对下列疾病的检查：

（一）严重遗传性疾病；

（二）指定传染病；

（三）有关精神病。

经婚前医学检查，医疗保健机构应当出具婚前医学检查证明。

《中华人民共和国母婴保健法》第九条规定："经婚前医学检查，对患指定传染病在传染期内或者有关精神病在发病期内的，医师应当提出医学意见；准备结婚的男女双方应当暂缓结婚。"

8. 哪些血亲之间的男女不能结婚?

案情简介

某村女青年戴艳丽和同村男青年王瑞一直关系亲密，两人初中毕业后一起外出打工。在陌生的环境中，两人相互关照，日久生情，不久正式确立了恋爱关系。但是，当他们将此事告诉双方父母时，却被告知两人是表姑和表侄的关系：王瑞的曾祖母和戴艳丽的祖母是亲姐妹，王瑞的父亲与戴艳丽是姨表兄妹，王瑞应叫戴艳丽表姑。当地有"同村差辈不联姻"的习俗，双方父母强烈反对两人结婚，戴艳丽和王瑞却坚持要到婚姻登记机关登记结婚。

专家提示

本案涉及表姑与表侄是否是法定的禁婚血亲的问题。

我国《婚姻法》明确规定，直系血亲和三代以内旁系血亲禁止结婚，即三代以外的旁系血亲之间可以自由结婚，不受他人的干涉和传统婚姻习俗的约束。所谓直系血亲，是指具有直接关系的亲属，即生育自己和自己所生育的上下各代亲属(父方、母方都包括在内)。直系血亲之间，无论代数相隔多远，都不得通婚。所谓旁系血亲，是指具有间接血缘关系的亲属，即非直系血亲而在血缘上同出一源的亲属。三代以内旁系血亲则是指在血缘上同出于三代以内的亲属。

按我国婚姻法律对血亲关系的计算方法，从自己开始计算一代，和自己同源于父母的亲兄弟姐妹是二代旁系血亲；和自己同源于祖父母、外祖父母的则是三代旁系血亲。本案中,王瑞的曾祖母和戴艳丽的祖母同出一母是二代旁系血亲,王瑞的祖父和戴艳丽的父亲是三代旁系血亲,王瑞的父亲和戴艳丽是四代旁系血亲,王瑞和戴艳丽则是五代旁系血亲。因此,两人不在禁止结婚的血亲之列,如果两人符合结婚的其他法定条件的话,当地的婚姻登记管理机关对他们应当予以结婚登记。

法律依据

《中华人民共和国婚姻法》第七条规定:"有下列情形之一的,禁止结婚:(一)直系血亲和三代以内的旁系血亲……"

《婚姻登记条例》第六条规定:"办理结婚登记的当事人有下列情形之一的,婚姻登记机关不予登记:……(四)属于直系血亲或者三代以内旁系血亲的。"

9. 表兄妹做绝育手术后能否结婚？

案情简介

冯乐和其舅舅家表妹张兰自幼一起长大，可谓是青梅竹马、两小无猜。高中毕业以后，两人考进了同一所大学，在大学的象牙塔里两人更是相互吸引、情投意合，逐渐发展成恋人关系。双方父母也认为他们两个人结合是亲上加亲，没有不妥之处。大学毕业后，冯乐和张兰在双方家长的支持下着手准备结婚。两人知道依婚姻法的规定表兄妹是不能结婚的，于是在结婚登记时向婚姻登记机关表示要去做绝育手术，一辈子不生育，希望可以登记结婚。

专家提示

本案涉及表兄妹做绝育手术后能否结婚的法律问题。

出于优生学的考虑，为了减少遗传性疾病的发病概率，我国《婚姻法》作了直系血亲和三代以内的旁系血亲禁止结婚的规定。但是在现实生活中，受残余封建思想的影响，我国某些地区仍然有表兄妹结婚的“亲上加亲”的现象存在。有些表兄妹为了能够结婚，甚至会去做绝育手术或是保证一辈子不生育以规避《婚姻法》的禁婚规定。对此，我们应当明确的是上述《婚姻法》禁婚规定在性质上属于强制性规范，是不允许随意变通适用的：即使是采取长效避孕措施或者施行结扎手术后不生育的禁婚血亲，仍然是不能结婚的。这一规定不仅是法律权威性的体现，也在一定程度上维护了社会公共利益和当事人自身的生育权等长期权益。

本案中，冯乐和张兰是表兄妹，张兰的祖父母是冯乐的外祖父母，两人是三代旁系血亲。根据《婚姻法》三代以内旁系血亲禁止结婚的规定，表兄妹是严禁结婚的。不管两人是否做绝育手术或者是采取其他措施，都不能改变两人的三代旁系血亲关系。因此，婚姻登记机关对两人应不予办理结婚登记。

法律依据

《中华人民共和国婚姻法》第七条规定："有下列情形之一的，禁止结婚：(一)直系血亲和三代以内的旁系血亲……"

《中华人民共和国母婴保健法》第十条规定："经婚前医学检查，对诊断患医学上认为不宜生育的严重遗传性疾病的，医师应当向男女双方说明情况，提出医学意见；经男女双方同意，采取长效避孕措施或者施行结扎手术后不生育的，可以结婚。但《中华人民共和国婚姻法》规定禁止结婚的除外。"

《婚姻登记条例》第六条规定："办理结婚登记的当事人有下列情形之一的，婚姻登记机关不予登记：……(四)属于直系血亲或者三代以内旁系血亲的。"

10. 公公和儿媳能否结婚?

案情简介

鳏夫老马的儿子小马和儿媳罗君君于2002年结婚,婚后育有一子马盼,夫妻感情一直很融洽。但天有不测风云,小马在儿子5岁时遇车祸身亡。没有正式工作的罗君君独自抚养着幼子,日子过得比较艰难。于是,老马便搬来与儿媳同住,以便照顾儿媳和小孙子。老马对罗君君的照顾可谓无微不至,两人日久生情,不久,两人便向当地婚姻登记机关申请婚姻登记,想要解除翁媳关系,结为夫妻。

专家提示

本案涉及公公与儿媳妇这种直系姻亲能否登记结婚的问题。

所谓姻亲,是指以婚姻关系为中介而产生的亲属,但不包括配偶本身。我国《婚姻法》明确规定的禁止结婚的亲属是直系血亲和三代以内旁系血亲,对于直系姻亲之间能否结婚并未作明确规定。

对于直系姻亲之间结婚的合法性问题,我们不能仅从《婚姻法》的明文规定去判断,还要考虑到我国的伦理道德和公序良俗以及《婚姻法》的立法精神。首先,从伦理道德和公序良俗上讲,直系姻亲之间结婚违反了伦理道德,会引起一系列伦理关系的错乱,造成很不好的社会影响。其次,直系姻亲之间结婚不符合《婚姻法》的立法精神和目的。《婚姻法》从本质上说是家庭法,是伦理法,其根本目的是为了维持家庭中的伦理道德,维系和谐的婚姻家庭关系。因此,《婚姻法》是不提倡直系姻亲之间结婚的。

本案中,老马与罗君君属于直系姻亲关系。如果两人结婚,老马与孙子马盼就形成了父子关系,小马与马盼就会有父子和继兄弟的双重关系,有违社会伦理道德和公序良俗。因此婚姻登记机关应当照顾群众影响,尽量说服他们不要结婚。但如果两人态度坚决,经说服无效时,为免发生意外,当地政府也可斟酌具体情况适当处理。

法律依据

最高人民法院中南分院1953**年**7**月**14**日〔**1953**〕法司普民字**12/989**号函复同意的《关于公公与媳妇、继母与儿子等可否结婚问题的复函》规定:“……婚姻法对于这些人之间虽无禁止结婚的明文规定,为了照顾群众影响,以及防止群众思想不通,因而引起意外事件的发生,最好尽量说服他们不要结婚;但如果双方态度坚决,经说服无效时,为免发生意外,当地政府也可斟酌具体情况适当处理(如劝令他们迁居等)。”**

《中华人民共和国民法通则》第七条:“民事活动应当尊重社会公德,不得损害社会公共利益,破坏国家经济计划,扰乱社会经济秩序。”

11. 养父母和养子女解除收养关系后能否结婚?

案情简介

某市男教师邹胜玉和妻子婚后多年未生育，于是从孤儿院收养一女童。后两人离婚，养女邹静仪继续和邹胜玉生活在一起。父女两人相处得十分轻松融洽，两人的感情也逐渐转变为男女之情。2010 年，邹静仪年满 20 岁时，父女两人决定先解除收养关系然后申请登记结婚，但是婚姻登记机关对他们的结婚登记申请不予准许。

专家提示

本案涉及养父母和养子女解除收养关系后能否结婚的法律问题。

所谓收养，是指公民依照法律规定领养他人的子女作为自己的子女进行抚养的民事法律行为。根据我国法律规定，养父母与养子女是拟制的直系血亲关系，在法律地位上和效力上同生父母子女关系是一样的。自收养关系成立之日起，养父母与养子女间的权利义务关系，适用法律关于父母子女关系的规定；养子女与养父母近亲属间的权利义务关系，适用法律关于子女与父母的近亲属关系的规定。

虽然养父母与养子女之间并没有血缘关系，但是他们之间具有与自然直系血亲之间完全相同的法律上的权利和义务，同样适用直系血亲禁止结婚的强制性规定。另外，法律禁止养父母与养子女之间结婚的规定，是有利于被收养人的身心健康的，可以防止别有用心之人利用收养关系损害被收养人利益。

本案中，邹胜玉和邹静仪是法定禁止结婚的养父女关系，就算两人解除了收养关系，仍然不可以结婚，婚姻登记机关应该不予登记。

法律依据

《中华人民共和国婚姻法》第二十六条规定："国家保护合法的收养关系。养父母和养子女间的权利和义务，适用本法对父母子女关系的有关规定。"

《中华人民共和国收养法》第二十二条规定："自收养关系成立之日起，养父母与养子女间的权利义务关系，适用法律关于父母子女关系的规定；养子女与养父母近亲属间的权利义务关系，适用法律关于子女与父母的近亲属关系的规定。"

《婚姻登记条例》第六条规定："办理结婚登记的当事人有下列情形之一的，婚姻登记机关不予登记：……（四）属于直系血亲或者三代以内旁系血亲的。"

12. 结婚当事人能否委托他人代办结婚登记?

案情简介

陈甜甜和男友景斌经历了8年的恋爱长跑,终于决定结婚。在二人准备好了结婚登记所需要的证件和证明材料准备去婚姻登记机关申请结婚登记时,景斌却因为公司的重大收购案要去外地出差一个月。为了尽早完成结婚登记,不耽误预订婚期,景斌于是手写了一份委托书,委托其妹妹景芳代自己去结婚登记。但是,婚姻登记机关的工作人员却以结婚登记双方当事人必须亲自到场为由拒绝为其办理登记。

专家提示

本案涉及结婚登记能否委托他人代理的法律问题。

民法意义上的代理,是指代理人在代理权限内,以被代理人的名义实施民事法律行为,被代理人对代理人的代理行为承担民事责任的一种制度。《民法通则》同时对代理适用的范围作了限制性规定,依照法律规定或者按照双方当事人约定,应当由本人实施的民事法律行为,不得代理。这些行为主要包括两类:一是具有人身性质的行为,比如结婚登记、订立遗嘱、收养子女等。二是具有人身性质的债务,比如法律规定或者双方当事人约定应当由特定人亲自为之的文艺表演、讲学授课等。可见,结婚登记是一种具有人身性质的行为,当事人必须亲自为结婚的意思表示,任何人不得代理。

我国《婚姻法》也明确规定,要求结婚的男女双方必须亲自到婚姻登记机关进行结婚登记，如果结婚当事人不能亲自到场婚姻登记机关将不予登记。

本案中，陈甜甜和景斌必须亲自到婚姻登记机关申请登记结婚，景芳不得代理哥哥办理结婚登记。鉴于结婚登记严格的人身性质，即使景斌书写了授权委托书，其妹妹景芳也不能获得他们自以为的代理权。因此，婚姻登记机关应当不予办理结婚登记。

法律依据

《中华人民共和国婚姻法》第八条规定："要求结婚的男女双方必须亲自到婚姻登记机关进行结婚登记。符合本法规定的，予以登记，发给结婚证。取得结婚证，即确立夫妻关系……"

《婚姻登记条例》第四条第一款规定："内地居民结婚，男女双方应当共同到一方当事人常住户口所在地的婚姻登记机关办理结婚登记。"

《婚姻登记条例》第四条第二款规定："中国公民同外国人在中国内地结婚的，内地居民同香港居民、澳门居民、台湾居民、华侨在中国内地结婚的，男女双方应当共同到内地居民常住户口所在地的婚姻登记机关办理结婚登记。"

《中华人民共和国民法通则》第六十三条规定："公民、法人可以通过代理人实施民事法律行为。

代理人在代理权限内，以被代理人的名义实施民事法律行为。被代理人对代理人的代理行为，承担民事责任。

依照法律规定或者按照双方当事人约定，应当由本人实施的民事法律行为，不得代理。"

13. 未办理结婚登记的“夫妻”是否应该补办?

案情简介

夏慧茹是一个回族姑娘，依据回族女子不外嫁的婚姻习俗，夏慧茹的父母要求女儿一定要找一个回族青年结婚。后来，夏慧茹认识了回族男青年沙亮，两人建立了恋爱关系。在双方父母的主持下，两人在家族内举行了盛大的结婚仪式，并以夫妻名义生活在一起。但是，在两年后的人口普查中，普查人员发现两人没有办理结婚登记，于是反映给相关部门。相关部门责令夏、沙两人尽快补办婚姻登记手续。

专家提示

本案涉及结婚登记是否必须补办的法律问题。

首先，依据婚姻法的规定，要求结婚的男女双方必须亲自到婚姻登记机关进行结婚登记，符合法律规定条件的，婚姻登记机关颁发结婚证，当事人只有取得了结婚证，才可以确立夫妻关系。可见，办理结婚登记是确立婚姻关系唯一的法定形式。要求结婚的人除必须符合结婚的法定要件外，还要履行结婚的法定程序，到婚姻登记机关进行婚姻登记后，才能形成合法的夫妻关系。仅具备结婚的法定条件而没有履行法律规定的结婚登记程序就以夫妻名义同居生活，或以举行婚礼的方式缔结婚姻都是不具有法定婚姻效力的。

其次，依照法律规定，符合结婚条件的男女，“结婚”时未经登记而以夫妻名义共同生活的，应当补办登记。补办结婚登记时，双方当事人必须共同到一方当事人常住户口所在地办理。补办结婚登记后，婚姻关系的效力应当从双方均符合婚姻法规定的结婚的实质要件时起算。

本案中，夏慧茹和沙亮虽然是少数民族，但是也应当以结婚登记作为确立婚姻关系的唯一依据。两人应当依照法律规定，准备好相关的证件和证明材料去婚姻登记机关补办结婚登记，使两人的婚姻关系合法有效。

法律依据

《中华人民共和国婚姻法》第八条规定："要求结婚的男女双方必须亲自到婚姻登记机关进行结婚登记。符合本法规定的，予以登记，发给结婚证。取得结婚证，即确立夫妻关系。未办理结婚登记的，应当补办登记。"

《婚姻登记条例》第八条规定："男女双方补办结婚登记的，适用本条例结婚登记的规定。"

《婚姻登记条例》第四条第一款规定："内地居民结婚，男女双方应当共同到一方当事人常住户口所在地的婚姻登记机关办理结婚登记。"

《最高人民法院关于适用〈中华人民共和国婚姻法〉若干问题的解释(一)》第四条规定："男女双方根据婚姻法第八条规定补办结婚登记的，婚姻关系的效力从双方均符合婚姻法所规定的结婚的实质要件时起算。"

14. 军人在服役期间能否结婚?

案情简介

某现役义务兵周振涛在回家探亲期间,在家人的要求下准备和女友到当地的婚姻登记机关办理结婚登记。但是,当地婚姻登记机关的工作人员在审查过程中发现周振涛系现役义务兵,于是要求其出示部队开具的婚姻状况证明。当周振涛赶回部队向相关单位要求开具证明时,被告知其在服役期间不准结婚。周振涛对此感到很困惑,请律师为其答疑。

专家提示

本案涉及现役军人能否结婚的法律问题。

所谓现役军人,是指正在中国人民解放军部队服现役、具有现役军籍,尚未退伍、转业、复员的军人。根据《中华人民共和国兵役法》规定,现役军人包括现役士兵(现役义务兵和现役士官)、现役军官和军事院校的在校学员。

由于现役军人地位的特殊性和其所肩负的特殊任务,现役军人在处理婚姻关系时,除了应当模范遵守《婚姻法》的相关规定之外,还应当遵守解放军总政治部对现役军人结婚做出的特殊规定。

依据《民政部办公厅关于印发〈军队贯彻实施《中华人民共和国婚姻法》若干问题的规定〉有关内容的通知》的要求,现役军人不得未婚同居,不得发生婚外性关系。禁止与外国人和有中国国籍但在国外或境外从事或参与企图分裂祖国、破坏国家社会主义建设活动的人员结婚。义务兵一律不准在部队内部或驻地找对象，服现役期内不得结婚。士官原则上不得在部队驻地或本部队内部找对象结婚。孤儿、伤残人员和个别年龄超过三十周岁回原籍找对象确有困难的士官，要求在部队驻地找对象的，应当从严掌握，由军级以上单位政治机关批准。在边疆国境县(市)、沙漠区、国家划定的边远地区中的三类区和总部确定的一、二类岛屿部队服役的个别中级以上士官，本人提出在部队驻地找对象的，必须符合当地民族政策，由团级以上单位政治机关与当地县级人民政府民政部门协商同意，经师级以上单位政治机关批准，并签订转业军人就地安置协议书的，方可允许在部队驻地找对象结婚。

现役军人结婚须提前一个月向所在单位党组织和团级以上政治机关提出书面申请，经审查同意后，填写《申请结婚报告表》作为归档材料；由政治机关出具《婚姻状况证明》，作为登记结婚的依据。部队团级以上单位政治机关经审查，对不符合规定的现役军人应当拒绝出具婚姻状况证明。

本案中，周振涛作为现役义务兵，应当严格遵守军人的特殊结婚规定，服现役期内不得结婚。婚姻登记机关和部队团级以上政治机关的做法是正确合法的。

法律依据

《民政部办公厅关于印发〈军队贯彻实施《中华人民共和国婚姻法》若干问题的规定〉有关内容的通知》

《关于贯彻执行〈婚姻登记条例〉若干问题的意见》第九条规定：

"办理现役军人的婚姻登记仍按《民政部办公厅关于印发〈军队贯彻实施《中华人民共和国婚姻法》若干问题的规定〉有关内容的通知》(民办函〔2001〕226 号)执行。

办理现役军人婚姻登记的机关可以是现役军人部队驻地所在地或户口注销前常住户口所在地的婚姻登记机关，也可以是非现役军人一方常住户口所在地的婚姻登记机关。"

15. 服刑人员在服刑期间能否结婚？

案情简介

季佳和女友李娜感情甚笃，当两人准备结婚时，季佳却因抢劫罪被判处了 10 年有期徒刑。在季佳服刑期间，李娜多次去监狱探望。为了让季佳在服刑期间安心接受改造，好好表现，争取早日减刑，李娜准备和季佳登记结婚。但是，李娜不知道服刑人员能否结婚以及两人应准备哪些资料，于是向律师咨询。

专家提示

本案涉及服刑人员在服刑期间能否结婚的法律问题。

所谓服刑人员，是指因刑事犯罪被人民法院依法判处有期徒刑以上的刑罚，在判刑后到看守所或者在监狱、劳动改造场所劳动改造的人员。

因为服刑人员的人身自由是受到严格限制的，而结婚登记则要求结婚的双方当事人必须亲自到场，所以许多人就有了服刑人员不可以结婚或是服刑期间结婚不再给予减刑的误解。而实际上，为了使服刑人员更好地接受改造，我国法律对服刑人员的结婚权给予了充分的尊重。根据我国《关于贯彻执行〈婚姻登记条例〉若干问题的意见》的规定，服刑人员申请办理婚姻登记，应当亲自到婚姻登记机关提出申请并出具有效的身份证件。服刑人员无法出具身份证件的，可由监狱管理部门出具有关证明材料。另外，受理服刑人员婚姻登记的机关可以是一方当事人常住户口所在地或是服刑监狱所在地的婚姻登记机关。

本案中，李娜和季佳应该向监狱管理机关提出申请，经批准后，在监狱人员陪同下去一方当事人常住户口所在地或服刑监狱所在地的婚姻登记机关申请结婚登记。

法律依据

《关于贯彻执行〈婚姻登记条例〉若干问题的意见》第十条规定：

“服刑人员申请办理婚姻登记，应当亲自到婚姻登记机关提出申请并出具有效的身份证件；服刑人员无法出具身份证件的，可由监狱管理部门出具有关证明材料。

受理服刑人员婚姻登记的机关可以是一方当事人常住户口所在地或服刑监狱所在地的婚姻登记机关。”

16. 未到法定婚龄结婚的，婚姻是否无效？

案情简介

为了赶上购买单位的福利房，肖雷和刚确定恋爱关系不久的女朋友徐雪娇商议结婚。但当时徐雪娇刚 18 岁，还未达到法定婚龄。于是两人就对结婚证明文件上的年龄进行了涂改，成功领取了结婚证书，顺利分到单位的福利房。两人在婚后不到一年的同居生活中，发现双方性格极其不合，难以一起生活下去。于是徐雪娇在其父母的劝说下，以其结婚时不到法定婚龄为由，向人民法院提出解除其婚姻关系的请求。人民法院经审理后，做出了宣告其婚姻无效的判决。

专家提示

本案主要涉及未到法定婚龄结婚的婚姻是否有效的法律问题。

所谓婚姻无效，是指当事人双方不具有法定结婚条件或没有履行法定结婚程序而缔结的婚姻，不产生法律上的婚姻效力的制度。

所谓法定婚龄，是指法律规定的男女结婚时必须达到的年龄。法定婚龄是结婚的必备要件之一，男女双方或一方没有达到法定结婚年龄的不得结婚。我国《婚姻法》对法定婚龄的限制，只规定了下限，而对上限没有限制。结婚年龄，男不得早于 22 周岁，女不得早于 20 周岁，对于公民晚婚晚育的行为国家给予鼓励和支持。

根据《婚姻法》的规定，未达到法定结婚年龄结婚的属于无效婚姻。无效婚姻的当事人或者未达法定婚龄者的近亲属有权依照相关法律规定，向人民法院就已办理结婚登记的婚姻申请宣告婚姻无效。被宣告无效的婚姻自始无效，当事人同居期间所得的财产，由当事人协议处理，协议不成时，由人民法院根据照顾无过错方的原则判决。但是应当注意的是，如果当事人后来达到了法定婚龄，则婚姻自双方达到法定婚龄之日起生效。

本案中，肖雷和徐雪娇结婚时女方未达到法定年龄，且徐雪娇提出婚姻无效的请求时也还未达法定婚龄，因此，两人的婚姻属于无效婚姻，不受法律保护。人民法院在对徐雪娇的申请审查后判决宣告婚姻无效是正确的。而关于骗得的福利房，则由有关行政机关依行政规定进行处置。

法律依据

《中华人民共和国婚姻法》第六条规定："结婚年龄，男不得早于二十二周岁，女不得早于二十周岁。晚婚晚育应予鼓励。"

《中华人民共和国婚姻法》第十条规定："有下列情形之一的，婚姻无效：……（四）未到法定婚龄的。"

《中华人民共和国婚姻法》第十二条规定："无效或被撤销的婚姻，自始无效。当事人不具有夫妻的权利和义务。同居期间所得的财产，由当事人协议处理；协议不成时，由人民法院根据照顾无过错方的原则判决……"

《婚姻登记条例》第六条规定："办理结婚登记的当事人有下列情形之一的，婚姻登记机关不予登记：（一）未到法定结婚年龄的……"

《最高人民法院关于适用〈中华人民共和国婚姻法〉若干问题的解释（一）》第八条规定："当事人依据婚姻法第十条规定向人民法院申请宣告婚姻无效的，申请时，法定的无效婚姻情形已经消失的，人民法院不予支持。"

17. 夫妻共同生活多年的包办买卖婚姻是否仍为无效婚姻?

案情简介

某村大龄男青年张通,因为家贫一直未娶。后来,张通外出做小生意发了家。于是在老家盖起了三层小楼,并购置了各种家具电器,成了方圆几里内最富足的人家。隔壁村的何某贪图张通的钱财,不顾女儿何曼曼的反对,强行安排刚 20 岁的女儿与 38 岁的张通成了亲。何曼曼从一开始就极力反对这门婚事,多次逃跑未遂。后来,何曼曼怀孕生下一子,为了孩子就安下心来和张通过日子。但是,年龄的巨大差距使得两人口角不断,于是何曼曼起诉到人民法院,以父母包办、买卖婚姻为由,要求解除婚姻关系。

专家提示

本案涉及包办买卖婚姻是否有效的法律问题。

所谓包办婚姻,是指婚姻当事人以外的第三人(包括父母)违反婚姻自由的原则,违背婚姻当事人的意愿,包办强迫其缔结婚姻的行为。所谓买卖婚姻,是指婚姻当事人以外的第三人(包括父母)以索取大量财物为目的,包办强迫他人缔结婚姻的行为。

我国《婚姻法》明确规定,结婚须男女双方完全自愿,禁止包办、买卖婚姻和其他干涉婚姻自由的行为。包办和买卖婚姻都违背了婚姻当事人的意愿,干涉了婚姻当事人的婚姻自由,不符合结婚的法定条件。因此从理论上讲,包办买卖婚姻属无效婚姻,其自始不具有婚姻的法律效力。但是，对现实中的包办、买卖婚姻要具体情况具体分析，不能全部以无效婚姻来对待：如果婚后双方没有建立起感情，一方要求离婚的，应准予离婚；如果双方结婚多年，生有子女，且夫妻间已建立了一定感情，应根据夫妻关系的现状和发展前途进行调解，调解无效的，可判决离婚或不准离婚。

本案中，张通和何曼曼的婚姻的确属于包办买卖婚姻，但是两人一起生活了多年，并且生有一子，对他们的婚姻关系，不能简单地按无效婚姻来处理。人民法院应当首先进行调解，如果夫妻感情确已破裂，可以判决离婚。

法律依据

《中华人民共和国婚姻法》第三条规定："禁止包办、买卖婚姻和其他干涉婚姻自由的行为。"

《中华人民共和国婚姻法》第五条规定："结婚必须男女双方完全自愿，不许任何一方对他方加以强迫或任何第三者加以干涉。"

《最高人民法院关于贯彻执行民事政策法律若干问题的意见》第一条规定："父母或他人违背男女双方或一方意愿的强迫包办婚姻和索取财物为目的，违反男女双方或一方意愿而强迫结合的买卖婚姻，一方要求离婚的，如果婚后双方没有建立起感情，应准予离婚；如果结婚多年，生有子女，夫妻间已建立了一定感情，应根据夫妻关系的现状和发展前途进行调解，调解无效的，可判决离婚或不准离婚。"

18. 结婚时不知是表兄妹，婚姻关系是否无效？

案情简介

于淼刚出生不久，亲生父亲因车祸去世。母亲感到无力独自抚养于淼，便经人介绍把她送给他人收养，自己也改嫁他人。为了小于淼的身心健康成长，其养父母为于淼更改姓名为方筝，并带着方筝搬到另外的城市生活。

方筝工作后，和同事胡冉确立了恋爱关系，并且在和双方父母商议后进行了结婚登记。在两人准备婚礼期间，双方父母及胡冉的小姨就过来帮新人布置新房。在接触时，胡冉的小姨觉得方筝的父母十分眼熟，闲聊后才发现，原来方筝就是其亲生女儿于淼。但是，方筝和胡冉这对法律上禁止结婚的表兄妹，在不知实情的情况下已经领取了结婚证，两人不知他们的婚姻关系能否继续维持下去。

专家提示

本案涉及近亲结婚的婚姻效力的法律问题。

所谓近亲结婚，依据我国婚姻法的规定，是指直系血亲和三代以内旁系血亲之间结婚。

遗传学研究表明，由于近亲结婚的夫妇从其共同祖先处获得的相同基因比较多，他们相同的隐性有害遗传基因也容易在后代中相遇，即近亲婚配增加了某些常染色体隐性遗传疾病发生的风险。另外，高血压、精神分裂症、先天性心脏病等多基因遗传病，在近亲结婚所生子女中的发病率也明显高于非近亲结婚的情形。

因此，出于优生学的考虑和伦理道德的需要，世界上大多数国家都禁止近亲结婚。禁止近亲结婚是降低以至消除隐性遗传病发病率、提高人口素质的有效措施，也维护了当事人权益及社会公共利益。

在我国，禁止近亲结婚的规定属于强制性规定，任何人不得变通适用。如果禁止结婚的当事人因某些因素已经登记结婚，其婚姻关系也属无效。有禁止结婚的亲属关系的婚姻当事人及其近亲属，有权依法向人民法院就已经办理结婚登记的婚姻申请宣告婚姻无效。

本案中，方筝和胡冉是表兄妹的关系，属于法定的禁婚血亲。即使两人在登记结婚时不知道实情，没有主观上的过错，他们的婚姻关系仍为无效婚姻。两人应去人民法院就已办理结婚登记的婚姻申请宣告婚姻无效。

法律依据

《中华人民共和国婚姻法》第七条规定："有下列情形之一的，禁止结婚：(一)直系血亲和三代以内的旁系血亲……"

《中华人民共和国婚姻法》第十条规定："有下列情形之一的，婚姻无效：(二)有禁止结婚的亲属关系的……"

《最高人民法院关于适用〈中华人民共和国婚姻法〉若干问题的解释(一)》第七条规定："有权依据婚姻法第十条规定向人民法院就已办理结婚登记的婚姻申请宣告婚姻无效的主体，包括婚姻当事人及利害关系人。利害关系人包括：……(三)以有禁止结婚的亲属关系为由申请宣告婚姻无效的，为当事人的近亲属……"

19. 婚前患有医学上认为不能结婚的疾病，婚姻是否无效？

案情简介

女青年梁太平在同事的婚礼上认识了男青年苗凯，在苗凯的热烈追求下，梁太平同意与其交往。在两人的恋爱过程中，梁太平就发现苗凯不正常，有时会喜怒无常、阴晴不定。梁太平也几次以此为由提出分手，每次苗凯都会向其认错，甚至下跪保证一定会尽最大努力让梁太平幸福。梁太平见苗凯之后脾气确有收敛，就选择与其继续交往，两人于 2010 年结婚。婚后不久，两人就有了女儿。随着家庭中各种压力的产生，梁太平发现苗凯神经变得有些不正常，婚姻生活实在难以经营。梁太平多次想要离婚，但是苗凯坚决不同意离婚。在向专家咨询后和逼问苗凯，梁太平得知苗凯患有躁郁症。于是，在律师的建议下，梁太平向法院申请宣告婚姻无效。

专家提示

本案涉及婚前患有医学上禁止结婚的疾病，婚姻是否无效的法律问题。

我国婚姻法明确规定患有医学上认为不应当结婚的疾病的人禁止结婚。如果患有医学上认为不应当结婚疾病的当事人已经登记结婚，但婚后尚未治愈，婚姻当事人及利害关系人仍然可以申请宣告婚姻无效。应当注意的是，如果婚姻当事人婚后才患有医学上认为不应当结婚的疾病或者婚前患有婚后治愈的，则不可申请宣告婚姻无效。

依据我国《母婴保健法》的有关规定，医学上认为不应当结婚的疾病主要有三种类型：严重遗传性疾病、在传染期内的指定传染病以及在发病期内的精神病。其中，在发病期内的精神病，是指精神分裂症、躁狂抑郁性精神病以及其他重型精神病。

所谓躁狂抑郁症又称为双极性疾患，一般而言是指个体有时出现忧郁的症状，有时又出现狂躁的症状，此两种特征不断地交互出现的一种精神病。此种疾病的特性是躁狂发作与忧郁发作两种极端的情绪反应交互或混合地出现，患者在情绪上变化极端；常常喜怒无常、阴晴不定。躁郁症患者在狂躁阶段，表现为情绪异常兴奋、自我膨胀，睡眠时数减少，非常健谈、多话，常常是滔滔不绝讲个没完，跳跃性思考，易分心。而当其处于忧郁的阶段时，其特征又表现为心情沮丧低沉、对任何事缺乏反应或兴趣、体重改变、产生睡眠困扰、缺乏活力、负向的认知或看法等。躁郁症不仅严重地影响了患者的正常生活，还是有遗传的可能性。

本案中，苗凯在婚前就患有医学上认为禁止结婚的躁郁症，婚后仍处于发病期，其婚姻为无效婚姻。梁太平可以依法向法院申请宣告婚姻无效。

法律依据

《中华人民共和国婚姻法》第七条规定:“有下列情形之一的,禁止结婚:……(二)患有医学上认为不应当结婚的疾病。”

《中华人民共和国婚姻法》第十条规定:“有下列情形之一的,婚姻无效:……(三)婚前患有医学上认为不应当结婚的疾病,婚后尚未治愈的……”

《中华人民共和国母婴保健法》第八条规定:“婚前医学检查包括对下列疾病的检查:

(一)严重遗传性疾病;

(二)指定传染病;

(三)有关精神病。”

《最高人民法院关于适用〈中华人民共和国婚姻法〉若干问题的解释(一)》第七条规定:“有权依据婚姻法第十条规定向人民法院就已办理结婚登记的婚姻申请宣告婚姻无效的主体,包括婚姻当事人及利害关系人。利害关系人包括:……(四)以婚前患有医学上认为不应当结婚的疾病,婚后尚未治愈为由申请宣告婚姻无效的,为与患者共同生活的近亲属。”

《最高人民法院关于适用〈中华人民共和国婚姻法〉若干问题的解释(一)》第八条规定:“当事人依据婚姻法第十条规定向人民法院申请宣告婚姻无效的,申请时,法定的无效婚姻情形已经消失的,人民法院不予支持。”

经婚前医学检查,医疗保健机构应当出具婚前医学检查证明。

20. 婚姻当事人被胁迫结婚，第三人是否有请求解除该婚姻关系的权利？

案情简介

某村女青年沈冰经媒人介绍和邻村男青年赵勇认识。赵勇在和沈冰的交往中，对其甜言蜜语且出手阔绰，很快就赢得沈冰的芳心，两人不久就租房同居。在同居过程中，沈冰渐渐发现赵勇常和社会青年来往，不务正业，于是就产生分手的念头。之后，沈冰又认识了孔令超，两人情投意合，虽未确立恋爱关系，但彼此心照不宣。但当沈冰向赵勇提出分手时，赵勇却威胁她说要把两人同居的事实宣扬出去，而且不会让沈家好过。沈冰出于家人的安全和自己的名誉着想，无奈之下嫁给赵勇。一年半后，孔令超和沈冰见面时，才知道沈冰是被胁迫借给赵勇的，于是建议沈冰去婚姻登记机关申请撤销结婚登记。但是，沈冰却因惧怕赵勇不愿意亲自去申请，孔令超不知自己能不能代替她去申请撤销结婚登记。

专家提示

本案涉及因胁迫结婚如何申请撤销婚姻的法律问题。

婚姻法中所谓的胁迫，是指行为人以给另一方当事人或者其近亲属的生命、身体健康、名誉、财产等方面造成损害为要挟，迫使另一方当事人违背真实意愿结婚的情况。胁迫包括两种情况：一种是行为人以未来的不法损害相恐吓，并因此造成当事人因恐惧而做出与自己真实意志相违背的意思表示；另一种是指行为人对当事人以身体上的强制,使当事人处于无法反抗而作的意思表示。因胁迫结婚严重违反了婚姻自由原则,法律便赋予受胁迫的一方撤销婚姻的请求权,使受胁迫的一方可以根据自己的意愿,选择是否继续婚姻关系。

依据我国相关婚姻法律的规定,因胁迫结婚的,受胁迫的一方可以持相关证明材料,向婚姻登记机关或人民法院请求撤销该婚姻。行使婚姻撤销请求权的主体只能是婚姻关系中受胁迫一方的当事人本人,且其必须要在自结婚登记之日起或自恢复人身自由之日起一年内提出。

本案中,沈冰系被胁迫嫁给赵勇,沈冰木人才有撤销婚姻的权利,第三人孔令超没有权利代为申请撤销婚姻登记。另外,沈冰应当在自结婚登记之日起一年内提出撤销婚姻的请求,沈冰结婚一年半之后没有行使婚姻撤销请求权,则默认其放弃了申请解除婚姻关系的权利。

法律依据

《中华人民共和国婚姻法》第十一条规定:“因胁迫结婚的,受胁迫的一方可以向婚姻登记机关或人民法院请求撤销该婚姻。受胁迫的一方撤销婚姻的请求,应当自结婚登记之日起一年内提出。被非法限制人身自由的当事人请求撤销婚姻的,应当自恢复人身自由之日起一年内提出。”

《婚姻登记条例》第九条规定:“因胁迫结婚的,受胁迫的当事人依据婚姻法第十一条的规定向婚姻登记机关请求撤销其婚姻的,应当出具下列证明材料:

(一)本人的身份证、结婚证;

(二)能够证明受胁迫结婚的证明材料。

婚姻登记机关经审查认为受胁迫结婚的情况属实且不涉及子女抚养、财产及债务问题的,应当撤销该婚姻,宣告结婚证作废。”

《最高人民法院关于适用〈中华人民共和国婚姻法〉若干问题的解释(一)》第十条规定:“婚姻法第十一条所称的‘胁迫’,是指行为人以给另一方当事人或者其近亲属的生命、身体健康、名誉、财产等方面造成损害为要挟,迫使另一方当事人违背真实意愿结婚的情况。

因受胁迫而请求撤销婚姻的,只能是受胁迫一方的婚姻关系当事人本人。”

21. 无效婚姻的利害关系人能否向婚姻登记机关申请宣告婚姻无效?

案情简介

浙江商人陶治中和妻子孟佩佩,从摆地摊开始白手起家,到2010年两人已经在十几个中小城市拥有了连锁的快餐店。因为生意原因,两人聚少离多,夫妻感情逐渐转淡,孟佩佩发现陶治中自2006年就开始有许多不明开支,于是开始怀疑陶治中有了外遇。直到2010年9月,孟佩佩请私家侦探调查后发现,陶治中已经和某市女青年曲颖领了结婚证,以夫妻名义共同生活并且有了一个三岁的儿子。孟佩佩知情后十分恼火,于是到当地婚姻登记机关请求宣告陶治中和曲颖的婚姻因重婚无效,并收回他们的结婚证。但是当地的婚姻登记机关却不予受理,对此孟佩佩很不解。

专家提示

本案涉及哪些机关有权宣告婚姻无效的法律问题。

在我国,受理结婚登记、颁发结婚证的机关是婚姻登记机关。因此,许多人会误以为婚姻登记机关也有权宣告婚姻无效或者撤销婚姻,收回结婚证。但是,根据现行的《婚姻登记工作暂行规范》和最高人民法院相关司法解释的规定,有权宣告婚姻无效的只能是人民法院。婚姻登记机关不再具有宣告婚姻无效的职权,而仅有撤销婚姻登记的权利,并且撤销婚姻登记的情形只限于一种情况,那就是被胁迫而登记的婚姻,才可以申请撤销。

人民法院审理申请宣告婚姻无效的案件，对婚姻效力的审理不适用调解，应当依法作出判决。经审查确属无效婚姻的，人民法院应当将婚姻无效的情形告知当事人，并依法作出宣告婚姻无效的判决。判决一经作出，即发生法律效力。人民法院应当收缴双方的结婚证书，并将生效的判决书寄送当地婚姻登记管理机关。另外，如果涉及财产分割和子女抚养，人民法院则可以调解。调解达成协议的，另行制作调解书。对财产分割和子女抚养问题的判决不服的，当事人还可以上诉。

本案中，陶治中和曲颖的重婚行为确属《婚姻法》规定的婚姻无效的情形，利害关系人孟佩佩有权申请宣告两人的婚姻无效。但是，婚姻登记机关并不具有宣告婚姻无效的职权，孟佩佩应当向当地的人民法院提出申请。

法律依据

《中华人民共和国婚姻法》第十条规定:“有下列情形之一的,婚姻无效:

(一)重婚的;

(二)有禁止结婚的亲属关系的;

(三)婚前患有医学上认为不应当结婚的疾病,婚后尚未治愈的;

(四)未到法定婚龄的。”

《婚姻登记工作暂行规范》第四十六条规定:“除受胁迫结婚之外,以任何理由请求宣告婚姻无效或者撤销婚姻的,婚姻登记机关不予受理。”

《最高人民法院关于适用〈中华人民共和国婚姻法〉若干问题的解释(一)》第九条规定:“人民法院审理宣告婚姻无效案件,对婚姻效力的审理不适用调解,应当依法作出判决;有关婚姻效力的判决一经作出,即发生法律效力。

涉及财产分割和子女抚养的,可以调解。调解达成协议的,另行制作调解书。对财产分割和子女抚养问题的判决不服的,当事人可以上诉。”

《最高人民法院关于适用〈中华人民共和国婚姻法〉若干问题的解释(一)》第十四条规定:“人民法院根据当事人的申请,依法宣告婚姻无效或者撤销婚姻的,应当收缴双方的结婚证书并将生效的判决书寄送当地婚姻登记管理机关。”

《最高人民法院关于适用〈中华人民共和国婚姻法〉若干问题的解释》(二)第二条规定:“人民法院受理申请宣告婚姻无效案件后,经审查确属无效婚姻的,应当依法作出宣告婚姻无效的判决。原告申请撤诉的,不予准许。”

22. 婚后男方强行与女方发生性关系是否为婚内强奸?

案情简介

某农村女青年蒋艳玲已到法定婚龄,家人于是托媒人为其说媒。经媒人介绍,蒋艳玲和其家人觉得镇上男青年尚腾飞家境殷实、外表英俊,于是和尚腾飞定下婚事,并收取了尚家的丰厚彩礼。不久,蒋艳玲发现男友品行不端、性情暴躁,就提出断绝恋爱关系。但是,在尚家要求返还彩礼的压力及家人的劝说下,蒋艳玲虽然对尚腾飞心生厌恶,还是于 2009 年与尚腾飞去婚姻登记机关办理了结婚登记。新婚之后的一周,蒋艳玲都拒绝与尚腾飞同房。之后的一天夜里,蒋艳玲还是不肯与尚腾飞同床,尚腾飞于是强行与蒋艳玲发生了性关系,蒋艳玲无奈被动接受。在共同生活半年后,双方因其他事情闹矛盾,蒋艳玲就向公安机关报案,称自己被男方强奸。

专家提示

本案主要涉及婚后男方强行与女方发生性关系是否属于婚内强奸的法律问题。

所谓婚内强奸,一般是指夫妻关系存续期间,丈夫以暴力、胁迫或其他手段,违背妻子意志,强行与其发生性关系的行为。在现实生活中,正常夫妻之间一般可以持续保持和谐的性爱关系,很少会发生男方强行违背女方意愿强行与其发生性关系的情形。婚内强奸通常可能发生在夫妻关系不正常,如分居或正在进行离婚诉讼的情况下。

在正常的婚姻关系存续期间,任何一方都有与另一方同居的义务,性生活是夫妻共同生活的组成部分。基于此,关于婚内能否构成强奸罪的问题,法学界的普遍态度是,认定婚内强奸要十分慎重,应具体问题具体分析。在司法实践中,一般有两种婚内强奸的情形,应以强奸罪追究刑事责任:一种是男女双方虽然办理了形式上的结婚登记,但是尚未同居或是符合我国《婚姻法》第十条所列四项婚姻无效的情形,人民法院宣告婚姻关系自始无效的,以强奸罪论处。另一种是婚姻当事人一方因胁迫结婚的,受胁迫方向婚姻登记机关或人民法院请求撤销了婚姻,则婚姻从结婚登记之日起就无效。在婚姻无效的情况下,男方以暴力、胁迫或其他手段,违背女方的意志,强行与女方发生性关系,也应以强奸罪论处。

本案中,蒋艳玲婚前虽然有分手的想法,但是仍然自愿与尚腾飞去婚姻登记机关进行了结婚登记,两人的婚姻是合法有效的。在婚姻关系存续期间,蒋艳玲有履行同居生活的义务,且在尚腾飞强行与其发生性关系时也被动接受了。因此,尚腾飞的行为不应当认定为婚内强奸。

法律依据

《中华人民共和国婚姻法》第十条规定:“有下列情形之一的,婚姻无效:

(一)重婚的;

(二)有禁止结婚的亲属关系的;

(三)婚前患有医学上认为不应当结婚的疾病,婚后尚未治愈的;

(四)未到法定婚龄的。”

《婚姻登记条例》第二章第四条规定:“内地居民结婚,男女双方应当共同到一方当事人常住户口所在地的婚姻登记机关办理结婚登记。”

《中华人民共和国刑法》第二百三十六条第一款规定:“以暴力、胁迫或者其他手段强奸妇女的,处三年以上十年以下有期徒刑。”

23. 夫妻对婚前财产的约定是否具有法律效力?

案情简介

女青年安心在某食品加工厂打工的时候,和加工厂老板隋朝阳认识并建立了恋爱关系。不久两人决定结婚,为了给安心足够的安全感,隋朝阳主动提出了对婚前财产进行事先约定。两人以书面形式约定,隋朝阳的加工厂及银行存款等婚前财产在婚后属于夫妻共同财产,安心有50%的所有权。两人结婚后,婚姻生活和谐美满,但天有不测风云,隋朝阳一次外出与人谈生意时遇车祸身亡。就在安心还沉浸在失去丈夫的悲痛中不能自拔时,隋家人把隋朝阳的加工厂卖掉,并取出了儿子的银行存款。安心发现后向隋家人索要,但隋家人却说他们儿子的财产都是儿子结婚前积累的,和安心没有任何关系。安心于是向法院提起了诉讼,请求法院判决隋家人返还依婚前财产约定属于自己的和自己应继承的财产。

专家提示

本案主要涉及夫妻之间所作的婚前财产约定的效力的法律问题。

所谓夫妻约定财产制,是指男女双方在平等自愿的基础上,协商一致,就婚前或者婚后所得财产的归属、管理、使用、收益、处分及债务清偿、婚姻解除时财产清算等作出约定,并按约定处理夫妻财产的制度。夫妻一旦作出财产约定就排除法定财产制的适用。

夫妻之间的财产约定，充分体现了夫妻双方对财产处理的平等性，它以男女双方平等自愿为基础，是男女平等的婚姻制度的具体体现。夫妻双方对财产的约定必须具备一定的法定要件：①约定财产时，夫妻双方必须是具有完全民事行为能力的人，可以作明确、真实的意思表示；②夫妻双方必须是自愿的，以欺诈、胁迫手段或是乘人之危使对方在违背真实意思的情况下做出的约定无效；③约定必须合法，不得损害国家、集体或第三人的利益；④约定必须采用书面形式。

所谓婚前财产，是指在结婚前夫妻一方就已经取得的财产。依照我国《婚姻法》的规定，婚前财产原则上属于夫妻一方的财产，并不因为婚姻关系的延续而转化为夫妻共同财产。但是，夫妻双方仍可以对婚前财产作出归各自所有、共同所有或部分各自所有、部分共同所有的约定。

本案中，虽然隋朝阳的加工厂和银行存款是其个人的婚前财产，但是安心和隋朝阳对其作了书面的财产约定。两人对婚前财产的约定完全符合相关的法定要件，因此是合法有效的。法院应当认定其约定有效，责令隋家人将属于安心的财产予以返还。

法律依据

《中华人民共和国婚姻法》第十九条规定:“夫妻可以约定婚姻关系存续期间所得的财产以及婚前财产归各自所有、共同所有或部分各自所有、部分共同所有。约定应当采用书面形式。没有约定或约定不明确的,适用本法第十七条、第十八条的规定。

夫妻对婚姻关系存续期间所得的财产以及婚前财产的约定,对双方具有约束力。”

《中华人民共和国婚姻法》第十八条规定:“有下列情形之一的,为夫妻一方的财产:

(一)一方的婚前财产;

(二)一方因身体受到伤害获得的医疗费、残疾人生活补助费等费用;

(三)遗嘱或赠与合同中确定只归夫或妻一方的财产;

(四)一方专用的生活用品;

(五)其他应当归一方的财产。”

《最高人民法院关于适用〈中华人民共和国婚姻法〉若干问题的解释(一)》第十九条规定:“婚姻法第十八条规定为夫妻一方所有的财产,不因婚姻关系的延续而转化为夫妻共同财产。但当事人另有约定的除外。”

24. 华侨与国内居民在中国内地结婚有何规定?

案情简介

男青年韦兰恩,2000 年大学毕业后去美国留学,后定居美国。2008 年韦兰恩因工作原因回国居住一年,在这期间结识了北京女孩魏子涵,两人确立了恋爱关系并决定于 2009 年在中国结婚。鉴于韦兰恩的华侨身份,两人不知道在结婚登记时有哪些注意事项,遂到当地律师事务所咨询有关事宜。

专家提示

本案涉及华侨同国内居民结婚应当具备哪些条件并履行哪些手续等法律问题。

所谓华侨,是指定居在国外的中国公民。我国的《婚姻登记条例》对华侨同国内居民在中国内地办理结婚登记的情形作了专门规定:

首先,国内居民同华侨在中国内地结婚的,办理结婚登记的机关是省、自治区、直辖市人民政府民政部门或者省、自治区、直辖市人民政府民政部门确定的机关。

其次,国内居民同华侨在中国内地结婚的,男女双方应当共同到内地居民常住户口所在地的婚姻登记机关办理结婚登记。

最后,办理结婚登记的内地居民应当出具下列证件和证明材料:①本人的户口簿、身份证;②本人无配偶以及与对方当事人没有直系血亲和三代以内旁系血亲关系的签字声明。办理结婚登记的华侨应当出具下列证件和证明材料:①本人的有效护照;

②居住国公证机构或者有权机关出具的、经中华人民共和国驻该国使(领)馆认证的本人无配偶以及与对方当事人没有直系血亲和三代以内旁系血亲关系的证明,或者中华人民共和国驻该国使(领)馆出具的本人无配偶以及与对方当事人没有直系血亲和三代以内旁系血亲关系的证明。

本案中,国内居民魏子涵和华侨韦兰恩结婚,应依据《婚姻登记条例》的规定,准备法定的证件和证明材料到魏子涵常住户口所在地的婚姻登记机关办理结婚登记。

法律依据

《婚姻登记条例》第二条第二款规定:“中国公民同外国人、内地居民同香港特别行政区居民(以下简称香港居民)、澳门特别行政区居民(以下简称澳门居民)、台湾地区居民(以下简称台湾居民)、华侨办理婚姻登记的机关是省、自治区、直辖市人民政府民政部门或者省、自治区、直辖市人民政府民政部门确定的机关。”

《婚姻登记条例》第四条第二款规定:“中国公民同外国人在中国内地结婚的,内地居民同香港居民、澳门居民、台湾居民、华侨在中国内地结婚的,男女双方应当共同到内地居民常住户口所在地的婚姻登记机关办理结婚登记。

《婚姻登记条例》第五条第一款规定:“办理结婚登记的内地居民应当出具下列证件和证明材料:

(一)本人的户口簿、身份证;

(二)本人无配偶以及与对方当事人没有直系血亲和三代以内旁系血亲关系的签字声明。”

《婚姻登记条例》第五条第三款规定:办理结婚登记的华侨应当出具下列证件和证明材料:(一)本人的有效护照;(二)居住国公证机构或者有权机关出具的、经中华人民共和国驻该国使(领)馆认证的本人无配偶以及与对方当事人没有直系血亲和三代以内旁系血亲关系的证明,或者中华人民共和国驻该国使(领)馆出具的本人无配偶以及与对方当事人没有直系血亲和三代以内旁系血亲关系的证明。”

25. 台湾居民与内地居民结婚有何特殊规定?

案情简介

卓婷婷是来北京大学求学的我国台湾地区的女学生，在校期间，同山东男生周正确立了恋爱关系。2010 年大学毕业后，卓婷婷决定留在大陆工作，并准备与周正结婚。因为卓婷婷的户口不在内地，她不知道怎么办理结婚登记手续，于是找到律师进行咨询。

专家提示

本案涉及内地居民与港、澳、台居民在中国内地办理结婚登记应注意哪些事项的法律问题。

内地居民与港、澳、台居民在中国内地办理结婚登记，适用国务院 2003 年 10 月 1 日施行的《婚姻登记条例》的有关规定：

首先，内地居民同港、澳、台居民办理婚姻登记的机关是省、自治区、直辖市人民政府民政部门或者省、自治区、直辖市人民政府民政部门确定的机关。

其次，内地居民同港、澳、台居民在中国内地结婚的，男女双方应当共同到内地居民常住户口所在地的婚姻登记机关办理结婚登记。

再次，办理结婚登记的港、澳、台居民应出具下列证件和证明材料：①本人的有效通行证、身份证；②经居住地公证机构公证的本人无配偶以及与对方当事人没有直系血亲和三代以内旁系血亲关系的声明。

最后，与港、澳、台居民结婚的内地居民一方，同其他居民结婚登记的法律要求相同。本案中，卓婷婷为我国的台湾居民，她和男友周正应当按照《婚姻登记条例》的规定，在周正常住户口所在地的婚姻登记机关办理结婚登记。

法律依据

《婚姻登记条例》第二条第二款规定：“中国公民同外国人、内地居民同香港特别行政区居民（以下简称香港居民）、澳门特别行政区居民（以下简称澳门居民）、台湾地区居民（以下简称台湾居民）、华侨办理婚姻登记的机关是省、自治区、直辖市人民政府民政部门或者省、自治区、直辖市人民政府民政部门确定的机关。”

《婚姻登记条例》第四条第二款规定：“中国公民同外国人在中国内地结婚的，内地居民同香港居民、澳门居民、台湾居民、华侨在中国内地结婚的，男女双方应当共同到内地居民常住户口所在地的婚姻登记机关办理结婚登记。”

《婚姻登记条例》第五条第二款规定：“办理结婚登记的香港居民、澳门居民、台湾居民应当出具下列证件和证明材料：（一）本人的有效通行证、身份证；（二）经居住地公证机构公证的本人无配偶以及与对方当事人没有直系血亲和三代以内旁系血亲关系的声明。”

26. 和离过婚的外国人结婚应该履行什么手续?

案情简介

女青年苏芸和英国籍男友贾斯汀已经交往了三年多,因为两人都在上海工作,就打算在中国登记结婚。但是,贾斯汀之前在英国有过一次婚姻,并且在自己国家办理了离婚。因为情况复杂,他们都不知道在中国登记结婚还需要办理何种手续,于是找到律师咨询。

专家提示

本案涉及在自己国家离过婚的外国人在中国境内与中国公民结婚应办理何种手续的法律问题。

根据我国《婚姻法》的规定,中国公民同外国人在中国内地结婚一般有以下几点应当明确:首先,办理婚姻登记的机关是省、自治区、直辖市人民政府民政部门或者省、自治区、直辖市人民政府民政部门确定的机关。其次,男女双方应当共同到内地居民常住户口所在地的婚姻登记机关办理结婚登记。最后,办理结婚登记的外国人还应当出具下列证件和证明材料:①本人的有效护照或者其他有效的国际旅行证件;②所在国公证机构或者有权机关出具的、经中华人民共和国驻该国使(领)馆认证或者该国驻华使(领)馆认证的本人无配偶的证明,或者所在国驻华使(领)馆出具的本人无配偶的证明。

经外国法院判决离婚的外国人(包括外籍华人),在中国境内又申请与中国公民结婚的，除了要遵守我国《婚姻登记条例》的规定外，还应当依照《最高人民法院〈关于外国法院的离婚判决未经我人民法院确认当事人能否向我婚姻登记机关登记结婚〉的复函》的规定，就前一婚姻关系的外国法院的离婚判决向人民法院申请承认。经人民法院裁定承认后，婚姻登记机关按照有关规定审查无误，对他们才能予以结婚登记。向中国法院申请承认外国法院离婚判决，并没有时间上的限制，当事人在婚前办理即可。

本案中，贾斯汀应当先申请我国法院承认他的离婚判决，然后才能依据中国公民同外国人结婚的一般规定，到有管辖权的婚姻登记机关办理结婚登记。

法律依据

《婚姻登记条例》第二条第二款规定:“中国公民同外国人、内地居民同香港特别行政区居民(以下简称香港居民)、澳门特别行政区居民(以下简称澳门居民)、台湾地区居民(以下简称台湾居民)、华侨办理婚姻登记的机关是省、自治区、直辖市人民政府民政部门或者省、自治区、直辖市人民政府民政部门确定的机关。”

《婚姻登记条例》第四条第二款规定:“中国公民同外国人在中国内地结婚的,内地居民同香港居民、澳门居民、台湾居民、华侨在中国内地结婚的,男女双方应当共同到内地居民常住户口所在地的婚姻登记机关办理结婚登记。”

《婚姻登记条例》第五条第二款规定:“办理结婚登记的外国人应当出具下列证件和证明材料:(一)本人的有效护照或者其他有效的国际旅行证件;(二)所在国公证机构或者有权机关出具的、经中华人民共和国驻该国使(领)馆认证或者该国驻华使(领)馆认证的本人无配偶的证明,或者所在国驻华使(领)馆出具的本人无配偶的证明。”

《最高人民法院关于〈外国法院的离婚判决未经我人民法院确认当事人能否向我婚姻登记机关登记结婚〉的复函》:“一、与中国公民结婚的外国人(包括外籍华人),由外国法院判决离婚后,在中国境内又申请与中国公民结婚的,如果前一婚姻关系的外国法院的离婚判决未经我人民法院确认,该外国人则应就前一婚姻关系的外国法院的离婚判决向人民法院申请承认,经人民法院裁定承认后,婚姻登记机关按照有关规定审查无误才能予以婚姻登记。

申请承认外国法院离婚判决,没有时间限制。”

27. 是否必须进行婚前检查才可结婚?

案情简介

某农村男青年刘长青和女青年尹珊珊,恋爱两年后准备结婚。因为两人家境都颇为贫困,于是就打算只领结婚证就生活在一起,尽量节省结婚费用。但是,两人在准备去当地婚姻登记机关登记结婚时,听说婚前应该做婚前健康检查。于是,刘长青就去婚姻登记机关询问,登记机关回复说婚检不是结婚的必经程序,两人只要符合结婚的法定要件就可以领取结婚证。于是,两人成功领取了结婚证。

专家提示

本案主要涉及婚前健康检查是否为结婚必经程序的法律问题。

所谓婚前健康检查,是指在结婚登记前对男女双方进行的常规体格检查和生殖器检查。我国目前正大力推广婚前健康检查制度,目的是诊断当事人是否患有禁止结婚的疾病,以保证男女双方婚后的婚姻幸福及后代的健康。

我国婚姻法曾有过"结婚前必须体检"的规定,但是2003年10月1日起施行的《婚姻登记条例》取消了该规定。这也就是说,我国对婚前体检没有强制性规定,实行自愿原则。虽然我国正大力推广婚前健康检查制度,国家鼓励和提倡结婚当事人自觉自愿地进行婚检。但由于客观条件的限制,婚前健康检查制度尚未普遍实行,即使在已倡导婚前健康检查的地区,当事人进行婚前健康检查也不能强迫。婚前检查并不是结婚的法定程序，没有婚前健康检查证明的，婚姻登记机关也应予以登记。

本案中，对刘长青和尹珊珊虽然没有进行婚检而申请登记结婚的情形，婚姻登记管理机关仍予办理结婚登记手续的做法是正确的。但是，结婚当事人从双方和下一代的健康等因素考虑，还是到医院检查身体为好。

法律依据

《婚姻登记条例》第五条第一款规定："办理结婚登记的内地居民应当出具下列证件和证明材料：

（一）本人的户口簿、身份证；

（二）本人无配偶以及与对方当事人没有直系血亲和三代以内旁系血亲关系的签字声明。"

28. 符合婚姻登记条件而婚姻登记机构不予登记怎么办？

案情简介

简雨寒经历过一次失败的婚姻后十分痛苦，终于在 2008 年认识了现任男友马涛，逐渐走出了情绪的低谷。2010 年两人感情稳定，准备结婚。但是，当两人去当地的婚姻登记机关申请结婚登记时，工作人员却要求简雨寒出示离婚证以证明其无配偶，否则不予登记。简雨寒和马涛认为婚姻登记机关的要求不合理，于是提出行政复议申请。

专家提示

本案涉及婚姻登记机关具体行政行为不合法时提出行政复议的法律问题。

所谓行政复议，是指公民、法人或者其他组织不服行政主体作出的具体行政行为，认为行政主体的具体行政行为侵犯了其合法权益，依法向法定的行政复议机关提出复议申请，行政复议机关依法对该具体行政行为进行合法性、适当性审查，并作出行政复议决定的行政行为。

我国《婚姻登记条例》明确规定了五种婚姻登记机关不予登记的情形：①未到法定结婚年龄的；②非双方自愿的；③一方或者双方已有配偶的；④属于直系血亲或者三代以内旁系血亲的；⑤患有医学上认为不应当结婚的疾病的。办理结婚登记的内地居民，只需要出示本人的户口簿、身份证、本人无配偶以及与对方当事人没有直系血亲和三代以内旁系血亲关系的签字声明。可见,即使是离过婚的内地居民,只需签字声明本人无配偶,而不必出示离婚证即可登记结婚。婚姻登记机关以不出示离婚证而不予登记的行政行为是不正当的。

当婚姻登记机关作出不予登记的决定时,当事人应当要求婚姻登记机关作出书面形式的不予登记的理由说明。对婚姻登记机关作出的关于不予登记的理由有异议的,当事人可以根据《行政复议法》的规定申请行政复议。对行政复议结果不服的,可以依《行政诉讼法》的规定向人民法院提起行政诉讼。

本案中,简雨寒和马涛只要符合法定的结婚要件,出具本人的户口簿、身份证、本人无配偶以及与对方当事人没有直系血亲和三代以内旁系血亲关系的签字声明即可以登记结婚。对于婚姻登记机关不正当的行政行为提出行政复议申请也是依法维权的明智做法。

法律依据

《中华人民共和国行政复议法》第二条规定："公民、法人或者其他组织认为具体行政行为侵犯其合法权益，向行政机关提出行政复议申请，行政机关受理行政复议申请、作出行政复议决定，适用本法。"

《婚姻登记条例》第五条规定："办理结婚登记的内地居民应当出具下列证件和证明材料：

（一）本人的户口簿、身份证；

（二）本人无配偶以及与对方当事人没有直系血亲和三代以内旁系血亲关系的签字声明。"

《婚姻登记条例》第六条规定："办理结婚登记的当事人有下列情形之一的，婚姻登记机关不予登记：

（一）未到法定结婚年龄的；

（二）非双方自愿的；

（三）一方或者双方已有配偶的；

（四）属于直系血亲或者三代以内旁系血亲的；

（五）患有医学上认为不应当结婚的疾病的。"

收养

1. 离婚后孩子被一方送给他人，另一方是否有权要回孩子？

案情简介

李女士和王先生婚后生有一女，后因为夫妻感情破裂，经法院判决离婚，五岁的孩子由王先生抚养。李女士在外地打工，与家里一直保持电话联系。后来王先生再婚，并把五岁的孩子送给他人并且与对方签订了收养协议。李女士得知此消息后，迅速赶回，找到收养人要求领回孩子，可是遭到拒绝，于是诉诸法院，法院最终判决孩子归李女士抚养。

专家提示

本案涉及生父母作为送养人应符合哪些法律条件的法律问题。

所谓生父母作为送养人的条件也即收养关系成立的条件之一，收养关系的成立是指收养当事人依照收养法规定的条件和程序建立收养关系。在世界各国现行的收养法中，考虑到收养是变更身份关系的一项重要法律行为，涉及当事人的人身关系和财产关系，关系到社会公益，因而都要求必须符合法律规定的条件和程序，收养关系始能合法成立。我国《收养法》第二章规定收养关系成立应当具备一定条件和履行一定程序才能成立，否则，收养关系不能成立，收养行为无效。

根据我国《婚姻法》第三十六条第一、二款的规定：父母与子女间的关系，不因父母离婚而消除。离婚后，子女无论由父或母直接抚养，仍是父母双方的子女。离婚后，父母对于子女仍有抚养和教育的权利和义务。通过这个法律条文的规定，说明即使父母离了婚，也不能因此消除父母与子女之间的法定权利和义务关系，离了婚的生父母双方仍有抚育子女的权利和义务。

另外，根据《中华人民共和国收养法》（以下简称《收养法》）第四条的规定：生父母有特殊困难无力抚养的不满 14 周岁的未成年人可以被送养；第十条的规定：生父母送养子女，须双方共同送养。生父母一方不明或者查找不到的可以单方送养。据此，送养的前提条件之一，是生父母双方有特殊困难无力抚养子女。收养关系成立的条件之一，是被收养人的生父母双方一致同意送养，但生父母一方不明或者查找不到者例外。

本案中李女士虽然与王先生已经离婚，但是仍旧与女儿之间有法定的权利和义务关系，即仍有抚育子女的权利和义务。李女士在外打工期间和家里一直保持电话联系，表明李女士并不符合“生父母一方不明或者查找不到”的情形，所以前夫在没有征得李女士同意的情况下就擅自与他人订立收养协议，显然是不符合收养关系成立的条件的，因此该收养关系不能成立。所以，法院最后判决李女士可以收回孩子的抚养权。

法律依据

《中华人民共和国婚姻法》第三十六条规定:“父母与子女间的关系,不因父母离婚而消除。离婚后,子女无论由父或母直接抚养,仍是父母双方的子女。

离婚后,父母对于子女仍有抚养和教育的权利和义务。

离婚后,哺乳期内的子女,以随哺乳的母亲抚养为原则。哺乳期后的子女,如双方因抚养问题发生争执不能达成协议时,由人民法院根据子女的权益和双方的具体情况判决。”

《中华人民共和国收养法》第四条规定:“下列不满十四周岁的未成年人可以被收养:(一)丧失父母的孤儿;(二)查找不到生父母的弃婴和儿童;(三)生父母有特殊困难无力抚养的子女。”

《中华人民共和国收养法》第十条规定:“生父母送养子女,须双方共同送养。生父母一方不明或者查找不到的可以单方送养。

有配偶者收养子女,须夫妻共同收养。”

2. 收养关系解除后还能否恢复?

案情简介

杜老伯夫妇结婚多年一直没能生育,于是将 2 岁的小明收为养子,将其抚育成人并帮其成家。但儿媳进门后,杜老伯夫妇和儿媳的关系相处得不是很融洽,经常争吵,矛盾日益加深,无法共同生活,无奈之下,杜老伯夫妇只好与小明到民政局办理了协议解除收养关系的登记,双方收养关系据此解除了。后来,由于小明与妻子感情破裂而解除了婚姻关系,小明对杜老伯夫妇感到很愧疚,于是回到他们身边主动承担起了赡养两位老人的责任,杜老伯夫妇很感动,想与小明恢复收养关系,于是向律师咨询解除后的收养关系能否恢复。

专家提示

本案主要涉及的是收养关系解除后能否恢复的法律问题。

所谓解除收养关系就是指对拟制的父母子女关系通过一定程序解除父母子女间权利义务关系的行为。

我国《收养法》第四条规定了不满 14 周岁的丧失父母的孤儿、查找不到生父母的弃婴和儿童以及生父母有特殊困难无力抚养的子女才有权被收养。同时《收养法》第六条规定了:收养人应当同时具备下列条件:(一)无子女;(二)有抚养教育被收养人的能力;(三)未患有在医学上认为不应当收养子女的疾病;(四)年满 30 岁。

本案中,杜老伯夫妇显然已经没有了抚养教育被收养人的能力,而且小明也已年满 14 周岁,因此他们均不具备收养关系的适格主体条件,不能按《收养法》的规定登记并重新办理登记来恢复收养关系。但是根据司法部《关于可以办理恢复收养关系公证的复函》(1993 年 1 月 11 日〔1993〕司公函 005 号)规定,对于自幼收养的养子女,由养父母抚养成年后,因某种原因与养父母解除了收养关系,但又申请办理恢复收养关系公证的,经公证处审查,如果解除收养关系是经公证机关公证或人民法院调解或判决的,且恢复收养关系确实有利于对收养人的赡养的,可予以办理恢复收养关系公证。收养人和被收养人可以不受《收养法》第四条以及第六条第(二)、(三)项的限制。因此,本案中,杜老伯夫妇和小明可以通过去公证机关办理公证的方式达到恢复收养关系的目的。

法律依据

《中华人民共和国收养法》第四条规定:"下列不满十四周岁的未成年人可以被收养:(一)丧失父母的孤儿;(二)查找不到生父母的弃婴和儿童;(三)生父母有特殊困难无力抚养的子女。"

《中华人民共和国收养法》第六条规定:"收养人应当同时具备下列条件:(一)无子女;(二)有抚养教育被收养人的能力;(三)未患有在医学上认为不应当收养子女的疾病;(四)年满三十岁。"

《关于可以办理恢复收养关系公证的复函》(1993 年 1 月 11 日〔1993〕司公函 005 号)规定:"对于自幼收养的养子女,由养父母抚养成年后,因某种原因与养父母解除了收养关系,但又申请办理恢复收养关系公证的,经公证处审查,如果解除收养关系是经公证机关公证或人民法院调解或判决的,且恢复收养关系确实有利于对收养人的赡养的,可予以办理恢复收养关系公证。收养人可以不受收养法第六条第(二)、(三)项的限制;被收养人可以不受收养法第四条的限制。"

3. 夫妻双方已有子女，又收养弃婴的情况是否构成超生？

案情简介

幸福村村民姜某结婚后生有一女。2007 年的一天，姜某起早去火车站接从城里来的亲戚，恰巧在火车站的休息大厅里发现了一个襁褓，里面是一个男婴，包裹婴儿的被子里有一张纸条，上面写明因父母双方都是残疾人，无力抚养，希望好心人可以收养这个婴儿。姜某见孩子很可怜，而且家里又没有男孩，就把男婴抱回了家，姜某夫妇对这个男孩都很喜欢。2008 年 1 月，姜某夫妇到民政局办理了收养登记，领取了收养证明。后该县的计划生育部门查知此事，认为姜某夫妇已生有一女，再收养该名男婴，违反了该省的《人口与计划生育条例》，应当按照计划外的生育对待，县人口与计划生育委员会依照当地上年度人均纯收入决定征收姜某夫妇社会抚养费 13040 元。姜某夫妇觉得很冤枉，夫妇俩收养孤儿，是在做好人好事，而且也减轻了国家和政府的负担，认为县计生委的决定没有依据，应当撤销，于是提起了行政诉讼。

专家提示

《中华人民共和国收养法》规定，收养人应具备无子女的条件。但是，第八条对此做出了例外的规定：收养孤儿、残疾儿童或者社会福利机构抚养的查找不到生父母的弃婴和儿童，可以不受收养人无子女和收养一名的限制。我国《收养法》规定，收养不得违背计划生育的法律规定。根据我国的计划生育政策，一对夫妇只允许生一个孩子,因此,在通常情况下 ,如果已有子女就不得收养。但是,因收养弃婴具有特殊性,所以收养人的条件有所放宽。

本案中,法院判决认为,姜某夫妇收养被遗弃男婴的行为已经民政部门登记,具有法律效力。我国《人口与计划生育法》、《人口与计划生育条例》均未有关于姜某的收养行为是违背计划生育政策,并可以给予行政处罚的规定,县人口与计划生育委员会以姜某夫妇计划外生育给予征收社会抚养费,无法律依据,遂做出撤销县人口与计划生育委员会征收姜某夫妇社会抚养费 13040 元的行政征收决定。

法律依据

《中华人民共和国收养法》第六条规定:“收养人应当同时具备下列条件:(一)无子女;(二)有抚养教育被收养人的能力;(三)未患有在医学上认为不应当收养子女的疾病;(四)年满三十岁。”

《收养法》第八条规定:“收养人只能收养一名子女。

收养孤儿或者残疾儿童可以不受收养人无子女和年满三十五周岁以及收养一名的限制。”

4. 已有子女的舅舅收养外甥女需要符合哪些条件?

案情简介

裴小静,10 岁的时候父母先后去世,于是和 70 多岁高龄的爷爷奶奶一起生活在农村,爷爷奶奶身体不好加上生活来源有限,没有太多的精力照顾她。小静有个 80 多岁的外公和姨妈住在一起,在这种情况下,为了能够让小静得到良好的生活和学习环境,小静在城里的舅舅提出收养小静的要求,可是小静的舅舅已有一个 10 多岁的儿子,那么小静的舅舅能否收养小静呢?

专家提示

本案涉及收养三代以内同辈旁系血亲的条件问题。

所谓三代以内同辈旁系血亲是指兄弟姐妹和第三代堂、表兄弟姐妹。三代以内同辈旁系血亲的子女指兄弟姐妹的子女和第三代堂、表兄弟姐妹的子女,即侄子女、外甥、外甥女和第四代的堂侄子女、表侄子女、表外甥、表外甥女。

《中华人民共和国收养法》第七条规定:收养三代以内同辈旁系血亲的子女,可以不受本法第四条第三项、第五条第三项、第九条和被收养人不满 14 周岁的限制。华侨收养三代以内同辈旁系血亲的子女,还可以不受收养人无子女的限制。据此,只有华侨收养三代以内同辈旁系血亲的子女,才不受收养人无子女的限制,小静的舅舅不是华侨且已经有一个 10 多岁的儿子,不符合收养人的条件,所以不能收养小静。

法律依据

《中华人民共和国收养法》第六条："收养人应当同时具备下列条件：(一)无子女；(二)有抚养教育被收养人的能力；(三)未患有在医学上认为不应当收养子女的疾病；(四)年满三十岁。"

《收养法》第七条规定："收养三代以内同辈旁系血亲的子女，可以不受本法第四条第三项、第五条第三项、第九条和被收养人不满十四周岁的限制。

华侨收养三代以内同辈旁系血亲的子女，还可以不受收养人无子女的限制。"

5. 收养关系合法建立后,养子的近亲属能否取得孩子的抚养权?

案情简介

张某的邻居是个单身母亲,其丈夫在孩子刚出生不久就病逝了,她每月靠政府的补贴和辛苦打工赚来的微薄收入抚养孩子,生活比较困难,不能为孩子提供一个充裕的成长条件,于是找到张某父母,想把孩子送养给他们,而张某夫妇结婚后一直没能生育子女,便同意收养孩子,并且到民政机关办理了收养关系登记。孩子 6 岁的时候,其舅舅找到张某夫妇,以张某夫妇与孩子没有血缘关系并且自己是孩子的舅舅为由要求领回孩子,张某夫妇不同意,最后起诉到法院。

专家提示

本案涉及收养关系建立后的法律效力问题。

所谓收养关系即父母子女的关系除了基于血缘关系发生外,可以基于法律行为即收养而发生的关系。

《中华人民共和国收养法》第二十三条规定了收养的法律效力:自收养关系成立之日起,养父母与养子女间的权利义务关系,适用法律关于父母子女关系的规定;养子女与养父母的近亲属间的权利义务关系,适用法律关于子女与父母的近亲属关系的规定。养子女与生父母及其他近亲属间的权利义务关系,因收养关系的成立而消除。

从上述法律条文可以看到收养的法律效力分为两个方面:

①收养的拟制效力，即形成拟制血亲的父母子女关系，效力与自然血亲的父母子女关系相同，养父母子女间的权利义务关系适用法律关于父母子女关系的规定，养子女与养父母的近亲属之间的权利义务关系，适用法律关于子女与父母的近亲属关系的规定。②收养诉解消效力，是指收养使被收养人与生父母间的权利义务关系依法终止、消除的效力。养子女与生父母及其他近亲属间的权利义务关系，因收养关系的成立而消除。但值得注意的是，养子女与生父母及近亲属之间的血缘关系是客观存在的，无法因收养关系的成立而消灭，所以，他们之间仍受《婚姻法》有关禁止结婚规定的限制。法律收养关系确立了收养人与被收养人之间的权利义务关系，这种关系受到法律的保护，其目的是为了稳定收养关系，建立和睦的拟制的父母子女关系，为孩子的成长创造一个稳定健康的环境。

本案中，自张某夫妇与孩子办理收养关系登记之日起，便建立了合法的权利义务关系，养子女与生父母及其他近亲属间的权利义务关系，因收养关系的成立而消灭。所以孩子的舅舅无权要走孩子的抚养权，法院应驳回孩子舅舅的请求，保护张某夫妇合法的收养关系。

法律依据

《中华人民共和国婚姻法》第二十六条规定:“国家保护合法的收养关系。养父母和养子女间的权利和义务,适用本法对父母子女关系的有关规定。

养子女和生父母间的权利和义务,因收养关系的成立而消除。”

《中华人民共和国收养法》第二十三条规定了收养的法律效力:“自收养关系成立之日起,养父母与养子女间的权利义务关系,适用法律关于父母子女关系的规定;养子女与养父母的近亲属间的权利义务关系,适用法律关于子女与父母的近亲属关系的规定。

养子女与生父母及其他近亲属间的权利义务关系,因收养关系的成立而消除。”

6. 堂兄弟之间的子女过继和收养是一回事吗?

案情简介

幸福村有一对老夫妇,男的叫王宝树,女的叫刘凤芹,老两口没有儿子,只有一个女儿王宏,为了延续香火,夫妇俩于2000年和其堂兄协商,要求将其堂兄的儿子王建州过继过来,在自己夫妇俩死后以"儿子"的身份送葬,其堂兄答应了。之后,王建州一直住在自己家里,没有搬过来住,也没有赡养王氏夫妇,只是在刘凤芹老人死后,以儿子的身份送了葬,刘凤芹老人死后,其已出嫁的女儿王宏考虑父亲年老孤单,因此,把父亲接到自己家里居住。去年,王宝树老人因病死亡,王建州仍以儿子的身份送葬。之后,王建州以儿子的身份要求继承王宝树的全部家产,王宏不答应,她认为,王建州虽是过继子,但没有与父母共同生活,也没有赡养父母,而自己是女儿,并且赡养了父母,遗产应由自己继承,而不是王建州,于是双方起了争执诉至法院。请问王氏夫妇的遗产应由谁来继承呢?

专家提示

本案涉及过继与收养是否具有同等法律效力的问题。

所谓过继是封建社会的一种陋俗,"过继"在旧社会称"立嗣",又称"承嗣",它是指没有儿子的人以兄弟、堂兄弟等同宗人的儿子为自己儿子的一种做法,是一种封建的亲属关系。它是我国封建社会的宗法制度下的一种特殊的收养形式,一直延续到解放前。新中国成立后,我国已经废除了封建宗法的立嗣制度,我国现行法律对过继是不承认的。

过继与收养是不同的。收养是指公民依照法律的规定领养他人作为自己的子女的一种法律行为。实践中,对于过继能否形成法律上的收养关系,不能一概而论,要具体情况具体分析。如果过继子女在过继后与继父母共同生活,并与生父母脱离了父母子女关系,则可以认为过继子女与过继父母间形成了事实收养关系,可以按收养关系处理。《最高人民法院关于贯彻执行民事政策法律若干问题的意见》第二十八条指出:亲友、群众公认,或有组织证明以养父母与养子女关系共同生活的,虽未办理合法手续,也应按收养关系对待。相反,如果过继的目的只是为了延续继父母的香火,或只是为了继承继父母的遗产,并未与过继父母共同生活,也未对继父母尽赡养义务的话,即使有所谓的过继手续也不能认为是收养,自然,这种过继子女与过继父母之间也就没有任何权利义务关系。

本案中,王建州过继给王某夫妇只是为了给王某夫妇延续香火并继承他们的遗产,事实上并没有对王某夫妇尽赡养扶助的义务,所以他们之间不构成收养法律关系,根据我国《继承法》的相关规定,王建州无权继承王某夫妇的遗产。

法律依据

《中华人民共和国继承法》第二条规定:"继承从被继承人死亡开始。"

《中华人民共和国继承法》第十条规定:"遗产按照下列顺序继承:第一顺序:配偶、子女、父母。

第二顺序:兄弟姐妹、祖父母、外祖父母……"

7. 收养子女需要办理哪些手续?

案情简介

于某和他的老伴陈某结婚多年，工作顺心，家庭和睦，但唯一的遗憾就是没有儿女，目前老两口都退休了，想收养一个孩子，于是通过人介绍联系到了想送养女儿的丁某夫妇，丁某夫妇俩都是残疾人，家庭贫困，女儿到了上学的年龄却无法给女儿交学费，不能给女儿提供一个良好的学习和生活环境，为了女儿能够像其他孩子一样健康地成长，决定把女儿送养他人，于某和他的老伴也都很喜欢这个女孩，于是决定和孩子的父母签订收养协议并去民政部门办理登记，但是孩子的父母说没有这个必要，于某夫妇担心丁某夫妇以后反悔，遂去民政部门进行咨询。

专家提示

本案涉及收养行为的形式要件的法律问题。

所谓收养的形式要件是建立收养关系的法定方式，国家机关通过收养的法定程序，指导当事人依法建立合法的收养关系，防止违法收养的发生，原 1992 年的《收养法》对于收养程序的规定是将收养协议、登记、公证杂糅在一起，坚持对收养的国家监督的同时也未完全否定收养的契约性，而 1998 年 11 月 4 日修订后的《中华人民共和国收养法》对收养形式要件作了较大的修改，将原来的三元主义改为一元主义，突出了收养登记的效力，即将登记作为成立收养关系的唯一法定形式要件。

根据《收养法》第 15 条第 1 款规定，收养应当向县级以上人民政府民政部门登记。即办理收养登记的机关应当为县级以上人民政府民政部门。如生父母作送养人的，应到生父母的户口所在地县级以上人民政府民政部门登记；收养查找不到生父母的弃婴和儿童的，在弃婴和儿童的发现地县级以上人民政府民政部门登记；收养社会福利机关抚养的孤儿，在社会福利机构所在地县级以上人民政府民政部门登记。

办理收养登记的程序，首先是由收养关系当事人亲自到收养登记机关办理收养关系登记申请，并提交相关证件和证明材料。其次是审查，收养登记机关接到当事人申请后，应当依法对收养申请进行审查。再次是要进行公告，对查找不到生父母的弃婴和儿童，收养登记机关应当在登记前予以公告，自公告之日起满60日，弃婴、儿童的生父母或者其他监护人未认领的，视为查找不到生父母的弃婴、儿童，然后才可以办理登记。最后是登记，经审查，对符合《收养法》规定条件的，应当办理登记，对不符合的，不予登记，并对当事人说明理由。

我国《收养法》规定收养关系当事人愿意订立收养协议的，可以订立收养协议。收养当事人各方或一方要求办理收养公证的，应当办理收养公证，即收养协议与收养公证不是收养成立的必经程序，由当事人自愿选择是否进行。

本案中于某和他的老伴陈某可以同孩子的父母自愿协商订立收养协议，如果一方想办理收养公证，可以前往公证机关办理公证，提交所需要的材料，由公证处出具收养关系成立的公证书。

法律依据

《中华人民共和国收养法》第十五条规定："收养应当向县级以上人民政府民政部门登记。收养关系自登记之日起成立。

收养查找不到生父母的弃婴和儿童的，办理登记的民政部门应当在登记前予以公告。

收养关系当事人愿意订立收养协议的，可以订立收养协议。

收养关系当事人各方或者一方要求办理收养公证的，应当办理收养公证。"

8. 生父母故意隐瞒子女的病症，养父母可否以此为由要求解除收养关系？

案情简介

王某和妻子徐某于2006年结婚，婚后一直没有生育，于是在2008年夫妇俩收养了一个三岁的男孩。但是不久，他们发现这个孩子有重度的智力障碍，于是去找那户人家理论，但是孩子的生父母说王某是看了孩予以后才领走的，并说，收养关系一旦成立以后，在养子成年之前，养父母不得单方面解除收养关系。王某夫妇觉得孩子生父母的说法不合理且没有法律根据，认为自己的权益受到了侵害，于是诉至法院，要求解除收养关系。

专家提示

本案涉及送养人故意隐瞒被送养子女的病症，收养人可否要求解除收养关系的法律问题。

所谓故意隐瞒被送养子女的病症是指送养人送养时明知道被送养人有生理缺陷或者其他病症而不予告知收养人的行为。非故意隐瞒或者事后才发现的则不能认定为故意隐瞒子女病症。

我国在1986年颁布的《民法通则》确立了平等、自愿、诚实、守信等基本原则。1999年4月1日起实施的《中华人民共和国收养法》也贯彻了这些原则，其中第二条规定，收养应当有利于被收养的未成年人的抚养、成长，保障被收养人和收养人的合法权益，遵循平等自愿的原则，并不得违背社会公德。第二十六条又规定收养人在被收养人成年以前，不得解除收养关系，但收养人、送养人双方协议解除的除外，养子女年满十周岁以上的，应当征得本人同意。《收养法》第二十六条是对于收养关系成立以后的一般规定，但是本案涉及送养人隐瞒被送养人病症，收养人日后得知时可否解除收养关系的法律问题。对此，1979 年《最高人民法院关于贯彻执行民事法律的意见》规定了养父母发现所收养的子女有生理缺陷，或有其他病症，要求解除收养关系的，一般不予解除。但生父母在送养时有意隐瞒的，可予解除。

本案中，孩子的生父母在送养时理应知道自己的孩子患有严重的智力障碍，并且没有如实告知收养人，致使王某夫妇做出了错误的收养决定，违背了平等、诚实、守信的原则，侵犯了收养人王某夫妇的合法权益，属于欺诈行为，因此王某夫妇有权要求法院解除收养关系。

法律依据

《中华人民共和国收养法》第二条规定："收养应当有利于被收养的未成年人的抚养、成长，保障被收养人和收养人的合法权益，遵循平等自愿的原则，并不得违背社会公德。"

《中华人民共和国收养法》第二十六条规定："收养人在被收养人成年以前，不得解除收养关系，但收养人、送养人双方协议解除的除外，养子女年满十周岁以上的，应当征得本人同意。"

1979 年 2 月 2 日《最高人民法院关于贯彻执行民事政策法律的意见》第三十条规定："养父母发现所收养的子女有生理缺陷，或者有其他病症，要求解除收养关系的，一般不予解除。但生父母在收养时有意隐瞒的，可予解除。"

9. 无配偶的男性收养女孩需要符合哪些条件?

案情简介

周某今年46岁,身体健康,自己开了家牙科诊所,收入颇丰。有过一次失败的婚姻后不打算再婚,没有子女。随着年纪越来越大,考虑到将来能够有人继承家业,也为了老有所养,打算收养个孩子,周某比较喜欢女孩,于是想收养个女孩,但是不知道自己的这种情况能不能收养,于是找到律师进行咨询。

专家提示

本案涉及无配偶的男性收养女孩需要符合哪些条件的法律问题。

所谓男性无配偶,包括男性因未婚、离婚或者丧偶而无配偶的情况。

建立收养关系,首先被收养人、收养人及送养人三方均应当满足法律规定的基本条件。我国收养法第四条规定被收养人须为不满14周岁且系下列三种情况之一的未成年人:①丧失父母的孤儿;②查找不到生父母的弃婴和儿童;③生父母有特殊困难无力抚养的子女。收养法第六条规定收养人须同时满足以下条件:①无子女;②有抚养教育被收养人的能力;③未患有在医学上认为不应当收养子女的疾病;④年满30周岁。另外,收养法对送养人的条件亦有限制,第五条规定孤儿的监护人、社会福利机构及有特殊困难无力抚养子女的生父母可以作为送养人。收养三代以内同辈旁系血亲的子女以及华侨收养三代以内同辈旁系血亲的子女的，条件适当有所宽限，法律另有规定，在此不作赘述。

本案中，现周先生已年满 46 周岁，身体健康，无子女，且有一定经济能力。依法符合收养人的条件，可以收养孩子。但目前周先生单身且打算收养一名女孩，除满足上述条件外，根据收养法第九条之规定：无配偶的男性收养女性的，收养人与被收养人的年龄应当相差 40 周岁以上。因此，周某只能收养 6 周岁以下的女孩。这是法律对单身男性收养女性所作的特殊规定，也是法律中对被收养的女婴和女童的特殊保护。世界上许多国家的收养立法中都有类似的规定。这是从性别、年龄、生理特征、伦理道德等方面考虑而制定的。目的是维护社会公德，保障被收养人的健康成长，保护被收养女性的人身权利不受侵害。

另外，收养应当向县级以上人民政府民政部门登记，自登记之日起收养关系成立，收养人与被收养人间的权利义务关系自该日起适用法律关于父母子女关系的规定，同样与收养人近亲属间的权利义务关系亦自该日起适用法律关于子女与父母的近亲属关系的规定，被收养人与生父母及其他近亲属间的权利义务关系，因收养关系的成立而消除。

法律依据

《中华人民共和国收养法》第四条规定:“下列不满十四周岁的未成年人可以被收养:(一)丧失父母的孤儿;(二)查找不到生父母的弃婴和儿童;(三)生父母有特殊困难无力抚养的子女。”

《中华人民共和国收养法》第六条规定:“收养人应当同时具备下列条件:(一)无子女;(二)有抚养教育被收养人的能力;(三)未患有在医学上认为不应当收养子女的疾病;(四)年满三十岁。”

《中华人民共和国收养法》第九条规定:“无配偶的男性收养女性的,收养人与被收养人的年龄应当相差四十周岁以上。”

10. 养父母离婚以后，不与养子女共同生活的一方与养子女的收养关系如何认定？

案情简介

罗某（女）与李某（男）结婚多年未能生育，经检查，罗某患有不孕不育症，于是两人决定收养一个孩子。但李某始终嫌弃孩子不是自己亲生的，想要一个自己的孩子，再加上家人的唆使和邻居们的闲言碎语，于是李某和罗某在孩子年龄还小的时候就办理了离婚。离婚后，孩子由罗某进行抚养，由于罗某当时正好赶上单位精简人员，于是下岗了，下岗后生活拮据，便找到李某，要求李某定期给付孩子一定的抚养费，却遭到拒绝，李某认为其与罗某已经解除了婚姻关系，也就自然解除了与孩子的收养关系，没有义务承担孩子的抚养费。无奈之下，罗某诉至法院，要求判决李某支付孩子的抚养费。

专家提示

本案涉及离婚后，是否能够解除与养子的收养关系的法律问题。

我国《婚姻法》第三十六条就明确说到父母与子女之间的关系，不因婚姻关系的解除而解除。离婚后，无论由父或母直接抚养，仍是父母双方的子女。离婚后，父母对子女仍有抚养和教育的权利和义务。这说明婚生子女与父母的关系不受父母婚姻状况的影响，那么养子女与养父母的关系也同样不应受到父母婚姻状况的影响吗？养子女是基于收养的法律行为产生的，婚生子女是基于血缘的法律事实产生的，收养关系成立以后，养子女就视同养父母的婚生子女，从法律的角度来讲，他们所享有的权利和应当承担的义务是等同的。我国《收养法》也规定自收养关系成立之日起，养父母与养子女间的权利义务关系，适用法律关于父母子女关系的规定。据此，养子女与养父母的关系不应受到父母婚姻状况的影响。也就是说父母离异，即便养子女和不与其共同生活的养父或养母方关系疏远，却改变不了他们之间基于法律拟制关系的效力。

本案中，虽然李某与罗某离婚了，但是李某与养子之间的收养关系却不因此而解除，养子有权利要求李某支付抚养费。

法律依据

《中华人民共和国婚姻法》第二十条规定："国家保护合法的收养关系，养父母和养子女间的权利和义务，适用本法对父母子女关系的有关规定。"

《中华人民共和国婚姻法》第三十条规定："父母和子女间的关系，不因父母离婚而消除。离婚后，子女无论由父或母直接抚养，仍是父母双方的子女。离婚后，父母对于子女仍有抚养和教育的权利和义务……"

《中华人民共和国收养法》第二十三条规定："自收养关系成立之日起，养父母和养子女间的权利义务关系，适用法律关于父母子女关系的规定。"

11. 养子女事故获赔，生父母和养父母谁有权继承该赔偿金？

案情简介

某女自出生后，被父母送给其姑姑作养女收养并办理了有关的收养手续，其间养父母对某女尽了抚养教育义务。平时某女也与亲生父母来往。2006 年的一天晚上放学的路上某女被一辆大货车在某中学路段碰跌辗压，造成某女重伤经送医院抢救无效死亡，后经交警部门调解，肇事司机赔偿被害人家属死亡赔偿金 8 万余元。该款由某女养父母领取，并在调解赔偿书上签字，但生父母认为他们理应取得赔偿金，由此发生纠纷。请问该案中，养父母、生父母谁有权继承该赔偿金？

专家提示

本案涉及养父母和生父母谁有权继承养子女遗产的法律问题。

收养关系成立后，养子女与养父母之间产生下列权利义务：一是养父母对养子女有抚养教育的义务。抚养是指养父母从物质上、经济上对养子女的养育和照料，教育是指养父母在思想、品德、学业等方面对养子女的全面培养。二是养父母有管教和保护未成年养子女的权利和义务，当未成年养子女对国家、集体或他人造成损害时，养父母有赔偿经济损失的义务。三是成年养子女对养父母有赡养扶助的义务，养子女被养父母抚养成人后，养父母需要养子女的赡养扶助。赡养是指养子女在经济上为养父母提供必要的生活用品和费用;扶助是指养子女在精神上、生活上尊敬、照顾养父母。养子女对养父母尽赡养扶助义务,目的是使养父母在晚年能够得到物质和精神上的供养和安慰。四是养父母与养子女之间有相互继承遗产的权利。养父母死亡后,养子女与亲生子女一样享有继承遗产的权利。如养子女先于养父母死亡,养父母也与生父母一样,有继承养子女遗产的权利。

为了保护合法的收养关系,维护收养关系当事人的合法权益,我国于1998年11月4日修改的《收养法》第二十三条规定,自收养关系成立之日起,养父母与养子女间的权利义务关系,适用法律关于父母子女关系的规定;养子女与养父母的近亲属间的权利义务关系,适用法律关于子女与父母的近亲属关系的规定。养子女与生父母及其他近亲属间的权利义务关系,因收养关系的成立而消除。据此,养子女与养父母之间的权利义务关系和生父母与子女之间的权利义务关系是一样的。

因此,本案中某女因交通事故死亡后,肇事方已经给付的8万多元赔偿金就应视为某女合法的遗产,由其法定的继承人共同继承。其姑姑已办理了收养登记,某女与生父母及其他近亲属间的权利义务关系,因收养关系的成立而消除,因此,某女的姑姑是其法定的继承人,其生父母无权要求继承该笔赔偿金。

法律依据

《中华人民共和国收养法》第二十三条规定:"自收养关系成立之日起,养父母与养子女间的权利义务关系,适用法律关于父母子女关系的规定;养子女与养父母的近亲属间的权利义务关系,适用法律关于子女与父母的近亲属关系的规定。养子女与生父母及其他近亲属间的权利义务关系,因收养关系的成立而消除。"

12. 生父母请求解除收养关系，养父母可以要求其支付抚养期间的费用吗？

案情简介

江某夫妇结婚后生了一个女儿，因为江某一直想要个儿子，所以在女儿佳佳两岁的时候，江某夫妇超生了一个男孩。由于江某夫妇经济状况不好，抚养两个孩子比较吃力，所以决定将女儿佳佳送给别人抚养。恰好薛某夫妇没有孩子，于是收养了佳佳，办理了收养手续后带着佳佳到了外地生活。几年后，江某夫妇经济状况大有好转，加上妻子一直思念佳佳，江某夫妇想将孩子要回来。经过与薛某夫妇联系，薛某夫妇同意了江某的要求，但是提出江某夫妇应当补偿这些年的费用，包括佳佳的生活费、学杂费。江某夫妇认为，佳佳不是在薛家寄养的，法律上她是薛家的女儿，薛家应该抚养她，因此这笔钱江某夫妇不应该承担，于是诉诸法院。

专家提示

本案涉及生父母要求解除收养关系，应否向养父母做出补偿的法律问题。

我国《收养法》第三十条明确规定了三种解除收养关系后，养父母可以或者应该得到补偿的情况：①收养关系解除后，经养父母抚养的成年养子女，对缺乏劳动能力又缺乏生活来源的养父母，应当给付生活费；②因养子女成年后虐待、遗弃养父母而解除收养关系的，养父母可以要求养子女补偿收养期间支出的生活费和教育费;③生父母要求解除收养关系的,养父母可以要求生父母适当补偿收养期间支出的生活费和教育费,但因养父母虐待、遗弃养子女而解除收养关系的除外。

一般来说,在养父母无过错的情况下,生父母要求解除收养关系,法律不予认可,但是如果双方达成协议的,可以解除。按照《收养法》第三十条的规定,养父母可以要求生父母适当补偿收养期间支出的生活费和教育费,在费用上有问题的,一般由有关部门进行调解,亦可经诉讼程序由人民法院处理,人民法院审理收养案件,首先应当对当事人进行调解,帮助当事人达成协议,调解无效时,依法判决。

本案中,薛某夫妇对养女佳佳在抚养期间无论在物质还是精神上都付出了很多,现在江某夫妇经济条件好转了想要回孩子,理应给予一定的经济补偿。

法律依据

《中华人民共和国收养法》第三十条规定:“收养关系解除后,经养父母抚养的成年养子女,对缺乏劳动能力又缺乏生活来源的养父母,应当给付生活费。因养子女成年后虐待、遗弃养父母而解除收养关系的,养父母可以要求养子女补偿收养期间支出的生活费和教育费。

生父母要求解除收养关系的,养父母可以要求生父母适当补偿收养期间支出的生活费和教育费,但因养父母虐待、遗弃养子女而解除收养关系的除外。”

13. 收养关系未解除，是否有权继承生父母的遗产？

案情简介

1998 年，年仅 6 岁的王忠兰被姑妈王某收养。2009 年 6 月 6 日，王忠兰的亲生母亲陈芳因交通事故死亡。经调解，肇事方一次性赔偿给王忠兰的哥哥王忠勇各项费用共计 10 万元。在死亡赔偿金的分割问题上，王忠兰与王忠勇产生矛盾。王忠兰诉至当地法院要求分割此笔赔偿金。在审理过程中，王忠勇认为王忠兰由姑妈收养，无权分得赔偿金。

专家提示

本案涉及被收养人与其生父母之间的继承关系的法律问题。

我国《收养法》第二十三条规定了自收养关系成立之日起，养父母与养子女间的权利义务关系，适用法律关于父母子女关系的规定；养子女与养父母的近亲属间的权利义务关系，适用法律关于子女与父母的近亲属关系的规定。养子女与生父母及其他近亲属间的权利义务关系，因收养关系的成立而消除。同时，《婚姻法》第二十六条也规定了要求保护合法的收养关系，养父母和养子女之间的权利和义务，适用该法对父母子女关系的有关规定。收养人和被收养人彼此发生与自然血亲的父母子女关系法定的相同的权利和义务，因此养子女和生父母间的权利和义务，因收养关系的成立而消除。因此，养子女对养父母的遗产有继承权，而对生父母的遗产没有继承权。

但是，如果养子女在扶养养父母的同时也对生父母尽了一定的赡养义务，那么在其生父母死后，虽然对生父母的遗产没有法定的继承权，但是根据《继承法》第十四条的规定，继承人以外的对被继承人扶养较多的人，可以分给他们适当的遗产。养子女在生父母生前对其尽了一定的赡养义务，理应获得和赡养义务相对应的补偿。

如果养子女确实没有对生父母尽到赡养的义务，那么生父母也可以订立遗嘱，指定将自己的部分遗产由已被他人收养的子女继承，是生父母对自己财产所享有的处分权利，这在法律上属于遗赠。已被他人收养的生子女可以按照生父母的遗嘱接受遗赠。

还有一个比较烦琐的方式即养子女可以和养父母协议解除收养关系，再与生父母恢复父母子女关系。如果养子女不满 18 周岁，那么与养父母解除收养关系以后自动恢复与生父母的父母子女关系，如果养子女已满 18 周岁，那么其与生父母的关系需要协商确定。

法律依据

《中华人民共和国收养法》第二十三条规定："自收养关系成立之日起，养父母与养子女间的权利义务关系，适用法律关于父母子女关系的规定；养子女与养父母的近亲属间的权利义务关系，适用法律关于子女与父母的近亲属关系的规定。

养子女与生父母及其他近亲属间的权利义务关系，因收养关系的成立而消除。"

《中华人民共和国继承法》第十四条规定："对继承人以外的依靠被继承人扶养的缺乏劳动能力又没有生活来源的人，或者继承人以外的对被继承人扶养较多的人，可以分给他们适当的遗产。"

14. 收取部分费用后将子女送养于他人是否构成拐卖儿童罪？

案情简介

2008 年 6 月，仅有 17 岁的小丽从农村出来到南方的一个大城市打工，打工期间结识了一个男孩子，名叫小伟，后两人确立了恋爱关系，由于年轻不懂事，小丽把自己的第一次给了小伟，两个月后，小丽意外地发现自己怀孕了，男朋友小伟听说此事以后不久便消失得无影无踪了，小丽惊慌得不知所措，并且没有钱支付昂贵的堕胎费，于是把孩子生了出来。考虑到自己年龄尚小，也没有稳定的经济来源，无力抚养这个孩子，在收取 20000 元钱之后，把孩子送养给了他人。那么此案中小丽的行为该如何认定呢？

专家提示

本案涉及收取费用后将子女送养他人是否构成犯罪的法律问题。

所谓拐卖儿童罪指以出卖为目的，拐骗、绑架、收买、贩卖、接送、中转儿童的行为。其中，“儿童”一般指 14 周岁以下的人。拐骗是指行为人以欺骗、利诱等手段，使儿童处于自己的控制之下，并脱离其家庭或监护人；绑架是指行为人以暴力、胁迫或麻醉等方法，将儿童置于自己的控制之下，使其脱离其家庭或监护人；收买指在出卖之前支付钱物，购买儿童，收买既可以是向其他人贩子收买，也可以是向被害人的亲属收买；贩卖是指将已控制在手中的儿童转卖给他人;接送是指在拐卖儿童过程中,负责藏匿、看管、转换车船等中间转运。

拐卖儿童罪的客观方面表现为拐骗、绑架、收买、贩卖、接送、中转儿童的行为,犯罪嫌疑人只要具备上述六种行为之一的就可以认定为拐卖儿童罪,本案中,小丽显然没有拐骗、绑架、收买、接送、中转的行为,那么其是否具有"贩卖"的行为呢?对于"贩卖",刑法所规定的原意是行为人将买来的儿童再出卖给第三人的行为,小丽的行为显然不是刑法本意所规定的贩卖的行为,此外,小丽是迫于无力抚养的情况下才将自己的孩子送养给他人,不是以营利为目的的。

最高人民法院、最高人民检察院、公安部和全国妇联 2000 年 3 月 20 日《关于打击拐卖妇女儿童犯罪有关问题的通知》指出出卖亲生子女的,由公安机关依法没收非法所得,并处以罚款;以营利为目的,出卖不满 14 周岁子女,情节恶劣的,借收养名义拐卖儿童的,以及出卖拾捡儿童的,均应以拐卖儿童罪追究刑事责任。《全国法院维护农村稳定刑事审判工作座谈会纪要》中则谈到对于买卖至亲的案件,要区别对待。以贩卖牟利为目的"收养子女"的,应以拐卖儿童罪处理;对那些迫于生活困难,受重男轻女思想影响而出卖亲生子女或收养子女的,可不作为犯罪处理;对于出卖子女确属恶劣的,可按遗弃罪处罚。这里要说明的是,如何认定出卖子女确属"情节恶劣"以及营利为目的,目前还没有明确规定,实践中的判定标准也不统一,被告人小丽,并没有造成什么严重后果,不能认定为情节恶劣。因此本案中,小丽不构成拐卖儿童罪,也不符合其他罪的构成要件,应判定为无罪。

法律依据

《中华人民共和国收养法》第三十一条规定:“借收养名义拐卖儿童的,依法追究刑事责任。

遗弃婴儿的,由公安部门处以罚款;构成犯罪的,依法追究刑事责任。

出卖亲生子女的,由公安部门没收非法所得,并处以罚款;构成犯罪的,依法追究刑事责任。”

最高人民法院、最高人民检察院、公安部和全国妇联2000年3月20日《关于打击拐卖妇女儿童犯罪有关问题的通知》:“出卖亲生子女的,由公安机关依法没收非法所得,并处以罚款;以营利为目的,出卖不满十四周岁子女,情节恶劣的,借收养名义拐卖儿童的,以及出卖拾捡儿童的,均应以拐卖儿童罪追究刑事责任。”

《全国法院维护农村稳定刑事审判工作座谈会纪要》中规定:“对于买卖至亲的案件,要区别对待。以贩卖牟利为目的‘收养子女’的,应以拐卖儿童罪处理;对那些迫于生活困难,受重男轻女思想影响而出卖亲生子女或收养子女的,可不作为犯罪处理;对于出卖子女确属恶劣的,可按遗弃罪处罚。”

15. 收养继子女是否必须征得继子女生父母的同意呢?

案情简介

段某因和妻子感情破裂,于 2006 年协议离婚,孩子归前妻抚养。2007 年经人介绍与刚刚离过婚的刘某相识,刘某还带着一个 13 岁的孩子。两人经过一段时间的交往,对彼此都很满意,于是 2008 年两人办理了结婚登记手续。婚后,段某视刘某的儿子为自己的亲生儿子,宠爱有加,一家人过得非常幸福和谐。可是,刘某 2009 年得了一场大病,不幸去世,此时,段某已经和刘某的儿子有了深厚的感情,便想收他为养子,孩子也同意,可是去民政部门办理登记手续的时候,民政部门的工作人员以必须经过孩子的亲生父母同意为由拒绝为其办理。

专家提示

本案涉及继父母能否收养继子女的法律问题。

所谓继子女,是指丈夫与前妻或妻子与前夫所生的子女。继父母,是指母之后夫或父之后妻。继父母与继子女关系产生的原因,一是由于父母一方死亡,他方再行结婚;二是由于父母离婚,父或母再行结婚。子女对父母的再婚配偶称为继父或继母。丈夫或妻子对其再婚配偶的子女称为继子女。继父母子女关系是由于父或母再婚而形成的姻亲关系。

我国《婚姻法》对继父母子女关系做了一个笼统的认定,也即对继父母子女间的权利义务做了一个简单的理论规定,它规定继父母、继子女之间不得虐待和歧视。继父母和受其抚养教育的继子女间的权利义务，适用本法对父母子女关系的规定。也就是说继父母和受其抚养教育的继子女间的权利义务和继子女与其生父母之间的权利义务关系是一致的，但是继父母和受其抚养教育的继子女间的权利义务始终无法消灭继子女与其生父母之间的血缘亲情关系，因此继父母如果想收养继子女需要征得继子女生父母的同意。

《收养法》第十四条规定了继父母收养继子女不受限制的四种情况，即不受生父母有特殊困难无力抚养的限制；不受关于收养人各项条件的限制；不受被收养人不满 14 周岁的限制；不受只能收养一名子女的限制。但是收养继子女必须得到继子女生父母的同意，这是收养关系成立的前提。

所以，本案中，段某如想与继子建立收养关系，必须征得继子生父的同意。

法律依据

《中华人民共和国婚姻法》第二十七条："继父母继子女之间不得虐待和歧视。

继母和受其抚养教育的继子女间的权利义务，适用本法对父母子女关系的规定。"

《中华人民共和国收养法》第十四条："继父或者继母经继子女的生父母同意，可以收养继子女，并可以不受本法第四条第三项、第五条第三项、第六条和被收养人不满十四周岁以及收养一名的限制。"

16. 事实收养关系如何认定?

案情简介

袁某夫妇于1988年12月生一女,出生后即将其送由孙某抚养。孙某与该女未办理正式收养手续,但有派出所及邻居、亲友证明该女出生后即在孙某家生活,且与孙某母女相称。该女户口安置在孙某所在村,取名孙某某,与孙某为同一家庭户口。2010年1月该女遇车祸死亡,孙某及袁某夫妇均诉至法院要求赔偿损失。

专家提示

本案涉及事实收养关系如何认定的法律问题。

所谓事实收养是指双方以父母子女关系相待,共同生活多年,亲友、群众也认其为父母子女,但未办理公证或其他合法手续的收养。

孙某于1988年收养袁某的女儿,当时收养方面法律文件为《最高人民法院〈关于贯彻执行民事政策法律若干问题的意见〉》,该《意见》第二十八条规定了亲友、群众公认,或有关组织证明确以养父母与养子女关系长期共同生活的,虽未办理合法手续,也应按收养关系对待。另外,1992年《最高人民法院关于学习、宣传、贯彻执行〈中华人民共和国收养法〉的通知》中规定收养法施行前受理、施行时尚未审结的收养案件,或者收养法施行前发生的收养关系,收养法施行后当事人诉请确认收养关系的,审理时应适用当时的有关规定;当时没有规定的,可比照收养法处理。

孙某与孙某某自1988年开始共同生活,且有当地派出所及其亲友的证明,依《最高人民法院〈关于贯彻执行民事政策法律若干问题的意见〉》第二十八条及1992年《最高人民法院关于学习、宣传、贯彻执行〈中华人民共和国收养法〉的通知》中的规定,孙某与孙某某虽未办理正式的收养手续,但应按收养关系对待,形成事实上的收养关系。虽然现行收养法的第十五条规定:收养应当向县级以上人民政府民政部门登记,收养关系自登记之日成立。第二十五条规定:违反《中华人民共和国民法通则》第五十五条和本法规定的收养行为无法律效力。但由于我国现行《收养法》是1999年4月1日起施行的,收养法所规范的应是1999年4月1日以后的收养行为,对之前的行为并没有溯及力。孙某对孙某某的收养行为发生于收养法施行前,据此可以认定本案为事实收养关系。通过以上分析,应该认定本案中孙某和孙某某构成事实收养关系。

因此,鉴于我国的具体情况,在有关收养的法规和政策颁行前,成立收养时无法可依,无章可循,事实收养并不违法。在收养法规和政策颁行后的事实收养,则是违法的。

对社会生活中存在的事实收养,应采取不同的态度和对策:第一,过去已经形成的事实收养,凡不违背收养的基本原则和社会道德的,应予承认。当事人要求补办法定手续的,应予补办。第二,因不符合收养条件,公证登记机关不予办理,当事人自行收养的,不予承认。如确实符合收养要件,可在补办公证或登记后承认其效力。

法律依据

《中华人民共和国收养法》第十五条规定:“收养应当向县级以上人民政府部门登记。收养关系自登记之日起成立。……”

《中华人民共和国收养法》第二十五条:“违反《中华人民共和国民法通则》第五十五条和本法规定的收养行为无法律效力。

收养行为被人民法院确认无效的,从行为开始时起就没有法律效力。”

17. 外国人如何在中国收养子女?

案情简介

约翰夫妇原本有个可爱的儿子，然而十年前的一场意外使他们失去了当时仅7岁的爱子。为了避免触景生情，约翰夫妇离开美国，来到中国某大学从事外教工作。这么多年过去了，约翰夫妇并没有减轻对儿子的思念之情，于是萌发了收养孩子的念头。2006年6月的一天，在约翰夫妇居住的外教楼花园里，发现了一个被丢弃的女婴以及一张写着女婴出生年月的纸条。

闻讯赶来的约翰夫妇，迅速将小孩抱回家中悉心照料。但没过几天，当地派出所民警找上门来，告诉约翰夫妇说："你们现在还不能收养该弃婴，必须在查找不到弃婴生父母的情况下，按法律规定的条件和程序办理收养手续后才能收养。"约翰夫妇不知道外国人收养中国儿童应符合哪些条件和程序，于是找到律师咨询。

专家提示

本案涉及涉外收养子女的程序问题。

1999年修改后的《中华人民共和国收养法》和《外国人在中华人民共和国收养子女实施办法》规定外国人在中国收养子女应当遵循以下的规定：

首先，依据《中华人民共和国收养法》第二十一条及《外国人在中华人民共和国收养子女登记办法》第四条的规定，约翰夫妇要在中国收养子女，应当通过美国政府或者政府委托的收养组织

（以下简称“外国收养组织”）向中国政府委托的收养组织（以下简称“中国收养组织”）转交收养申请并提交收养人的家庭情况报告和证明。收养申请、家庭情况报告和证明，必须由美国有权机构出具，经美国外交机关或者外交机关授权的机构认证，并经中华人民共和国驻美国使馆或者领馆认证的下列文件：跨国收养申请书、出生证明、婚姻状况证明、职业、经济收入和财产状况证明、身体健康检查证明、有无受过刑事处罚的证明、美国主管机关同意其跨国收养子女的证明、家庭情况报告。家庭情况报告包括收养人的身份、收养的合格性和适当性、家庭状况和病史、收养动机以及适合于照顾儿童的特点等。

另外，如果约翰夫妇在华工作或者学习连续居住一年以上，还应当提交前款规定的除身体健康检查证明以外的文件，并应当提交在华所在单位或者有关部门出具的婚姻状况证明，职业、经济收入或者财产状况证明，有无受过刑事处罚证明以及县级以上医疗机构出具的身体健康检查证明。

其次，中国收养组织对约翰夫妇的收养申请和有关证明进行审查后，应将该被收养人及其送养人的有关情况通过外国政府或者外国收养组织送交约翰夫妇。约翰夫妇同意收养的，中国收养组织向其发出来华收养子女通知书，同时通知有关的省、自治区、直辖市人民政府民政部门向送养人发出被收养人已被同意收养的通知。

再次，收到中国收养组织向其发出的来华收养子女通知书，约翰夫妇应当亲自办理收养登记。他们首先应当与送养人订立书面收养协议。协议一式三份，收养人、送养人各执一份，办理收养登记手续时收养登记机关收存一份。

书面协议订立后，约翰夫妇携带中国收养组织发出的来华收养子女通知书及收养人的身份证件和照片；送养人持省、自治区、直辖市人民政府民政部门发出的被收养人已被同意收养的通知及送养人的居民户口簿和居民身份证(社会福利机构作送养人的,为其负责人的身份证件)、被收养人的照片共同到被收养人常住户口所在地的省、自治区、直辖市人民政府民政部门办理收养登记。

最后,要进行涉外收养公证。所谓涉外收养公证就是证明收养关系的真实性、合法性的公证。涉外收养公证的一个重要特点就是在确立了收养关系后,准许收养人将被收养人带出国境。我国《收养法》第二十条就规定了收养人应当与送养人订立书面协议,亲自向民政部门登记,并到指定的公证处办理收养公证。收养关系自公证之日起成立。

法律依据

《中华人民共和国收养法》第二十一条:"外国人依照本法可以在中华人民共和国收养子女。

外国人在中华人民共和国收养子女,应当经其所在国主管机关依照该国法律审查同意。收养人应当提供由其所在国有权机构出具的有关收养人的年龄、婚姻、职业、财产、健康、有无受过刑事处罚等状况的证明材料,该证明材料应当经其所在国外交机关或者外交机关授权的机构认证,并经中华人民共和国驻该国使领馆认证。该收养人应当与送养人订立书面协议,亲自向省级人民政府民政部门登记。

收养关系当事人各方或者一方要求办理收养公证的,应当到国务院司法行政部门认定的具有办理涉外公证资格的公证机构办理收养公证。"

《外国人在中华人民共和国收养子女登记办法》第四条规定:“外国人在华收养子女,应当通过所在国政府或者政府委托的收养组织(以下简称外国收养组织)向中国政府委托的收养组织(以下简称中国收养组织)转交收养申请并提交收养人的家庭情况报告和证明。

前款规定的收养人的收养申请、家庭情况报告和证明,是指由其所在国有权机构出具,经其所在国外交机关或者外交机关授权的机构认证,并经中华人民共和国驻该国使馆或者领馆认证的下列文件:

(一)跨国收养申请书;

(二)出生证明;

(三)婚姻状况证明;

(四)职业、经济收入和财产状况证明;

(五)身体健康检查证明;

(六)有无受过刑事处罚的证明;

(七)收养人所在国主管机关同意其跨国收养子女的证明;

(八)家庭情况报告,包括收养人的身份、收养的合格性和适当性、家庭状况和病史、收养动机以及适合于照顾儿童的特点等。

在华工作或者学习连续居住一年以上的外国人在华收养子女,应当提交前款规定的除身体健康检查证明以外的文件,并应当提交在华所在单位或者有关部门出具的婚姻状况证明,职业、经济收入或者财产状况证明,有无受过刑事处罚证明以及县级以上医疗机构出具的身体健康检查证明。”

18. 华侨在国内收养子女需要办理哪些手续?

案情简介

张某,北京人,大学毕业后去了美国的一所著名的大学继续学习深造,后在美国定居并结婚生子,但一直未加入美国国籍,继续保留中国国籍。张某有一个表哥,生活比较困难,无力抚养仅有5岁的孩子,而张某条件优越,于是张某的表哥想把孩子送给张某抚养,而张某已有两个孩子,担心不能收养,于是找到律师进行咨询。

专家提示

所谓华侨是指定居在国外的中国公民。外籍华人是指原是华侨或华人后裔,后已加入或已取得居住国国籍者。

首先,华侨收养子女要符合《收养法》对收养人的一般规定,也即《收养法》第六条的规定,要求收养人应当同时具备下列条件:①无子女;②有抚养教育被收养人的能力;③患有在医学上认为不应当收养子女的疾病;④年满30岁。

此外,我国《收养法》第七条对收养人的条件做出了特别规定,其中规定华侨收养三代以内同辈旁系血亲的子女,不受收养人无子女的限制。这个规定是对收养条件做出了适当的放宽,但只是针对华侨的,港澳台同胞和外国人不适用此规定。

华侨来国内收养子女,应当到被收养人常住户口所在地的直辖市、设区的市、自治州人民政府民政部门或者地区(盟)行政公署民政部门申请办理收养登记。

其次，居住在已与中国建交国家的华侨申请办理成立收养关系的登记时，应当提交申请书和下列证件、证明材料：①护照；②收养人居住国有权机构出具的收养人的年龄、婚姻、有无子女、职业、财产、健康、有无受过刑事处罚等状况的证明材料，该证明材料应当经其居住国外交机关或者外交机关授权的机构认证，并经中国驻该国使领馆认证（居住在未与中国建交国家的，须经已与中国建立外交关系的国家驻该国的使领馆认证）。

本案中，张某收养三代以内同辈旁系血亲不受收养人无子女的限制，所以张某可以收养其表哥的孩子。

法律依据

《中华人民共和国收养法》第七条："收养三代以内旁系血亲的子女，可以不受本法第四条第三项、第五条第三项、第九条和被收养人不满十四周岁的限制。

华侨收养三代以内旁系血亲的子女，还可以不受收养人无子女的限制。"

离婚

1. 离婚的方式、条件和限制有哪些规定?

案情简介

男子甲与妻子乙在当地婚姻登记机关登记结婚,婚后生下一男孩。后来甲男到外地下海经商,由于其精明能干,几年下来,已经有了自己的公司。于是便想接妻子与孩子到外地定居,但妻子乙的父母年老体弱,身边无人照应,加上她认为夫妻感情已出现了裂痕,便提出了离婚的要求。但双方无法就财产分割和子女的抚养问题达成一致,他俩又不想到法院起诉离婚,也不想到婚姻登记管理机关办理离婚登记手续,只是想到公证机关办理离婚登记手续,以免扩大知情面。就此问题,他们咨询了当地专家。

专家提示

本案主要涉及办理离婚方式、条件和限制有哪些。

我国婚姻法规定了男女离婚的方式有如下几种:男女双方可以在对子女和财产问题上做适当处理后去婚姻登记机关申请离婚;男女一方要求离婚的,可以由有关部门进行调解或直接向人民法院提出离婚诉讼。

男女双方自愿离婚的,准予离婚。双方到婚姻登记机关申请离婚,离婚协议中关于财产分割的条款或当事人因离婚就财产分割达成的协议对男女双方都有约束力。根据我国法律规定,夫妻双方均系中国公民,自愿离婚的,就婚后财产、子女抚养问题达成协议,直接到婚姻登记机关办理离婚登记。离婚登记按地域管辖原则进行管辖。内地居民自愿离婚的,男女双方应当共同到一方当事人常住户口所在地的婚姻登记机关办理离婚登记。新的《婚姻登记条例》规定离婚登记只需户口簿、身份证、结婚证及双方签署的离婚协议书。依据新《婚姻登记条例》规定，公证机关没有办理离婚登记的权力。

如果男女一方要求离婚的，可以由有关部门进行调解或直接向人民法院提出离婚诉讼，人民法院在审理离婚案件时，应当进行调解；如果感情确已破裂，调解无效，应当准予离婚；有下列情形，调解无效的，应当准予离婚：重婚或有配偶者与他人同居的；实施家庭暴力或虐待、遗弃家庭成员的；有赌博、吸毒等恶习屡教不改的；因感情不和分居满两年的；其他导致夫妻感情破裂的情形。

本案中，甲男、乙女两人自愿离婚。根据婚姻法规定，当事人必须到一方户口所在地的婚姻登记机关去办理离婚登记手续。只要当事人确属自愿离婚，并已对子女抚养、财产、债务等问题达成一致处理意见时，婚姻登记机关就应发给离婚证。

法律依据

《中华人民共和国婚姻法》第三十一条规定:“男女双方自愿离婚的,准予离婚。双方必须到婚姻登记机关申请离婚。婚姻登记机关查明双方确实是自愿并对子女和财产问题已有适当处理时,发给离婚证。”

2003 年 10 月 1 日国务院颁布的《婚姻登记条例》第十条第一款规定:“内地居民自愿离婚的,男女双方应当共同到一方当事人常住户口所在地的婚姻登记机关办理离婚登记。”

2003 年《最高人民法院关于适用〈中华人民共和国婚姻法〉若干问题的解释(二)》第八条规定:“离婚协议中关于财产分割的条款或者当事人因离婚就财产分割达成的协议,对男女双方具有法律约束力。当事人因履行上述财产分割协议发生纠纷提起诉讼的,人民法院应当受理。”

2. 第三人可以成为登记离婚提出者吗?

案情简介

男青年甲与女青年乙经他人介绍后进行登记结婚。婚后因感情不和,甲多次提出离婚,均遭女方拒绝,很是痛苦,后来他想出了一个主意,经他人帮助找到了一位和妻子长得很像的女性,带着离婚的相关证件到婚姻登记机关办理了离婚。事后乙知道了此事,向婚姻登记机关提出张的离婚行为无效。婚姻登记机关经查证属实,据此收缴其离婚证书。

专家提示

本案主要涉及离婚登记必须本人去办理的法律问题。

所谓离婚,是指夫妻双方依照法律规定的程序解除婚姻关系的行为。也就是说,离婚必须经过法定程序后才发生法律效力。不实的“离婚”,无法律效力。

我国《婚姻法》第三十一条规定了离婚的程序,指出婚姻登记机关应当对离婚登记当事人出具的证件、证明材料进行审查并询问情况。男女双方自愿离婚的,准予离婚。双方必须到婚姻登记机关申请离婚。婚姻登记机关查明双方确实是自愿并对子女与财产问题已有适当处理时,发给离婚证。另根据 2003 年 10 月 1 日国务院颁布的《婚姻登记条例》规定,自愿离婚的双方,不用再像以前那样苦等一个月的审查期,到婚姻登记机关办理离婚登记时,符合条件的,可以当场领到离婚证。但有三种情况不给办理离婚登记,这三种情况是:①未达成离婚协议的;②属于无民事行为能力人或者限制民事行为能力人的；③其结婚登记不在中国内地办理的。

本案中，甲为了达到与妻子解除婚姻关系的目的，采取欺骗的手段，让他人替代妻子去办理离婚手续，骗取了离婚证。根据法律规定，这是一起无效的离婚行为，应收缴其离婚证书。

法律依据

《中华人民共和国婚姻法》第三十一条规定："男女双方自愿离婚的，准予离婚。双方必须到婚姻登记机关申请离婚。婚姻登记机关查明双方确实是自愿并对子女和财产问题已有适当处理时，发给离婚证。"

新《婚姻登记条例》第十条第一款规定："内地居民自愿离婚的，男女双方应当共同到一方当事人常住户口所在地的婚姻登记机关办理离婚登记。"

新《婚姻登记条例》第十一条第一款规定："办理离婚登记的内地居民应当出具下列证件和证明材料：(一)本人的户口簿、身份证；(二)本人的结婚证；(三)双方当事人共同签署的离婚协议书。"

3. 子女抚养问题是否应在离婚协议书上写明?

案情简介

男青年甲与女青年乙结婚后有了女儿。后来,甲下海经商,有钱之后便见异思迁,与一生意伙伴好了起来。于是,乙女便向丈夫提出离婚,甲男同意。但双方在抚养女儿的问题上发生了分歧。到婚姻登记机关后,婚姻登记机关认为双方未对子女的抚养问题达成协议,不符合协议离婚的条件,因此双方的离婚请求未予受理。同时,建议他们到人民法院诉讼离婚。

专家提示

本案主要涉及协议离婚应符合哪些条件以及离婚协议的内容等问题。

所谓协议离婚,是指夫妻双方依照法律完全自愿达成离婚的协议,即可解除婚姻关系的行为。

根据我国法律法规的相关规定,协议离婚的途径有两种:

其一,夫妻双方协商一致达成协议,办理离婚登记,其法律后果是通过登记公示,其离婚效力得到国家机关和公众认可。离婚协议对双方都有约束力。

其二,夫妻双方还可以一方为原告,另一方为被告,双方带上身份证、结婚证、起诉书与离婚协议书一同到人民法院办理相关手续。经法院开庭审理,由法院收回结婚证,出具民事调解书,该文书是具有司法效力的法律文书,等同于离婚证。

法院调解后,说明法院在法律上解决了双方的纠纷,结束了诉讼程序，对于法院调解结果，不经审判监督程序，不得随意撤销、变更或做出与原调解抵触的裁判。当事人不得就同一案件再行起诉或上诉。

有给付内容的调解书，如一方不自觉履行其规定的义务，权利人可以申请人民法院强制执行。在经人民法院调解，送达调解书时，一方或双方当事人有权拒绝接受调解书。如果法院以简易程序审理离婚案件的，并在调解笔录中载明“双方当事人签名或者按印生效”的，该调解书一经签收，即发生效力。如果当事人双方只是达成离婚协议，应该以签收民事调解书的时间为离婚协议生效的时间。

离婚协议看似简单，实则由于离婚后的复杂性和不可预知性，在订立协议时是十分复杂的。首先，协议要明确共同财产的范围。有时候，当事人为了图方便，没有列明财产清单，只约定双方名下的财产归各自所有，如果离婚后发现对方离婚时有隐藏、转移、变卖、毁损共同财产的，在两年内，可以请求法院再次分割夫妻共同财产。但是由于协议中使用了“双方名下财产归各自所有”这种兜底条款，以后即使发现对方隐匿财产，就很难寻求法律救济。其次，要明确抚养和监护的权利。在子女成长的过程中有很多花费且无法预计，建议抚养费中包括日常生活费、医疗费、学杂费等开支，一般来说不超过30％—40％，其中支付方式、时间要列明。探望权方面，时间、地点、小孩接送方式也要讲明，减少因探望子女带来的麻烦。最后，在财产转移问题上要明确权利和义务。例如，何时协助对方办理过户、过户产生的费用由谁承担、房屋款何时支付、另一方何时迁出、逾期不履行将承担何种责任等。

根据2003年10月1日起施行的《婚姻登记条例》第十二条规定，婚姻登记机关不予登记离婚有以下几种：①双方请求离婚但一方或双方是外国公民的；②一方请求登记离婚的；③双方请求离婚，但对子女抚养、夫妻一方生活困难的经济帮助费、财产分割、债务清偿未达成协议的；④双方或一方当事人为限制民事行为能力人或无民事行为能力人；⑤双方未办理过结婚登记的；⑥双方属于重婚的。

本案中，双方当事人未就孩子的抚养问题，如子女跟谁生活、抚养费的数额、抚养费的期限及支付的方式达成协议。因此，婚姻登记机关对当事人的离婚请求未予受理是正确的。至于诉讼离婚，则是人民法院的一项司法职能。

法律依据

《中华人民共和国婚姻法》第三十一条规定："男女双方自愿离婚，准予离婚。双方必须到婚姻登记机关申请离婚，婚姻登记机关查明双方确实是自愿并对子女和财产问题已有适当处理时，发给离婚证。"

新《婚姻登记条例》第十二条第（一）项规定"未达成离婚协议的"，婚姻登记机关不予受理离婚登记。

4. 一方坚决不同意离婚，法院可否判决离婚？

案情简介

甲男与其妻乙女结婚多年，双方感情尚好。一次，甲发现其妻出差时，与单位一男同事单独合影，竟然醋性大发，便捕风捉影地认为她有外遇，多次派人跟踪她。乙对丈夫的这些做法十分反感，感到自己的名誉受到了污辱，感情日益恶化。当乙向甲提出离婚后，甲坚持不同意离婚。那么，法院能判决离婚吗？

专家提示

本案涉及法院判决离婚的法律问题。

一方不同意离婚可否判决离婚，是指人民法院如何掌握离婚标准，对其依法判决的问题。如夫妻感情确已破裂，调解无效，应准予离婚；如感情尚未完全破裂，即使调解无效，亦可根据情况不准离婚。

根据我国《婚姻法》第三十二条第二款规定，将"感情确已破裂"确定为判决准予离婚的要件。法院在审理离婚案件时，也以夫妻感情是否确已破裂作为准予或不准离婚的标准。

这一规定说明，诉讼离婚并不完全取决于另一方是否同意离婚。如果夫妻婚姻基础较好，婚后感情较好，从婚姻关系的现状看，双方的感情尚未完全破裂，即使调解无效，法院也应尽量着眼于和好或判决不准离婚；如果夫妻婚前没有感情基础或基础较差，婚后感情确已破裂，无和好的可能，即使一方坚决不同意离婚，人民法院也可以判决离婚。由于婚姻是男女双方基于感情

(爱情)的结合,因而感情是男女双方婚姻关系存续的基础。所以,在我国法律规定中,"感情确已破裂"是判决准予离婚的实质要件,是准予或者不准离婚的原则界限。

所谓夫妻感情确已破裂,是指在认定夫妻感情的问题上,不仅看到夫妻感情的过去和现在,并且要根据现存的各种因素对夫妻关系前途有所预测。只要双方尚有和好的可能,就应努力帮助他们改善夫妻关系;如果夫妻感情确已破裂,就应准许他们离婚。根据《最高人民法院关于人民法院审理离婚案件如何认定夫妻感情确已破裂的若干具体意见》规定,认定夫妻感情是否破裂应从婚姻基础、婚后感情、离婚原因、夫妻关系的现状和有无和好可能等方面进行判断和分析:

(一)应从双方结婚的方式、结婚的动机及目的等方面来分析婚前两人的感情基础。婚姻基础好,婚后感情容易融洽,双方不易发生纠纷,即使发生了矛盾,和好的可能性也很大。相反,婚姻基础差,婚后难以建立起真正的感情,出现矛盾难以调和。婚姻基础只是分析夫妻感情的一个方面,还应综合其他因素来全面分析判断。

(二)应从婚后感情变化的总体上确定其现在的感情状况,从而判断双方的感情是好、中、差,还是较差。同时应透过现象看本质,通过夫妻感情变化的全过程,得出正确结论。

(三)应查明离婚的真正原因,由此入手,才能分清是非,明确责任,正确判断夫妻感情破裂的程度,以及有无和好的可能。

(四)应看夫妻关系的现状及有无和好的可能性。通过上述三个方面的调查分析,再进一步透视夫妻关系现状及把握各种有利夫妻和好的因素,对今后双方关系的发展前途做出预测。如夫妻关系确已完全破裂,和好无望,调解或离婚均达不成协议,应做好不离一方的工作,准予离婚,同时应对相关的子女和财产问题作出裁定。

《最高人民法院关于人民法院审理离婚案件如何认定夫妻感情确已破裂的若干具体意见》第二条规定了夫妻双方婚前缺乏了解，草率结婚，婚后未建立起夫妻感情，共同生活的，一方坚决要求离婚，经调解无效，可视为夫妻感情确已破裂，应准予离婚。

本案中，夫妻感情产生了很大的裂痕，无法弥补，感情确已破裂。尽管一方表示不同意离婚，但法院仍可根据双方感情确已破裂的事实及《婚姻法》第三十二条的规定，判决双方离婚。

法律依据

《中华人民共和国婚姻法》第三十二条第一款至第二款规定："男女一方要求离婚的，可由有关部门进行调解或直接向人民法院提出离婚诉讼。"

新《婚姻登记条例》第十条第一款规定："内地居民自愿离婚的，男女双方应当共同到一方当事人常住户口所在地的婚姻登记机关办理离婚登记。

人民法院审理离婚案件，应当进行调解；如感情确已破裂，调解无效，应准予离婚。"

《最高人民法院关于人民法院审理离婚案件如何认定夫妻感情确已破裂的若干具体意见》第二条规定："婚前缺乏了解，草率结婚，婚后未建立起夫妻感情，共同生活的，一方坚决要求离婚。经调解无效，可视为夫妻感情确已破裂，应准予离婚。"

5. 母亲是否有权代理精神病的女儿提出离婚诉讼请求?

案情简介

甲男与乙女相识结婚。之后乙女生下一个女孩,甲某大为恼火,对乙某进行歧视。两年后,乙生下第二胎又是女孩,甲气得没等乙身体恢复,就对乙进行讥笑与谩骂。乙的娘家人说了他,甲反而变本加厉地报复乙。乙经不起这些折磨而精神失常,患上了精神病,乙的母亲迫于无奈,向人民法院提起了诉讼,要求解除甲和乙的婚姻关系。

专家提示

本案涉及离婚请求是否能由他人代理的法律问题。

在离婚诉讼中,一旦法院判决夫妻离婚后,随着一系列权利义务关系的消除,男女之间不仅不再履行同居、扶助等义务,还会涉及财产分割、子女抚养等问题,因此,一般情况下只能由夫妻双方亲自到庭参加诉讼。

但是,在夫妻双方或一方丧失诉讼行为能力时,其法定监护人可以代为提起和参加离婚诉讼。其法律根据有三:

其一,根据我国《民事诉讼法》第五十七条规定了无诉讼行为能力人由他的监护人作为法定代理人代为诉讼。法定代理人之间互相推诿代理责任的,由人民法院指定其中一人代为诉讼。

其二,我国《民法通则》第十七条规定了无民事行为能力或者限制民事行为能力的精神病人,由下列人员担任监护人:①配偶;②父母;③成年子女;④其他近亲属;⑤关系密切的其他亲属、朋友愿意承担监护责任，经精神病人的所在单位或者住所地的居民委员会、村民委员会同意的。对担任监护人有争议的，由精神病人的所在单位或者住所地的居民委员会、村民委员会在近亲属中指定。对指定不服提起诉讼的，由人民法院裁决。

其三，根据《最高人民法院关于贯彻执行〈中华人民共和国民法通则〉若干问题的意见（试行）》第十四条规定了在人民法院指定监护人时，可以将《民法通则》第十六条第二款中（一）、（二）、（三）项或者第十七条第一款中的（一）、（二）、（三）、（四）、（五）项规定视为指定监护人的顺序。前一顺序有监护资格的人无监护能力或者对被监护人明显不利的，人民法院可以根据对被监护人有利的原则，从后一顺序有监护资格的人中择优确定。

本案中，乙因甲的虐待导致精神失常而丧失诉讼行为能力，根据上述法律规定，其婚姻的诉讼请求只能由她父亲或母亲以法定代理人的身份代为提起。

法律依据

《中华人民共和国民事诉讼法》第五十七条规定："无诉讼行为能力人由他的监护人作为法定代理人代为诉讼。法定代理人之间互相推诿代理责任的，由人民法院指定其中一人代为诉讼。"

6. 男方能在女方怀孕期间提出离婚吗?

案情简介

男甲和他的妻子乙女相识于生意场上。当时甲是个小老板,由于业务上的需要,经常与乙联系。同时,了解到乙的公关能力很强,对乙业务帮助很大,促成了几笔生意,于是甲向她百般追求,二人不久就登记为夫妇。后乙怀孕,体形发生了变化。不能帮助甲了。于是甲又和另一年轻的小姐鬼混到一起。在乙快要生小孩的时候,甲竟然以与乙感情不和为理由,向法院起诉离婚。因乙在怀孕期间,法院根据规定裁定不予受理。

专家提示

本案涉及女方怀孕期间男方能否提出离婚的法律问题。

我国《婚姻法》第三十四条规定了女方在怀孕期间、分娩后一年内或中止妊娠后六个月内,男方不得提出离婚。女方提出离婚的,或人民法院认为确有必要受理男方离婚请求的,不在此限。此规定旨在女方怀孕、分娩后的一段时间限制男方的离婚自由权。婚姻法之所以做出这样的限制规定,纯系为了保护妇女、儿童的合法权益。妇女在怀孕期间和分娩后一段时间,身体和精神负担加重,需要丈夫无微不至的体贴和关心才能保持心情舒畅。男方在女方怀孕期间和分娩后不久提出离婚,有可能给孕妇、产妇造成强烈的精神刺激,以致影响到孕妇、产妇的健康,并波及胎儿、婴儿。因此,在此期间内,用法律的强制性限制男方提出离婚,这对于保护妇女、儿童的利益是十分必要的,也是符合科学、符合道德规范的。

本案中，甲在乙怀孕快生孩子期间内，向法院起诉，要求与她离婚，这显然会对她的情感造成难以愈合的伤害。法院依据我国《婚姻法》的有关规定，从保护母亲和她怀着的胎儿的合法权益出发，依法裁定不予受理甲的离婚起诉是正确的。

法律依据

《中华人民共和国婚姻法》第三十四条规定："女方在怀孕期间、分娩后一年内或中止妊娠后六个月内，男方不得提出离婚。女方提出离婚的，或人民法院认为确有必要受理男方离婚请求的，不在此限。"

7. 婚后夫妻一方患精神病久治不愈的，另一方可以提出离婚吗？

案情简介

甲男与女乙婚后感情和睦，不久生下一子，生活幸福美满。然而，甲婚前有神精病的痛史，婚后因受意外刺激导致精神病复发，发病时神志不清，生活不能自理。乙带他四处求医，也未见好转，反而恶化了，有时竟动手打骂妻子和儿子。乙既要工作，又要照顾儿子，还要照料甲，整天累得筋疲力尽。苦苦熬了三年，乙看到丈夫实在没有治愈的可能，便向法院提出离婚诉讼。在审理过程中，甲的母亲作为儿子的法定代理人，认为甲与乙相爱多年，有深厚的感情基础，现在甲患病，乙应照顾他，所以不同意离婚。但是，乙坚决要求离婚，不愿调解。

专家提示

本案主要涉及夫妻一方患精神病久治不愈的，另一方可不可以提出离婚的法律问题。

所谓夫妻一方久病，另一方能否离婚的问题，多是指新婚不久的夫妻、一方患上精神病，两人之间原来感情就不深，现由于一方长期患病，由此感情殆尽。因此说，一方要求依法离婚时，应从夫妻感情是否破裂上着眼，而不能单纯从道德上考虑问题。

本案中，当事人双方虽然自愿结婚，但婚前张某有过精神病史，婚后又复发了精神病，而且久治不愈，对于乙要求离婚的处理，既要注意保障婚姻自由，又要有利于对患者的治疗和生活上的安置。在司法实践中，人民法院审理离婚案件，准予或不准离婚以夫妻感情是否确已破裂作为标准。判断夫妻感情是否确已破裂当从婚姻基础、婚后感情、离婚原因、夫妻关系的现状和有无和好可能等方面进行判断和分析。根据《最高人民法院关于人民法院审理离婚案件如何认定夫妻感情确已破裂的若干意见》的内容中归纳了 14 种情形下视为夫妻感情确已破裂。其中之一就是婚前隐瞒了精神病，婚后久治不愈，或者婚前知道对方患有精神病而结婚，或一方在夫妻共同生活期间患精神病，久治不愈的。

本案中，甲在婚前有精神病史，婚后复发了精神病，久治不愈，且有恶化的趋势，甚至开始打骂妻子、儿子，事实证明夫妻关系已不能再维持下去了，在这种情况下，乙坚决要求离婚，法院应准予离婚，但需注意做好甲的治疗和生活上的安置工作。

法律依据

《中华人民共和国婚姻法》第三十二条规定："男女一方要求离婚的，可由有关部门进行调解或直接向人民法院提出离婚诉讼。人民法院审理离婚案件，应当进行调解，如感情确已破裂，调解无效，应准予离婚。"

《最高人民法院关于人民法院审理离婚案件如何认定夫妻感情确已破裂的若干具体意见》第三条规定："婚前隐瞒了精神病，婚后久治不愈，或者婚前知道对方患有精神病而与其结婚或者一方在夫妻共同生活期间患精神病，久治不愈的，视为感情确已破裂。"

8. 女方虐待婆婆，丈夫可以提出离婚吗？

案情简介

甲男与乙女结婚，由于婚前缺乏感情基础，相互了解也不多，所以婚后经常吵架。甲的母亲年迈多病，乙不但强迫甲的母亲干超体力活，还经常不给饭吃。甲对其妻几次劝说都无济于事，直到有一天乙再次逼迫甲母干超体力活时，由于老人体力不支晕倒在地，甲忍无可忍，遂要求和乙离婚，乙不同意，于是甲诉至法院。

专家提示

本案涉及儿媳虐待婆婆，丈夫单方要求离婚的法律问题。

儿媳虐待老人通常是指虐待自己的公婆，即侵害公婆的人身权利和财产权利的现象。

我国《宪法》明确规定了禁止虐待老人、妇女。我国《婚姻法》第三条第二款也明确规定了禁止家庭成员间的虐待和遗弃。这些规定说明做儿媳的虐待年老的婆婆的行为，是违反宪法和法律的行为，是不能允许的。

我国《刑法》明确规定虐待情节严重的，要依法追究其刑事责任。虐待是指经常以打骂、冻饿、捆绑、强迫超体力劳动、限制自由、凌辱人格等各种方法，从肉体上、精神上迫害、折磨、摧残共同生活的家庭成员的行为。偶尔发生的打骂、体罚不能算作虐待，只有经常地、一贯地连续实施上述行为且情节恶劣的，才构成此罪。犯此罪，情节恶劣的，处二年以下有期徒刑、拘役或者管制。犯虐待罪，致使被害人重伤、死亡的，处二年以上七年以下有期徒刑。

虐待罪,是属于告诉才处理的犯罪。即只有被害人向人民法院提起诉讼,人民法院才有权审理,司法机关才能处理。如果被害人受强制或受威吓而无法告诉的,人民公安机关和近亲属也可以告诉。但犯虐待罪,致使被害人重伤死亡的,不受"告诉才处理"的限制。

《最高人民法院关于人民法院审理离婚案件中如何认定夫妻感情确已破裂的若干具体意见》中第十三条认为,受对方的虐待、遗弃,或者受对方亲属虐待,或虐待对方亲属,经教育不改,另一方不谅解的,经调解无效,可依法判决准予离婚。

本案中,乙虐待甲母亲的恶劣行为,严重伤害了甲的感情。男方要求与女方离婚应当视为夫妻感情确已破裂,人民法院应当依法判决离婚。

法律依据

《中华人民共和国婚姻法》第三十二条规定:"男女一方要求离婚的,可由有关部门进行调解或直接向人民法院提出离婚诉讼。……

有下列情形之一的,调解无效的,应准予离婚:

(一)重婚或有配偶与他人同居的;

(二)实施家庭暴力或虐待、遗弃家庭成员的;

(三)有赌博、吸毒等恶习屡教不改的;

(四)因感情不和分居满两年的;

(五)其他导致夫妻感情破裂的情形。

一方被宣告失踪,另一方提出离婚诉讼的,应准予离婚。"

9. 外国人与中国公民的离婚,如何办理离婚手续?

案情简介

西蒙,英国人,2000 年来深圳做生意。2002 年与本单位职员美娜结婚。婚后由于两人生活习惯和文化观念不一致,经常吵架。2009 年 3 月,美娜提出离婚,西蒙同意,对财产的分割两人也达成一致,遂到婚姻登记机关协议离婚,但婚姻登记机关不予受理,告诉他们必须向有管辖权的中国法院提出,两人不明白,就向当地律师事务所咨询。

专家提示

本案涉及中国公民同外国人在中国境内如何办理离婚手续的法律问题。

所谓涉外婚姻,是指婚姻双方,一方为外籍人士,一方为中国公民。涉外婚姻分为两种类型:一种为中国公民与外国人在中国境内按照我国法律缔结的婚姻关系;另一种为外国人和外国人之间在中国境内按照我国法律缔结的婚姻关系。

1983 年 8 月 26 日民政部颁布了《关于中国公民同外国人办理婚姻登记的几项规定》(以下简称《规定》)对涉外离婚的条件和程序作了明确规定,涉外离婚有关程序,在司法实践中主要是参照该《规定》执行。

根据该《规定》,中国公民同外国人在华要求离婚,应按照我国《民事诉讼法》的规定向有管辖权的中级人民法院提出离婚诉讼。因此,在我国境内的涉外离婚不适用离婚登记程序。考虑到许多国家不承认诉讼外的协议离婚的效力，这也要求我国对涉外离婚在程序上要求更加严格，即要求涉外离婚的当事人不论是双方自愿离婚还是一方要求离婚，一律向有管辖权的中级人民法院提出诉讼。如果被告在国外定居，受理诉讼离婚案件的法院为原告住所地或居住地的中级人民法院。原告在国外定居，受理案件的法院为被告住所地或居住地的中级人民法院。

如果本案发生在2003年10月1日后，则按照国务院新颁布施行的《婚姻登记条例》中关于中国公民同外国人在中国内地自愿离婚的规定办理。

原来的涉外婚姻登记规定过于分散，给婚姻登记机关的具体操作和当事人办理结婚、离婚登记造成一定难度。而新的《婚姻登记条例》对我国公民同外国人、内地居民与港、澳、台居民在我国内地办理结婚、离婚登记的机关，统一归口在省级人民政府民政部门或者省级人民政府民政部门确定的机关，这样就对结婚、离婚当事人方便多了。

法律依据

新《婚姻登记条例》第十条第二款规定："中国公民同外国人在中国内地自愿离婚的，内地居民同香港居民、澳门居民、台湾居民、华侨在中国内地自愿离婚的。男女双方应当共同到内地居民常住户口所在地的婚姻登记机关办理离婚登记。"

10. 夫妻一方被判刑或者下落不明，另一方可否提出离婚？

案情简介

甲，男，现年38岁。乙，女，现年35岁。双方自由恋爱并于2008年2月结婚，2009年8月生下了一个女孩。2010年5月，甲因犯强奸罪被判处7年有期徒刑。2010年10月，乙向法院提出离婚请求。

专家提示

本案涉及一方被判刑，另一方可否提出离婚的法律问题。所谓犯罪行为，是指刑法明文规定为犯罪行为的，依照法律定罪处刑；法律没有明文规定为犯罪行为的，不得定罪处刑。

夫妻一方犯罪服刑一般被认为是对另一方的间接侵害，严重破坏了夫妻关系，许多国家将其作为法定离婚理由。司法机关在处理这类案件时，既要贯彻婚姻自由的原则，又要考虑夫妻感情的实际状况，针对不同情况分别做不同的处理。

1989年11月21日《最高人民法院关于人民法院审理离婚案件如何认定夫妻感情确已破裂的若干具体意见》中规定列举了14种准予离婚情形。其中的情形之一就是一方被依法判处长期徒刑，或者违法、犯罪行为严重伤害夫妻感情的可以认定为夫妻感情确已破裂，应准予离婚。特别是其中的一种情况就是被告犯有强奸罪，严重地伤害夫妻感情，原告憎恶被告的违法犯罪行为，而要求离婚的，不论被判刑期长短，只要原告坚持离婚，一般应准予离婚。

本案中，因男方甲犯强奸罪严重伤害夫妻感情，女方乙坚决要求同男方离婚，法院应准予乙离婚。

同样，针对失踪的公民，法律也有相关规定，公民失踪是指公民离开自己的住所下落不明满二年的，经利害关系人申请，人民法院宣告该公民为失踪人。

根据我国《婚姻法》的相关规定，一方被宣告失踪，另一方提出离婚诉讼的，应准予离婚。

《根据最高人民法院关于人民法院审理离婚案件如何认定夫妻感情确已破裂的若干具体意见》规定，申请法院宣告公民失踪必须具备下列几个条件：

（一）必须有公民下落不明满二年的事实。所谓下落不明，是指公民最后离开自己的住所地或居所地后，与任何人均无联系的。

（二）必须由与下落不明的公民有利害关系的人向人民法院提出申请。利害关系人是指与下落不明的公民有人身关系或民事权利与义务关系的人，包括公民的配偶、父母、成年子女等。

（三）必须用书面形式向法院提出申请。人民法院受理宣告失踪案件后，应发出寻找失踪人的公告，公告期为三个月。公告寻找失踪人，是人民法院审理宣告公民失踪案件的必经程序。公告期间，该公民仍无音讯的，人民法院应依法作出宣告该公民为失踪人的判决。

待人民法院宣告失踪后，再向人民法院提起离婚诉讼。根据《民事诉讼法》的规定，对下落不明的人提起的有关身份关系的诉讼，由原告住所地人民法院管辖；原告住所地与经常居住地不一致的，由原告经常居住地的人民法院管辖。

法律依据

《最高人民法院关于人民法院审理离婚案件如何认定夫妻感情确已破裂的若干具体意见》第十一条规定:“一方被判处长期徒刑,或者其违法、犯罪行为严重伤害夫妻感情的,可认定夫妻感情确已破裂。”

《中华人民共和国婚姻法》第三十二条第四款规定:“一方被宣告失踪,另一方提出离婚诉讼的,应准予离婚。”

《最高人民法院关于人民法院审理离婚案件如何认定夫妻感情确已破裂的若干具体意见》第十二条规定:“一方下落不明满二年,对方起诉离婚,经公告查找确无下落的,可依法判决准予离婚。”

11. 离婚时男方可以要求女方返还婚前索要的彩礼吗?

案情简介

甲男与乙女经人介绍,两个月后结为夫妻。结婚后三个月,甲到当地法院起诉离婚并要求返还彩礼,起诉理由是乙在婚后没有与自己生活的诚意。法院审理得知:在未结婚之前,乙女就以彩礼的名义向甲男索要5万元,结婚后不到两个月,乙女就离开了甲男。

专家提示

本案涉及因借婚姻索取财物引起纠纷的法律问题。

所谓借婚姻索取财物,是指婚姻基本自主自愿,但女方把向男方索取一定财物作为结婚的先决条件的行为。

我国《婚姻法》第三条规定,反对包办、买卖婚姻和其他干涉婚姻自由的行为,反对借婚姻索取财物的行为。借婚姻索取财物是一种干涉婚姻自由的行为,为我国《婚姻法》所禁止,这种行为从表面上看,男女双方结婚基本上是自主自愿的,表现为一方(主要是女方或女方父母)借结婚之机向男方索要大量财物。但实质上是为满足个人的物质利益不惜以结婚为代价的行为,是对婚姻自由权利的滥用。

目前,借婚姻索取财物的现象,在一些经济落后地区仍有存在,严重地妨碍了婚姻自由原则的贯彻实施,阻碍了社会主义精神文明建设。借婚姻索取财物这类问题危害性大,离婚时如处理不好，易使矛盾激化，甚至发生恶性案件。

《最高人民法院关于人民法院审理离婚案件处理财产分割问题的若干具体意见》规定了借婚姻关系索取的财物，离婚时，如结婚时间不长，或者因索要财物造成对方生活困难的，可酌情返还。

本案中，男女双方从相识到结婚直到后来离婚总共不到一年的时间，女方向男方索要的钱款数额较大。因此，离婚时，女方应返还5万元中的大部分钱款。实践中，如果一方不以共同生活为目的登记结婚，且婚前索要了大量财物，能返还原物的返还原物，不能返还的折价返还。

法律依据

我国《婚姻法》第三条规定："反对包办、买卖婚姻和其他干涉婚姻自由的行为，反对借婚姻索取财物。"

《最高人民法院关于人民法院审理离婚案件处理财产分割问题的若干具体意见》第十九条规定："借婚姻关系索取的财物，离婚时，如结婚时间不长，或者因索要财物造成对方生活困难的，可酌情返还……"

《最高人民法院关于适用〈中华人民共和国婚姻法〉若干问题的解释(二)》第十条规定："当事人请求返还按照习俗给付的彩礼的，如果查明属于以下情形的，人民法院应当予以支持：①双方未办理结婚登记手续的；②双方办理结婚登记手续但未共同生活的；③婚前给付并导致给付人生活困难的。适用前款第②、③项的规定，应当以双方离婚为条件。"

12. 离婚后无房一方是否有权继续居住在原住所?

案情简介

甲男经人介绍与乙女相识并结婚,婚后住在甲父母赠与的两间房中,该房产归甲所有。婚后,二人由于感情不和,遂协议离婚。对离婚问题的财产方面的处理无争议,但是对居住问题有分歧。乙认为自己无力解决住房问题,想继续居住,而甲认为这房子是自己的,乙无权居住。于是,甲诉至法院。

专家提示

本案涉及离婚后,无房一方的住房如何解决的法律问题。

所谓夫妻一方房屋,是指婚前或婚后一方接受赠与或约定婚姻存续期间住房归一方所有。

我国《婚姻法》第三十九条规定了在离婚时,夫妻的共同财产由双方协议处理;如果协议不成时,由人民法院根据财产的具体情况,照顾子女和女方的原则判决。我国《妇女权益保障法》也明文规定了国家保护离婚妇女的房屋所有权。夫妻共有的房屋,离婚时,分割住房由双方协议解决;协议不成的,由人民法院根据双方的具体情况,按照照顾女方和子女权益的原则判决,夫妻另有约定的除外。夫妻共同租用的房屋,离婚时,女方的住房应当按照照顾女方和子女权益的原则协议解决。夫妻居住男方单位的房屋,离婚时,女方无房屋住的,男方有条件的应当帮助解决。根据《最高人民法院关于人民法院审理离婚案件处理财产分割问题的若干具体意见》第十四条规定了婚姻存续期间居住的房屋属于一方所有，另一方以离婚后无房居住为由，要求暂住的，经查实可据情予以支持，但一般不超过两年。无房一方租房居住经济上确有困难的，享有房屋产权的一方可给予一次性经济帮助。离婚后，一方在无房居住的情况下，在两年内可以继续住在另一方的住房。这一规定，有助于消除生活困难一方特别是妇女在离婚问题上的顾虑，可以更好地保障妇女的合法权益，有助于真正实现离婚自由。

本案中，甲乙两人离婚后，如果乙生活的确困难，乙可继续居住该房，但居住期不得超过两年。

法律依据

《婚姻法》第三十九条规定："离婚时，夫妻的共同财产由双方协议处理；协议不成时，由人民法院根据财产的具体情况，照顾子女和女方的原则判决。"

《婚姻法》第四十二条规定："离婚时，如一方生活困难，另一方应从其住房等个人财产中给予适当帮助。具体办法由双方协议；协议不成时，由人民法院判决。"

《最高人民法院关于人民法院审理离婚案件处理财产分割问题的若干具体意见》第十四条规定："婚姻存续期间居住的房屋属于一方所有，另一方以离婚后无房居住为由，要求暂住的，经查实可据情予以支持，但一般不超过两年。无房一方租房居住经济上确有困难的，享有房屋产权的一方可给予一次性经济帮助。"

13. 离婚后夫妻双方对共同居住的公房均可承租吗?

案情简介

某生化科技开发公司男经理李某,因工作出色,优先向本公司承租一套楼房。于是,李某与相恋多年的本公司女友刘某结婚。但婚后不久,刘某在一次意外事故中失去了一条腿,李某渐渐开始觉得刘某是其累赘。在一次商务会议上,李某结识了年轻的女翻译林某,两人一见钟情,很快发展为“婚外恋”。在李、刘两人婚后的第六年,李某向刘某提出离婚要求,刘某同意。但两人对所住楼房的承租权问题发生争执。

专家提示

本案涉及离婚案件中对于公房的使用、承租的法律问题。

所谓共同居住的公房,是指夫妻共同租用的房屋。离婚时,住房应当按照照顾女方和子女权益的原则协议解决。

在我国,由于受长期的计划经济体制的影响,造成在分房过程中,一般情况下,公有房屋的承租都表现为承租人是男方,这就使得妇女在公房承租纠纷中往往处于不利地位,一些妇女离婚后无房可住,无家可归,妇女的合法权益难以得到保障。

在离婚案件中,当事人对公房的使用、承租的问题发生争议,自行协商不成,或者经当事人双方单位或有关部门调解不成的,法院应根据实际情况,依法妥善处理。

对于夫妻共同居住的公房,具有下列情形之一的,离婚后,双方均可承租。

①婚前由一方承租的公房，婚姻关系存续 5 年以上的。

②一方婚前承租的本单位的房屋，离婚时，双方均为本单位职工的。

③一方婚前借款投资建房取得的公房承租权，婚后夫妻共同偿还借款的。

④婚后一方或双方申请取得公房承租权的。

⑤婚前一方承租的公房，婚后因该承租房屋拆迁而取得房屋承租权的。

⑥夫妻双方单位投资联建或联合购置的共有房屋的。

⑦一方将其承租的本单位的房屋，交回本单位或交给另一方单位后，另一方单位另给调换房屋的。

⑧婚前双方均租有公房，婚后合并调换房屋的。

⑨其他应当认定为夫妻双方均可承租的情形。

并依照以下原则进行处理：①照顾抚养子女的一方；②男女双方在同等条件下，照顾女方；③照顾残疾或生活有困难的一方；④照顾无过错一方。同时，法院在审理此类案件之时，对夫妻双方均可承租的公房而由一方承租的，承租方对另一方可给予适当经济补偿。

离婚时，一方对另一方婚前承租的公房无权承租而解决住房的确有困难的，法院可以调解或判决其暂时居住，暂时居住期限一般不超过 2 年。暂住期间，暂住方应缴纳与房屋租金等额的使用费及其他必要的费用。

本案中，李某和刘某的婚姻关系存续已经超过五年，并且两人又都是同一单位的职工，所以，依照法律规定，原由李某承租的住房，两人均有承租权。由于女方因失去一条腿而致残，应动员男方将公房承租权让给女方。

法律依据

《最高人民法院关于审理离婚案件中公房使用、承租若干问题的专家提示》规定了四项原则，即："1. 照顾抚养子女的一方；2. 男女双方在同等条件下，照顾女方；3. 照顾残疾或生活有困难的一方；4. 照顾无过错一方。"该《专家提示》第二条明确规定："婚前由一方承租的公房，婚姻关系存续五年以上的，或婚前一方承租的本单位的房屋，离婚时双方均为本单位职工的，离婚双方均可承租。"

《中华人民共和国妇女权益保障法》第四十四条规定："国家保护离婚妇女的房屋所有权。

夫妻共有的房屋，离婚时，分割住房由双方协议解决；协议不成的，由人民法院根据双方的具体情况，照顾女方和子女权益的原则判决。夫妻双方另有约定的除外。

夫妻共同租用的房屋，离婚时，女方的住房应当按照照顾女方和子女权益的原则协议解决。

夫妻居住男方单位的房屋，离婚时，女方无房居住的，男方有条件的应当帮助其解决。"

14. 口头约定归个人所有的财产能否在离婚时分割?

案情简介

女青年乙的父母在一次车祸中双双遇难。乙作为独生女继承了父母的全部遗产。包括10万元赔偿费、一辆桑塔纳轿车、一套三居室楼房及房内全部设施。三年后乙与甲结婚,婚后居住在乙父母的楼房内。婚后一年乙继承了其父生前投稿的稿费5万元。因二人在一些生活琐事上经常发生争执,遂口头约定,今后搞AA制,个人所得的一切财产归各自所有。婚后第三年乙的小说定稿,并与出版社签订了出版合同准备出书。不久,乙遇车祸受伤,获赔偿医疗费、误工费等共计15万元。2001年6月,两人因夫妻感情确已破裂,决定解除婚姻关系,但是夫妻财产的划定与分割未达成协议,双方分歧较大。于是,两人向律师事务所咨询。

专家提示

本案涉及如何区分夫妻共同财产与夫妻个人财产的法律问题。

所谓家庭共同财产,是指家庭主体成员共同所有的财产,包括个人财产和夫妻共同财产。

离婚分割财产时,首先确定个人财产的范围。凡结婚登记以前因合法收入、受赠、继承等所得的一切财产均属婚前个人财产。离婚时归个人所有;婚后应属一方的财产,离婚时也归个人所有。夫妻共同财产是指夫妻在婚姻关系存续期间所得的财产。我国《婚姻法》第十七条规定了夫妻在婚姻关系存续期间所得的下列财产,归夫妻共同所有:工资、奖金;生产、经营的收益;知识产权的收益;继承或赠与所得的财产,以及其他应当归共同所有的财产。

本案中,甲与乙结婚前乙继承的财产,均属乙婚前个人财产,包括婚前已得到的10万元赔偿费、一辆桑塔纳轿车、一套三居室楼房及房内全部设施以及婚后得到的其父生前遗留下的5万元稿费。

根据我国《婚姻法》有关夫妻双方采取约定财产制的,必须采用书面形式的规定,故双方于婚姻期间做出的有关财产口头约定无效。因此,乙与出版社签订出版合同的预期利益,乙车祸受伤所获赔偿金除用于乙的医疗费、残疾人生活补助费等费用之外的其余部分,均为婚姻关系存续期间的双方共同财产。

本案中,如果双方未达成财产分割协议,可向人民法院提起诉讼,通过法律途径解决。

另外,专家提示您,夫妻一方的财产是指属于夫妻个人所有的财产,我国《婚姻法》第十八条规定有下列情形之一的,为夫妻一方的财产:①一方的婚前财产;②一方因身体受到伤害获得的医疗费、残疾人生活补助费等费用;③遗嘱或赠与合同中确定只归一方的财产:④一方专用的生活用品;⑤其他应当归一方的财产。如果是现金或存款,由于其价值已经确定且容易分割,可以直接分配。如果是股票、债券、投资基金份额等有价证券,或是商事股份有限公司的股份,或是有限责任公司的出资额,或是合伙企业中的出资,或是独资企业的资产,这些资产都不容易确定实际价值,在分配财产时,不仅要符合《婚姻法》的规定,还要借用《公司法》或其他相关法律所规定的一些制度综合分析。

《最高人民法院关于适用〈中华人民共和国婚姻法〉若干问题的解释(二)》中规定了夫妻以一方名义投资设立独资企业的,人民法院分割夫妻在该独资企业中的共同财产时,应当按照以下情形分别处理:一方主张经营该企业的,对企业资产进行评估后,由取得企业一方给予另一方相应的补偿;双方均主张经营该企业的,在双方竞价基础上,由取得企业的一方给予另一方相应的补偿;双方均不愿意经营该企业的,按照《中华人民共和国个人独资企业法》等有关规定办理。

法律依据

《中华人民共和国婚姻法》第十七条规定:“夫妻在婚姻关系存续期间所得的下列财产,归夫妻共同所有:

(一)工资、奖金;

(二)生产、经营的收益;

(三)知识产权的收益;

(四)继承或赠与所得的财产,但本法第十八条第三项规定的除外;

(五)其他应当归共同所有的财产。”

《婚姻法》第十八条规定:“有下列情形之一的,为夫妻一方的财产;

(一)一方的婚前财产;

(二)一方因身体受到伤害获得的医疗费、残疾人生活补助费等费用;

(三)遗嘱或赠与合同中确定只归一方的财产:

(四)一方专用的生活用品;

(五)其他应当归一方的财产。”

《最高人民法院关于适用〈中华人民共和国婚姻法〉若干问题的解释(二)》第十八条规定:“夫妻以一方名义投资设立独资企业的,人民法院分割夫妻在该独资企业中的共同财产时,应当按照以下情形分别处理:

(一)一方主张经营该企业的,对企业资产进行评估后,由取得企业一方给予另一方相应的补偿;

(二)双方均主张经营该企业的,在双方竞价基础上,由取得企业的一方给予另一方相应的补偿;

(三)双方均不愿意经营该企业的,按照《中华人民共和国个人独资企业法》等有关规定办理。”

15. 离婚时，一方是否有权处理另一方婚前财产？

案情简介

2006年，甲女的父亲临终前将5件古董，书面赠与她。但由于种种原因，未能立即得到手。2007年，甲与乙男结婚，为了生活的琐事双方经常争吵。2008年，甲才得到父亲赠与的上述5件古董。2009年，甲以夫妻感情破裂为由向法院起诉离婚，但乙某却要求分割甲的父亲赠与甲的5件古董，甲某不同意，诉至法院。

专家提示

本案涉及婚前的一方财产在婚后是否属于共同财产的法律问题。

所谓夫妻个人财产也叫夫妻个人特有财产，是指依照法律规定或夫妻双方的约定，对夫妻双方婚前所有和婚后所得财产进行划分，确定属夫或妻一方所有的财产。对划分所得的财产，由夫妻各自行使管理、使用、收益和处分的权利，承担相应的财产责任。

根据我国婚姻法规定，夫妻个人财产有两个来源，一是法定；二是约定，即夫妻协商一致、约定全部归各自或部分归各自所有。除了上文提到的法定夫妻共同财产外，我国《婚姻法》同时还规定约定财产制，即允许夫妻双方对属于夫妻一方个人所有的婚前财产和婚后的财产进行约定，确定其归属。这种约定应有书面材料，空口无凭。

婚后甲和乙并没有将甲的婚前财产即5件古董约定为共同

所有。因此。此财产仍属于甲个人所有，即便此财产是在婚后转移的占有，乙也无权分割甲的这份婚前财产，即个人所有的财产不因结婚而转为夫妻共有。

本案中，人民法院依法不予支持乙的请求，甲父临终前赠与的 5 件古董归甲个人所有。

法律依据

《中华人民共和国婚姻法》第十八条规定："有下列情形之一的，为夫妻一方的财产：(一)一方的婚前财产；……"

《中华人民共和国婚姻法》第十九条规定："夫妻可以约定婚姻关系存续期间所得的财产以及婚前财产归各自所有、共同所有或部分各自所有、部分共同所有。约定应当采用书面形式。没有约定，或约定不明确的，适用本法第十七条、第十八条的规定。夫妻对婚姻关系存续期间所得的财产以及婚前财产的约定，对双方有约束力……"

《中华人民共和国继承法》第二条规定："继承从被继承人死亡时开始。"

16. 转业军人的转业费是否也属于夫妻共同财产？

案情简介

某部队少校甲经人介绍与一名教师乙认识，双方于次年登记结婚，婚后感情较好，生有一女。婚后第三年，甲转业到某企业当局长，他所在的部队发给他转业费计8万元。甲认识本单位女职工，产生感情。后来，甲的妻子乙发现其在外面有了别的女人的事，顿觉痛苦万分，便于该年向法院提出诉讼，要求和甲离婚，并且请求对甲的转业费进行分割，可甲不同意，认为那是部队对他多年来在部队中做出贡献的回报，不同意分割。

专家提示

本案涉及夫妻共同财产范围的法律问题。

所谓夫妻共同财产是夫妻双方在婚姻关系存续期间，即从夫妻登记结婚之日起，到离婚或配偶死亡时止，在此期间所获得的共同财产。

复员转业军人所得的转业费如何分割问题，一般地说，在婚姻关系存续期间，复员转业军人所得的复员费、转业费是国家为安置复员、转业军人的专门费用，这些费用应当归复员、转业军人个人所有，一般不能作为夫妻共同财产加以分割。但考虑到婚姻关系存续期间，复员、转业军人的配偶曾对军人的服役给予相当多的支持和帮助，因此，人民法院在处理此类案件中一般的做法是：在婚姻关系存续期间，复员转业军人所得的复员费、转业费，结婚时间10年以上的，应按夫妻共同财产进行分割。

本案中，如果甲乙两人结婚期限超过10年，甲的转业费是在婚后获得的。因此，甲的转业费应属于夫妻共同财产，在两人离婚时按夫妻共同财产分割。人民法院在处理离婚中财产分割问题时，应遵循照顾女方和无过错方的原则，给予乙适当的照顾。

法律依据

《最高人民法院关于贯彻执行民事政策法律若干问题的意见》第十三条规定："在婚姻关系存续期间，复员、转业军人所得的复员费、转业费，离婚时，如夫妻共同生活时间较长，可按夫妻共同财产进行分割。复员军人从部队带回的医疗费，应归本人所有。"

17. 婚后一方受赠的财产，离婚时是否按共同财产分割？

案情简介

甲乙结婚，婚姻期间，甲助人为乐，长期照顾邻居中一位长期瘫痪的孤寡老人张某，张某为感谢她，临终前将自己的5万元赠给了甲。甲的丈夫乙赌博成性，每次输了钱，便伸手向甲要，甲不给，就把甲打得鼻青脸肿，有一次，竟把甲打得浑身是伤，几天下不了床，夫妻感情日益恶化，于是甲提出离婚，乙同意。家产的分割双方意见一致。唯独张某遗赠给甲的5万元钱争执不下，甲认为那是张某赠给她的钱，是她个人财产。而乙认为那是在婚后所得的，应属夫妻共同财产，要求分割。两人争执不下，诉至法院。

专家提示

本案涉及夫妻共同财产和夫妻一方的财产的法律问题。

所谓夫妻共同财产，是指夫妻双方在婚姻关系存续期间所得的财产。所谓婚姻关系存续期间，是指从双方领取结婚证开始到婚姻关系终止的这段时期。

所谓夫妻一方的财产，是指属于夫妻个人所有的财产，对此，我国《婚姻法》第十八条有专门的规定。

我国《婚姻法》第十七条规定了夫妻共同财产的范围，它具体包括工资、奖金；生产、经营的收益；知识产权的收益；继承或赠与所得财产；其他应当归共同所有的财产。

另外，我国《合同法》第一百八十五条规定了赠与合同是赠与人将自己的财产无偿给予受赠人，受赠人表示接受赠与的合同。赠与合同是诺成合同，即一方的意思表示一旦经对方同意即能产生法律效果，只要受赠人表示接受便宣告成立。

本案中，甲在其婚后所接受的张某赠与的 5 万元，因已明确只给甲一人，故应属于甲的个人财产。

我国《婚姻法》第三十九条规定了离婚时的财产分割，应由双方协议，在互谅互让的基础上得到合理解决。遇有争执时，法院应做好调解工作。调解不成时，人民法院可根据实际情况，依法判决。本案中，鉴于乙赌博恶习不改，并施行打骂妻子的家庭暴力，最终破坏了家庭。在这种情况下，在具体分割夫妻共同财产时，应当本着男女平等和保护妇女、儿童合法权益的原则，坚持照顾无过错一方以及有利生产、方便生活等精神，不宜对夫妻共同财产进行平均分割，甲应当分得绝大部分财产，乙应当少分。

法律依据

《中华人民共和国婚姻法》第十七条规定："夫妻在婚姻关系存续期间所得的下列财产，归夫妻共同所有：

（一）工资、奖金；

（二）生产、经营的收益；

（三）知识产权的收益；

（四）继承或赠与所得的财产，但本法第十八条第三项规定的除外；

（五）其他应当归共同所有的财产。

夫妻对共同所有的财产，有平等的处理权。"

《中华人民共和国婚姻法》第三十九条规定："离婚时，夫妻的共同财产由双方协议处理；协议不成时，由人民法院根据财产的具体情况，照顾女方和女方权益的原则判决。"

18. 丈夫隐匿财产，离婚后妻子能否起诉再次要求析产？

案情简介

2006年，甲与乙结婚。两年后，感情不和，丈夫甲于2008年提出离婚，后法院判决离婚。离婚后，乙意外获悉，在2007年时，甲隐瞒了乙私自出资30万元与别人合作办公司，拥有49%的股份。乙通过调查得知，甲公司经营状况良好，到两人离婚前，甲拥有公司价值近120万元的财产。于是，乙认为此120万元应属于夫妻共同财产，自己应分得一半，但甲表示，所经营的公司是由朋友出钱的，自己没有实际投资。

专家提示

本案涉及离婚时一方隐藏夫妻共同财产，另一方能否再次提出分割财产的法律问题。

所谓离婚时一方隐藏财产，是指一方隐藏夫妻共同财产并企图据为己有。

我国《婚姻法》第四十七条规定的离婚时，一方隐藏、转移、变卖、毁损夫妻共同财产，或伪造债务企图侵占另一方财产的，人民法院针对前款规定的妨害民事诉讼的行为，依照民事诉讼法的规定予以制裁。请求法院再次分割共同财产的，须具备如下条件：

(1)一方有隐藏、转移、变卖、毁损夫妻共同财产，或伪造债务侵占对方财物的行为。即另一方掌握了一方隐藏、转移、变卖、毁损夫妻共同财产的证据，或伪造债务的证据。

(2)另一方必须在诉讼时效期间内向人民法院提起诉讼。依照《民法通则》第一百三十五条、第一百三十七条的规定,向人民法院请求保护民事权利的普通诉讼时效期间为二年,其诉讼时效期间从知道或者应当知道权利被侵害时起计算。离婚后一方发现另一方有隐藏、转移、变卖、毁损夫妻共同财产或伪造债务的行为,在诉讼时效期间,即二年内不起诉的,则依法丧失胜诉诉权。如果有证据证明另一方超过了诉讼时效,则人民法院不能强制一方履行其义务。当然,一方自愿履行其义务,愿意将其非法占有的、另一方享有权利的夫妻共同财产返还,不受此限。

本案中,乙在离婚前擅自转移 30 万元设立公司,并在离婚前升值到 120 万元,对该 120 万元属于在夫妻关系存续期间所得的共同财产,甲有权请求法院再次对其分割,而且法院可以判决乙分得 120 万元中的大部分。

同时专家提示,《婚姻法》规定,离婚时有遗漏、转移、隐匿财产的,离婚后可以要求再次分割,诉讼时效是自发现财产之日起 2 年。同时规定,对于一方有转移、隐匿财产的行为的,可以判决该方对这些财产不分或少分。需要说明的是,如果认为签订离婚协议存在欺诈、胁迫行为要求撤销离婚协议的,应在离婚后一年内提出。这两个时间决不能混同,否则会失去胜诉的机会。

法律依据

《中华人民共和国婚姻法》第四十七条规定:“离婚时,隐藏、转移、变卖、毁损夫妻共同财产,或伪造债务企图侵占另一方财产的,分割夫妻共同财产时,对隐藏、转移、变卖、毁损夫妻共同财产或伪造债务的一方,可以少分或不分。离婚后,另一方发现有上述行为的,可以向人民法院提起诉讼,请求再次分割夫妻共同财产。”

19. 离婚后未办理复婚手续而同居是非法同居吗?

案情简介

某女与某男离婚后,该女因无房可住,故一直未离开某男家。后经双方父母和亲朋好友的劝说,双方都愿意恢复夫妻关系。但又担心别人议论,因此未到婚姻登记机关办理复婚登记手续。某女与某男签订了自愿复婚协议书,又以夫妻名义同居生活。朋友劝某女与某男去办结婚手续,但该女与该男认为,反正也曾是夫妻,办不办复婚手续无所谓。

专家提示

本案涉及已离婚男女的同居行为是否违法的法律问题。

我国《婚姻法》第三十五条规定了离婚男女双方自愿恢复夫妻关系的,必须到婚姻登记机关进行复婚登记。此规定旨在维护法律的严肃性、权威性。随着离婚率的上升,复婚的人群也在增多。但是有相当一部分人却没有去办理复婚登记,主要是因为法律观念淡薄、对婚姻不自信等原因。

现实生活中,类似某女和某男那样,在离婚后因特殊原因,愿意恢复夫妻关系,但因法制观念不强、法律意识淡薄,没有办理复婚登记手续,即以夫妻名义同居生活的现象时有发生。这种情况不仅违反了婚姻登记制度,同时也可能会给当事人自身带来极大危害,而且这种同居关系是非法的,不受法律保护的,无法维护自身合法权益。

本案中,某男和某女自办理离婚登记之日起,夫妻关系已经解除。尽管该女一直没有离开该男的想法，并且双方又开始同居。但未办理复婚登记而同居，仍然是违法的，是不受法律保护的。

法律依据

《中华人民共和国婚姻法》第四十七条规定："离婚后，男女双方自愿恢复夫妻关系的，必须到婚姻登记机关进行复婚登记。"

《婚姻登记管理条例》第十四条："离婚的男女双方自愿恢复夫妻关系的，应当到婚姻登记机关办理复婚登记。复婚登记适用本条例结婚登记的规定。"

《最高人民法院关于法院审理未办理结婚登记而以夫妻名义同居生活案件的若干意见》第四条规定："离婚后双方未再婚，未履行复婚登记手续，又以夫妻名义共同生活，一方起诉'离婚'的，一般应解除其非法同居关系。"

20. 假离婚可以申请撤销吗？

案情简介

甲经同事介绍认识了乙，相识两个月后便结婚了。婚后，乙以自己要出国深造为由，要甲与乙搞假离婚。甲信以为真，为了支持丈夫的决定，甲与乙到婚姻登记机关办理了离婚登记手续。事后，甲发现乙并非为了出国深造，而是为了与另一女子丙结婚，因为该女子已经怀有乙的孩子。当甲要求复婚时，乙坚决不同意，假离婚成了真离婚，甲后悔晚矣！

专家提示

这里指的假离婚是婚姻一方或双方为了达到不正当的目的，而暂时离婚，一旦目的达到后再复婚。

1994 年民政部颁布的原《婚姻登记管理条例》第八条规定了申请婚姻登记的当事人应当如实向婚姻登记管理机关提供本条例规定的有关证件和证明，不得隐瞒真实情况。此条例的第二十五条规定，申请登记的当事人弄虚作假、骗取婚姻登记的，婚姻登记管理机关应当撤销婚姻登记，对结婚、复婚的当事人宣布其婚姻关系无效，并收回结婚证。对离婚当事人宣布其解除婚姻关系无效并收回离婚证，并对当事人处以 200 元以下的罚款。而 2003 年 10 月 1 日施行的国务院颁布的《婚姻登记条例》的内容未明确规范假离婚行为。只规定了对结婚、离婚事宜街道不再办理登记，不需要单位证明；婚姻登记机关认为确属男女双方自愿，对子女抚养、财产、债务等问题达成一致处理意见的，当场予以登记，发给离婚证。

本案中的甲知道自己受到了欺骗，于是向原婚姻登记机关申请要求撤销其离婚登记。婚姻登记机关认为，尽管乙是用欺骗的手段使甲与其离婚，但甲已在离婚协议书上载明属于自愿离婚的意思表示，以及对财产及债务处理等事项协商一致的意见。在甲与乙已经办理离婚登记手续的前提下，甲与丙的结婚符合我国法律关于结婚的法定条件，属于合法有效的婚姻，其婚姻关系受法律保护。

法律依据

《中华人民共和国婚姻法》第三十五条规定："离婚后，男女双方自愿恢复夫妻关系的，必须到婚姻登记机关进行复婚登记。"

新《婚姻登记条例》第十条规定："内地居民自愿离婚的，男女双方应当共同到一方当事人常住户口所在地的婚姻登记机关办理离婚登记。"

21. 登记结婚后没有同居，解除婚姻关系还需办理离婚手续吗？

案情简介

甲与乙均为80后，经人介绍，相识不到半年便登记了。两人在筹备婚礼期间，由于缺乏了解，性格差异逐渐显露出来，双方在对生活的志向和对金钱的态度上都有很大的分歧，摩擦不断，甚至他们对对方的父母也有一些冲突。在装修新房之际，两人前往家具城买家具，甲与乙分别看上一套卧具，两人谁也不让谁，进而发生争吵，盛怒之下，又来到了婚姻登记处要求将结婚证退回，理由是两人没有同居，也没有举行婚礼。

专家提示

本案涉及离婚的程序的法律问题。

所谓结婚登记，是指业已履行取得结婚证的法定程序，男女双方无论是否同居，都应以夫妻关系对待。如解除婚姻关系，必须办理离婚手续。

我国《婚姻法》第八条规定结婚的男女双方必须亲自到婚姻登记机关进行结婚登记。符合本法规定的，予以登记，发给结婚证。取得结婚证，即确立夫妻关系。在我国，结婚登记后夫妻关系即告成立，无论当事人是否同居生活，也无论是否举行了结婚仪式，双方当事人之间只要取得结婚证，就有了法律上的夫妻身份关系，就受到法律的保护。

我国《婚姻法》规定，夫妻身份关系解除的方式有两种：一是登记离婚,也就是我们通常所说的协议离婚、行政离婚。二是诉讼离婚。如果只有一方要求离婚,或者虽然双方同意离婚,但是双方无法对子女的抚养或者财产、债务的处理达成一致意见,那么,只能由一方起诉到法院诉讼离婚。对离婚案件,法院在判决前必须进行调解,如当事人不能达成一致意见,对一方坚持要求离婚的案件,法院根据法律规定的条件决定是否准予离婚;对双方要求离婚的案件,法院应判决准予离婚,并根据法律规定妥善安排子女的抚养问题和财产、债务的处理。

本案当事人甲与乙结婚登记后反悔,又回到婚姻登记机关来解决问题,婚姻登记机关认为要求"退"结婚证是不可以的,除非两人要求办理登记离婚。

法律依据

《中华人民共和国婚姻法》第八条规定:"要求结婚的男女双方必须亲自到婚姻登记机关进行结婚登记。符合本法规定的,予以登记,发给结婚证。取得结婚证,即确立夫妻关系。未办理结婚登记的,应当补办登记。"

新《婚姻登记条例》第十条规定:"内地居民自愿离婚的,男女双方应当共同到一方当事人常住户口所在地的婚姻登记机关办理离婚登记。"

22. 夫妻一方被宣告死亡后又生还，另一方已再婚怎么办？

案情简介

2005年，甲的丈夫离家出走后就杳无音信，其亲朋好友在报上登了寻人启事，均无结果。甲在其丈夫出走超过4年后，向法院提出宣告他死亡的请求，法院便依法宣告其丈夫死亡。2010年春节，甲与他人再婚，并依法继承了前夫的部分财产。没想到两个月后，前夫突然回来，并要求与甲恢复夫妻关系。

专家提示

本案涉及被依法宣告死亡的人重新出现后的财产和婚姻的法律问题。

所谓宣告死亡，是指人民法院对离开自己住所或居住地下落不明满四年，因意外事故下落不明满二年的公民，经利害关系人的申请，依法宣告其死亡的法律制度。

我国《民法通则》第二十四条对重新出现的被宣告死亡的当事人做了规定，规定了被宣告死亡的人重新出现或者确知他没有死亡，经本人或者利害关系人申请，人民法院应当撤销对他的死亡宣告。在人民法院依法宣告失踪人死亡后，即产生与公民真正死亡相同的法律后果。这时，夫妻一方有权依照我国《继承法》的规定继承另一方的财产，有权与他人再婚。但是宣告死亡，毕竟只是对失踪人的一种法律上的死亡推定，不排除被宣告人重新出现的可能。

根据我国《民法通则》的有关规定，在被宣告死亡后重新出现或者确知他没有死亡的，本人或者利害关系人都应向法院申请撤销对该人的死亡宣告；夫妻一方和其他依法继承另一方财产者应返还财产；关于夫妻一方的再婚问题，根据我国《婚姻法》的规定，实行婚姻自由的原则。夫妻一方在法院宣告另一方死亡后，已与他人再婚，这属于合法婚姻，受法律保护，另一方不得强行要求与夫妻一方恢复夫妻关系。

本案中，在前夫被宣告死亡后，甲与他人再婚，属于合法婚姻，受法律保护。故甲的前夫不能要求与甲恢复夫妻关系。

法律依据

《中华人民共和国民法通则》第二十四条规定："被宣告死亡的人重新出现或者确知他没有死亡，经本人或者利害关系人申请，人民法院应当撤销对他的死亡宣告。"

《中华人民共和国民法通则》第二十五条规定："被撤销死亡宣告的人有权请求返还财产。依照继承法取得他的财产的公民或者组织，应当返还原物，原物不存在的，给予适当补偿。"

《中华人民共和国婚姻法》第五条规定："结婚必须男女双方完全自愿，不许任何一方对他方加以强迫或任何第三者加以干涉。"

23. 夫妻以一方重婚为由提出离婚，法院如何裁判？

案情简介

甲与乙结婚数年，生有一子。由于甲表现优异，被单位派去北京进修一年，在进修期间认识了一年轻女子，他隐瞒了已婚事实，又与该女子恋爱结婚生下一女儿。为了逃避法律制裁，甲千方百计地想说服其妻子乙与其离婚，被乙严词拒绝。当乙知道了实情后，向人民法院控告甲的重婚行为，并提出与甲离婚的民事诉讼请求。法院认为，甲已构成重婚罪。

专家提示

本案涉及夫妻一方重婚能否作为另一方请求离婚的理由的法律问题。

所谓重婚是指已有配偶的人又与他人结婚的违法犯罪行为，即一个人在同一段时间内存在两个婚姻关系。

我国《婚姻法》规定，实行"一夫一妻"制度，严禁重婚行为。重婚分为法律上的重婚和事实上的重婚，如有配偶的人又与他人登记结婚，构成法律上的重婚；虽未经过结婚登记，但又与他人以夫妻名义同居生活，则构成事实上的重婚。无论是法律上的重婚，还是事实上的重婚，都违反了我国《婚姻法》规定的一夫一妻制的原则，必须予以严肃处理和坚决取缔。重婚不但严重破坏了社会主义法制，而且还严重违反了婚姻义务，严重伤害了对方配偶的感情，破坏了正常的婚姻家庭秩序。因此，我国《婚姻法》将重婚列为认定夫妻感情确已破裂的原因之一，并且明确为承担离婚损害赔偿责任的法定事由之一。

本案中，乙以甲重婚为由，提出离婚诉讼，法院应准予离婚。甲隐瞒已婚事实，又与另一女子结婚生女，其行为已构成重婚罪。

法律依据

《中华人民共和国婚姻法》第三十二条规定："男女一方要求离婚的，可由有关部门进行调解或直接向人民法院提出离婚诉讼。"

新《婚姻登记条例》第五条规定："办理结婚登记的内地居民应当出具下列证件和证明材料：（一）本人的户口簿、身份证；（二）本人无配偶以及与对方当事人没有直系血亲和三代以内旁系血亲关系的签字声明。"

新《婚姻登记条例》第六条规定："办理结婚登记的当事人有下列情形之一的，婚姻登记机关不予登记：（一）未达法定结婚年龄的；（二）非双方自愿的；（三）一方或者双方已有配偶的；（四）属于直系血亲或者三代以内旁系血亲的；（五）患有医学上认为不应当结婚的疾病的。"

《中华人民共和国婚姻法》第三十二条规定："男女一方要求离婚的，可由有关部门进行调解或直接向人民法院提出离婚诉讼。……

有下列情形之一的，调解无效的，应准予离婚：

（一）重婚或有配偶与他人同居的；

（二）实施家庭暴力或虐待、遗弃家庭成员的；

（三）有赌博、吸毒等恶习屡教不改的；

（四）因感情不和分居满两年的；

（五）其他导致夫妻感情破裂的情形。

一方被宣告失踪，另一方提出离婚诉讼的，应准予离婚。"

24. 离婚后不直接抚养子女的一方有探望子女的权利吗?

案情简介

甲男与乙女,经人介绍相识,很快结婚,由于缺乏了解,性格差异较大,婚后总是大吵大闹,在其子7岁时,甲便提出了离婚,双方对孩子的抚养权问题却未达成一致。在双方协议不成的情况下,只得向法院起诉离婚,一审法院判决7岁的儿子随父亲生活。双方均未提出上诉。离婚后的春节女方探望儿子时,遭到男方父母的粗暴干涉。思儿心切的女方最终向人民法院提出了要求探望儿子的诉讼请求。

专家提示

此案涉及离婚后不直接抚养子女的一方有无探望子女的权利的法律问题。

探望权,是指夫妻离婚后,不直接抚养子女的父或母一方,可以按照约定的时间、方式看望由另一方直接抚养的子女,或将子女短暂接回共同生活的权利。我国《婚姻法》第三十八条规定了夫妻离婚后,不直接抚养子女的父或母,有探望子女的权利,另一方有协助的义务。行使探望权利的方式、时间由当事人协议;协议不成时,由人民法院判决。父或母探望子女,不利于子女身心健康的,由人民法院中止探望的权利;中止的事由消失后,应当恢复探望的权利。在我国,探望权是受法律保护的,任何一方不得干涉和剥夺对方的探望权。这一法律规定,有助于更好地调整离婚后的父母子女关系。

在现实生活中，一些当事人法制观念淡薄，无视或曲解法律规定，离婚后直接抚养孩子的一方往往把子女当做私有财产，认为孩子随谁生活就归谁所有，不让对方探望孩子。与子女分居的一方则认为自己与子女的法律关系只是按时间给付抚养费，忽略了自己对子女的探望权，对子女教育的参与权以及与子女共享天伦之乐的权利。新修订的婚姻法增加了不直接抚养子女的父或母，有探望子女的权利，另一方有协助的义务，从而能够有效地保障子女所期望得到的相对完整的父爱与母爱的权利，最大限度地减少因离婚给子女带来的伤害，有利于子女的身心健康。

本案中，法院应支持乙的诉讼请求，判决男方对女方对亲子的探望权不得干涉。

法律依据

《中华人民共和国婚姻法》第三十八条规定："离婚后，不直接抚养子女的父或母，有探望子女的权利，另一方有协助的义务。行使探望权利的方式、时间由当事人协议；协议不成时，由人民法院判决。父或母探望子女，不利于子女身心健康的，由人民法院依法中止探望的权利；中止的事由消失后，应当恢复探望的权利。"

25. 离婚时婚前存款所生孳息是夫妻共同财产吗?

案情简介

甲与乙结婚多年。结婚前,甲名下有存款100万元。婚后至今,该笔存款所得利息为19万元。现夫妻双方因感情不和,乙提出离婚,要求将甲个人名下的存款利息作为夫妻共同财产分割。甲认为利息应属于个人财产,双方发生争执,乙诉至法院。

专家提示

本案涉及的是婚前个人存款在婚姻关系存续期间取得的利息是否属于夫妻共同财产的问题。

首先,最高人民法院吴庆宝法官主编的《民事裁判标准规范》中在论及此问题时指出:"当事人以个人财产购买债券所得的利息或用于储蓄产生的利息,由于利息收益是债券或储蓄本金必然产生的孳息,与投资收益具有风险性的物质不同,应依本金或原物之所有权归属为个人所有。"结合本案,甲与乙在婚后取得的利息在没有特别约定的前提下,应认定该利息为甲个人的财产。

其次,甲婚姻关系存续期间取得的利息属于法定孳息。孳息是指由原物所产生的收益。民法上,孳息分为天然孳息和法定孳息。在本案中,甲的婚前个人存款是民法意义上的原物,此原物所产生的利息属于法定孳息。按照物权法原理,孳息应归物的所有人或其他合法权利人。当事人之间若没有特别的约定,原物与孳息的所有权应归属于同一人所有。

最后,本案中婚后取得的利息不同于"投资所得收益"。虽然

《最高人民法院关于适用婚姻法若干问题的解释(二)》第十一条规定了一方以个人财产投资取得的收益属于其他应当归共同所有的财产。但是,利息不属于“投资取得的收益”。可见,在婚姻关系存续期间所取得的收益是否属于夫妻共同所有,主要考虑是基于原个人财产的自然增值,还是基于经营行为而产生的,前者应当认定为个人财产所得,而后者应认定为夫妻共同财产。结合本案,甲的个人婚前存款利息是法律规定必然得到的孳息,不符合《婚姻法》第十七条及《最高人民法院关于适用婚姻法若干问题的解释(二)》第十一条对夫妻共同财产范围的规定,故应该认定为婚前的个人的财产。

虽然我国《婚姻法》及相关司法解释共列举了七项归夫妻共有财产的情形,但是利息未列入其中。但是法院认为,婚前个人存款在婚姻关系存续期间取得的利息应属于个人财产。本案中的当事人,对一方个人婚前存款所生利息离婚怎么分产生歧义,最终诉诸法院。法院依法作出判决,认定孳息是个人存款。

法律依据

《中华人民共和国婚姻法》第十七条规定："夫妻在婚姻关系存续期间所得的下列财产，归夫妻共同所有：

（一）工资、奖金；

（二）生产、经营的收益；

（三）知识产权的收益；

（四）继承或赠与所得的财产，但本法第十八条第三项规定的除外；

（五）其他应当归共同所有的财产。

夫妻对共同所有的财产，有平等的处理权。"

《最高人民法院关于适用婚姻法若干问题的解释（二）》第十一条规定："婚姻关系存续期间，下列财产属于婚姻法第十七条规定的'其他应当归共同所有的财产'：

（一）一方以个人财产投资取得的收益；

（二）男女双方实际取得或者应当取得的住房补贴、住房公积金；

（三）男女双方实际取得或者应当取得的养老保险金、破产安置补偿费。"

26. 离婚时夫妻的个人债务和共同债务如何承担？

案情简介

甲与乙两人自由恋爱并登记结婚。婚后初期双方感情较好。婚后三年甲生下一子，随着儿子的长大，两人经常因子女教育和其他家庭琐事发生纠纷。发生争吵时，乙常对甲拳脚相加，同时，又染上赌博的恶习，累计欠外债 5 万元。婚后第八年，乙因交通肇事罪被判处有期徒刑 2 年，服刑期间，双方感情急剧恶化，一年之后甲起诉要求离婚。法院查明婚后双方盖有房屋 3 间，有外债 2 万元，甲同意偿还 1 万元。乙因车撞人有 2 万元的债务，甲拒绝分担。

专家提示

本案涉及夫妻共同债务承担的法律问题。

所谓夫妻共同债务，是指婚姻关系存续期间因夫妻共同生活或履行抚养、赡养义务及夫妻一方或者双方治疗疾病等需要所负债务。

我国《婚姻法》第四十一条规定了离婚时，原为夫妻共同生活所负的债务，应当共同偿还。共同财产不足清偿的，或财产归各自所有的，由双方协议清偿；协议不成时，由人民法院判决。这是关于离婚时债务清偿的原则性规定。

根据债务的性质，可分为共同债务和个人债务。对于不同性质的债务，当事人的清偿责任也不相同：

(1)关于夫妻共同债务的清偿责任问题。夫妻共同债务，是指婚姻关系存续期间夫妻为共同生活或为履行抚养、赡养义务以及夫妻一方或双方治疗疾病等需要所负的债务。婚前一方借款购置的房屋等财产已转化为夫妻共同财产的，属于夫妻共同债务；个体工商户、农村承包经营户所负的债务，属于夫妻经营的，除另有约定外，也属于夫妻共同债务。夫妻共同债务应当以夫妻共同财产清偿。如果离婚时没有共同财产或共同财产不足清偿共同债务，应由双方协议确定清偿责任；协议不成，由人民法院根据双方的经济能力，判决由一方清偿或由双方分担清偿责任。当然在处理这方面纠纷时，仍应注意贯彻保护妇女权益的原则。

(2)关于夫妻个人债务的清偿责任问题。夫妻个人债务是指夫妻双方约定为个人负担的债务，但以逃避债务为目的的除外。它包括下面一些债务：一方未经对方同意，擅自资助与其没有抚养义务的亲朋所负的债务；一方未经对方同意，独自筹资从事经营活动，其收益并未用于共同生活所负的债务；夫或妻在婚前所负的债务；一方为满足私欲而挥霍所欠的债务；等等。

(3)关于法律上没有明确规定的夫妻债务问题。如夫妻智力投资之债，即在婚姻存续期间，夫妻中一方借款为另一方上大学、进修、出国留学或学习某项专业技术、技艺等所负的债务，此类债务应视进行智力投资后夫妻一方或双方的收益情况而定。例如，一方为另一方出国留学到处筹款，借下了大量债务，离婚时国内一方并未受益，应视为出国一方的个人债务，由出国方负责偿还。又如，一方学习专业技术、技艺后，利用所学之长挣钱用于夫妻共同生活，其债务应视为夫妻共同债务。

在认定婚姻关系存续期间的债务究竟属于共同债务或者属于个人债务时，可以从下面两方面把握：

(1)夫妻有无共同举债的合意。如果夫妻有共同举债之合意，则不论该债务所带来的利益是否为夫妻共享，该债务均应视为共同债务。

(2)夫妻是否分享了举债所带来的利益。

(3)非债务人分担婚前债务的,应有书面约定,空口无凭。

本案中,甲、乙婚后 2 万元的债务,属于夫妻共同债务,由双方协议清偿;乙因交通肇事撞人有 2 万元的债务,赌博所欠债款 5 万元应属于乙的个人债务,由其本人偿还。

法律依据

《中华人民共和国婚姻法》解释(二)第二十四条规定:“债权人就婚姻关系存续期间夫妻一方以个人名义所负债务主张权利的,应当按夫妻共同债务处理。但夫妻一方能够证明债权人与债务人明确约定为个人债务,或者能够证明属于婚姻法第十九条第三款规定情形的除外规定的限制所致。”

《中华人民共和国婚姻法》第十九条规定:“夫妻可以约定婚姻关系存续期间所得的财产以及婚前财产归各自所有、共同所有或部分各自所有部分共同所有。约定应当采用书面形式。没有约定或约定不明确的,适用本法第十七条、第十八条的规定。”

《中华人民共和国婚姻法》第四十一条规定:“离婚时,原为夫妻共同生活所负的债务,应当共同偿还。共同财产不足清偿的,或财产归各自所有的,由双方协议清偿;协议不成时,由人民法院判决。”

1993 年最高人民法院《关于审理离婚案件处理财产分割问题的若干具体意见》的规定:“夫妻个人债务的范围包括:

(一)夫妻一方的婚前为购置房屋等财产负担的债务,依法应为该一方个人债务。但夫妻一方婚前财产已经约定为夫妻共同财产的,为添置该项财产所负担债务也应转化为夫妻共同债务,当然夫妻另有约定的,从约定。

（二）夫妻一方未经对方同意，擅自资助没有抚养义务的人所负的债务。

（三）夫妻一方未经对方同意，独自筹资从事生产或者经营活动所负债务，且其收益确未用于共同生活的。

（四）夫妻共同生活所负债务，但双方约定由一方负担的，可以视为夫妻个人债务。

（五）夫妻一方实施违法犯罪行为、侵权行为所欠的债务应由个人承担。”

27. 夫妻一方伪造的债务在离婚后发现的应如何处理?

案情简介

丈夫甲和妻子乙因婚前缺乏了解,感情基础薄弱,婚后两人经常吵架,弄得全家鸡犬不宁,夫妻感情日渐恶化。2006 年,甲向人民法院起诉离婚。

人民法院经审理认为,两人缺乏共同语言,没有感情基础。夫妻感情确已破裂,没有和好的可能,判决离婚;法院认定甲提出的一项欠丙的债务 6 万元为夫妻共同债务,从共同财产中清偿。甲和乙各分摊债务 3 万元。两人在上诉期内都没有提出上诉,判决生效。

2009 年,甲与丙发生矛盾,丙向乙说明了真相:那笔 6 万元债务是甲伪造的。乙遂请求人民法院要求讨回之前已支付的 3 万元。

专家提示

本案涉及夫妻共同债务承担及一方伪造夫妻共同债务应当如何处理的法律问题。

所谓夫妻共同债务,是指夫妻关系存续期间为共同生活或为履行抚养、赡养义务的以及夫妻一方或双方治疗疾病等需要所负的债务。

我国《婚姻法》规定了离婚时,原为夫妻共同生活所负的债务,应当共同偿还。夫妻共同财产是指夫妻双方在婚姻关系存续期间所得的财产，即从男女登记结婚之日起，到夫妻离婚或配偶一方死亡时为止，这一特定期间内夫妻所获得的财产，它包括：工资、奖金；生产、经营的收益；知识产权的收益；继承或赠与所得的财产等。我国《婚姻法》第十八条第三项还规定了遗嘱或赠与合同中确定只归夫或妻一方的财产之外的其他财产归共同所有的财产。夫妻对共同所有的财产，享有平等的处理权。也就是说，夫妻在婚姻存续期间，无论属于双方或一方的收入，无论各自收入的数量多少，也无论其中一方有无收入，双方都对夫妻共同财产拥有平等的管理收益、占有、处分的权利。

离婚时，确定夫妻共同财产时应当注意其与家庭共同财产、其他家庭成员的财产的区别。家庭共同财产为全体家庭成员所共有。夫和妻作为家庭成员的主体，可以依法确认他们的财产应当在家庭共同财产中所占的份额。至于其他家庭成员的财产为每个成员本人所有，如父母的财产、兄弟姐妹的财产以及子女的财产等。对于未成年子女的财产，由其父母以法定代理人的身份代为管理。甲伪造债务 6 万元，致使共同财产在计算中少了 5 万元，侵害了乙的财产利益。根据我国《民法通则》有关规定，债务人为两人以上的，应当负连带责任。因此，乙可以向甲和丙之间的任何一人要求赔偿。

本案中，人民法院应将这 6 万元财产再次分割，归乙的部分，由甲赔偿，丙应负连带责任。

法律依据

《中华人民共和国婚姻法》第四十七条规定："离婚时，一方隐藏、转移、变卖、毁损夫妻共同财产，或伪造债务企图侵占另一方财产的，分割夫妻共同财产时，对隐藏、转移、变卖，毁损夫妻共同财产或伪造债务的一方，可以少分或不分。离婚后，另一方发现有上述行为的，可以向人民法院提起诉讼，请求再次分割夫妻共同财产。人民法院对前款规定的妨害民事诉讼的行为，依照民事诉讼法的规定予以制裁。"

28. 夫妻共同债务离婚时如何清偿?

案情简介

甲与乙结婚已有10余年,2007年甲为了乙的生意,由甲出面,向丙借得现金2万元。2011年,甲、乙二人因感情不和,向法院申请离婚。法院判决解除两人婚姻关系的同时,判决2万元债务由乙负责偿还。此后,丙多次向甲催要欠款。甲某称,我与前夫已解除婚姻关系,并且法院判决2万元债务由乙负责偿还,我无偿还义务。丙找乙讨债时,乙称此钱虽然是我用去做生意了,但钱不是我直接向你借的,而是甲向你借的,应先由甲还。原告丙无奈,便以甲、乙为共同被告诉至法院,要求偿还欠款,并支付利息。

专家提示

本案主要涉及夫妻共同债务承担的法律问题。

婚姻期间产生的债务分为夫妻共同债务和个人债务。夫妻共同债务由夫妻共同清偿。

所谓夫妻共同清偿,是指夫妻关系存续期间所负共同债务,离婚时双方协议或依法清偿的方式。

离婚时,原为夫妻共同生活所负的债务,以共同财产偿还。如该项财产不足清偿时,由双方协议清偿;协议不成时,由法院判决。男女一方单独所负债务,由本人偿还。

为夫妻共同生活所负的债务,包括因购置生活用品、修建或购置住房所负的债务,履行抚养教育和赡养义务、治疗疾病所负的债务，从事双方同意的文化教育、文娱体育活动所负的债务，以及其他发生在日常生活中的应由双方共同负担的债务。

夫妻共同生产、经营所负的债务，包括双方共同从事工商或在农村承包经营所负的债务，购买生产资料所负的债务，共同从事投资或者其他金融活动所负的债务，在这些生产经营活动中所欠缴的税款等。经双方同意由一方经营但其收入用于共同生活的，所负的债务也是夫妻共同债务。

对夫妻共同债务，双方负连带清偿的责任，离婚时应以共同财产偿还，如该项资产不足清偿时，由双方协议清偿；协议不成时，由人民法院判决。在未清偿夫妻共同债务时，不得先行分割共同财产。

个人债务指以个人名义所负的与夫妻共同生活无关的债务。其中婚前个人债务；婚后一方未经对方同意、擅自资助与其没有抚养义务的亲朋所负的债务；一方未经对方同意，独自筹资从事经营活动，其收入确未用于夫妻共同生活所负的债务，以及其他应由个人承担的债务，虽发生于夫妻共同生活中但双方约定，由个人负担的债务也应视为个人债务，但该项约定不得以逃避债务为目的。

个人债务以个人财产清偿。他方不负连带责任，没有清偿义务，但自愿协助清偿的法律不禁止。

法律对离婚时夫妻共同债务及共同债务的偿还方法所做的原则性规定。即在夫妻关系存续期间、夫妻双方或单方为履行抚养义务、赡养义务或为夫妻的共同生活所负的债务由夫妻双方共同偿还，而不论其债务最初由谁出面、以谁的名义借的，只问其用途，而不问其形式。

本案中的 2 万元债务是甲与乙婚姻关系存续期间向丙欠的债务，属于夫妻共同债务，应由两人承担。但是，甲与乙 2011 年离婚，同时法院判决由乙负责偿还 2 万元债务，因此，丙只能向已确定的债务人乙主张权利。

法律依据

《中华人民共和国婚姻法》第四十一条规定："离婚时，原为夫妻共同生活所负的债务，应当共同偿还。共同财产不足清偿的，或财产归各自所有的，由双方协议清偿；协议不成时，由人民法院判决。"

离婚

29. 夫妻一方婚内过错导致离婚的，另一方可以要求离婚损害赔偿吗？

案情简介

甲男和乙女同住一村，于2006年登记结婚，先后生有两个儿女，甲后来发现乙有婚外情，经双方协商，由乙支付甲20万元，但乙没有现金，便写了一张欠条。但此欠条内容未记载在离婚协议书上。离婚后，乙反悔，没有履行义务，甲便一纸诉状告到法院，乙辩称该欠条内容未记载到离婚协议书中，不具有法律效力。法院认为，乙因为婚外情导致感情破裂，同意支付甲20万元作为补偿，并写下欠条，事实清楚，证据确凿，原被告确立了明确的债权债务关系，故原告起诉要求被告还款，法院予以支持。

专家提示

本案涉及因婚外情而导致离婚的纠纷，无过错方，是否可以请求赔偿的法律问题。

离婚损害赔偿请求权，是法律赋予受害方当事人的一项权利。

《婚姻法》第四条规定了夫妻之间应互相忠实，互相尊重；家庭成员之间应敬老爱幼、互相帮助、维护平等等。如果一方有过错的，应给受害方以保护。

我国《民法通则》规定了侵权的民事责任，新《婚姻法》也明确规定了离婚时，无过错方有权请求损害赔偿。其条件是：

(1)有违法行为。即配偶一方实施了重婚、有配偶又与他人同居、虐待和遗弃家庭成员、实施家庭暴力等行为。

(2)有损害事实。即因配偶一方的违法行为而导致无过错配偶一方受到财产上的损害和非财产上的损害。财产上的损害应包括夫妻抚养请求权等因离婚而受损害;强制夫妻财产分割所受的损失;因伤害、虐待造成损害等。非财产上的损害,包括精神损害和精神创伤,如实施重婚、有配偶又与他人同居和虐待、遗弃家庭成员、实施家庭暴力等行为导致离婚,造成无过错方身体上和精神上的痛苦。《中华人民共和国婚姻法》第四十六条规定的有过错方的几种过错行为。

(3)有因果关系。即配偶一方实施重婚、有配偶又与他人同居、虐待和遗弃家庭成员、实施家庭暴力和无过错方遭受的财产损害和非财产损害有直接的联系。

(4)有主观过错。即配偶一方明知自己的重婚、与他人同居、虐待和遗弃家庭成员、实施家庭暴力的行为会造成另一方的损害,却实施了上述行为。

凡具备上述条件的,无过错方就有权请求损害赔偿。认定离婚损害赔偿责任时,还应注意这样两个问题:

(1)必须是违法行为和感情破裂之间具有因果关系,如果一方实施了上述行为并不是另一方提出离婚的原因,即使过错配偶实施了上述违法行为,也不存在承担离婚损害赔偿责任;

(2)请求权人必须无过错,即无重婚、与他人同居、实施家庭暴力、虐待、遗弃家庭成员这些对等的过错行为。

本案中,乙的行为——婚外情,虽未被规定在《中华人民共和国婚姻法》第四十六条规定的有过错方的几种过错行为中,但是夫妻双方都认为导致离婚的是婚外情,应由有过错的一方给予另一方赔偿的事实,但是双方已有约定并有书面证明。根据"约定优先原则",法院自然会认定其债权债务关系成立。实践中,即使不构成法定的离婚损害赔偿要件,只要能协商达成一致,仍然能够得到赔偿。

法律依据

《中华人民共和国婚姻法》第四十六条规定:"有下列情形之一,导致离婚的,无过错方有权请求损害赔偿:(一)重婚的;(二)有配偶者与他人同居的;(三}实施家庭暴力的;(四)虐待、遗弃家庭成员的。"

30. 一方有过错，另一方离婚时可以请求精神损害赔偿吗？

案情简介

甲与乙大学便相识，顺理成章地结婚生子，但结婚 6 年后，甲对公司的一个女员工产生了感情，于是产生了婚外情，乙慢慢得知，便开始偷偷搜集证据，一天恰巧被乙逮个正着，当即拍下两人偷情时的照片。乙十分愤怒，并以甲违反忠实义务向法院起诉离婚，在损害赔偿请求中主张精神损害赔偿 10 万元。

专家提示

损害赔偿请求分为物质损害赔偿和精神损害赔偿。能够请求精神损害赔偿的，必须符合实际情况：

(1)只有家庭暴力、虐待或遗弃等可能会因身体上的伤害出现医疗费等物质损失时可以请求，其他法定事由一般不会造成财产损失；重婚或有配偶与他人同居造成离婚的，给另一方造成损失主要是精神上的伤害。如果不承认精神损害，那么离婚过错制度就有很大漏洞。

(2)对物质损害赔偿，以现实的物质利益所受到的侵害程度计算，《最高人民法院关于适用〈婚姻法〉的解释(一)》中规定了涉及精神损害的，适用《最高人民法院关于确定民事侵权精神损害赔偿责任若干问题的解释》的有关规定。赔偿数额应当根据以下几个因素来确定。

①侵权人的过错程度，法律另有规定的除外；

②侵害的手段、场合、行为方式等具体情节；
③侵权行为所造成的后果；
④侵权人的获利情况；
⑤侵权人承担责任的经济能力；
⑥受诉法院所在地平均生活水平。

法律依据

《最高人民法院关于适用〈中华人民共和国婚姻法〉若干问题的解释(一)》第二十八条规定:“婚姻法第四十六条规定的‘损害赔偿’,包括物质损害赔偿和精神损害赔偿。涉及精神损害赔偿的,适用《最高人民法院关于确定民事侵权精神损害赔偿责任若干问题的解释》的有关规定。”

《最高人民法院关于确定民事侵权精神损害赔偿责任若干问题的解释》第十条规定:“精神损害的赔偿数额根据以下因素确定:

(一)侵权人的过错程度,法律另有规定的除外;

(二)侵害的手段、场合、行为方式等具体情节;

(三)侵权行为所造成的后果;

(四)侵权人的获利情况;

(五)侵权人承担责任的经济能力;

(六)受诉法院所在地平均生活水平。

法律、行政法规对残疾赔偿金、死亡赔偿金等有明确规定的,适用法律、行政法规的规定。”

31. 一方在离婚期间患病所花医药费是否由双方共同承担？

案情简介

妻子甲与丈夫乙于2001年登记结婚。次年生下一子。婚后丈夫被单位外派到非洲很多年，其间很少回家，夫妻基本两地分居，再加上两人的感情基础薄弱，乙很少履行对妻子儿子的扶养、抚养教育义务。双方之间没有建立起真正的夫妻感情。乙于2005年以感情不和为由向法院提起离婚诉讼。在诉讼期间，甲患上脑血栓瘫痪在床，生活不能自理，法院判决驳回乙的离婚请求。甲在亲友的帮助下，四处求医治疗，花费近5万元，其间，甲的母亲又因糖尿病住院，花费1万元。乙支付了1万元，余款均由甲的亲属垫付或筹借。为此，甲起诉法院要求乙支付医疗费、生活费等扶养费用，乙则以夫妻感情不和，且已在离婚诉讼期间，而拒绝支付。

专家提示

本案涉及夫妻间互相扶养的法律问题。

所谓夫妻互相扶养的义务，是指夫妻双方在生活上有互相供养扶助的责任。

我国《婚姻法》规定："夫妻有互相扶养的义务。一方不履行扶养义务时，需要扶养的一方，有要求对方付给扶养费的权利。"夫妻间的扶养具有如下基本特点：

(1)夫妻间的扶养义务是以存在合法有效的婚姻为前提，基于男女双方登记结婚这一法律事实而产生，其目的在于保障夫妻共同生活的维持，是婚姻关系存续的要求。

(2)夫妻间的互相扶养既是义务，也是权利的体现，夫妻都有扶养对方的义务，也都有接受和要求对方扶养的权利。

(3)夫妻互相扶养的义务具有法律的强制性，需要扶养的一方有权要求对方承担扶养责任。

本案中，原告甲身患重病，生活很难维持，而被告却不闻不问，虽然两人在离婚诉讼期间，但毕竟还没有离婚，所以被告乙有法定的扶养义务和对甲之母的赡养义务，原告在患病期间所花的医药费和甲母的住院费，乙应予承担。

法律依据

《中华人民共和国婚姻法》第二十条规定："夫妻有互相扶养的义务。一方不履行扶养义务时，需要扶养的一方，有要求对方付给扶养费的权利。"

《中华人民共和国婚姻法》第四十一条规定："离婚时，原为夫妻共同生活所负的债务，应当共同偿还。共同财产不足清偿的，或财产归各自所有的，由双方协议清偿；协议不成时，由人民法院判决。"

《中华人民共和国婚姻法》第二十一条第一款规定："父母对子女有抚养教育的义务；子女对父母有赡养扶助的义务。"

32. 分居期间一方所负的债务是个人债务吗?

案情简介

甲与乙经人介绍结婚,后得知乙无生育能力,她的丈夫甲对她的感情日渐淡漠,并要求分居。分居期间,乙因病下岗,既要治病,又要生活,在没有生活来源的情况下,只好向亲友借钱度日。分居期间甲因创造了文学作品,获得了稿费1万元,分居一年多后,甲提出离婚,乙同意离婚,但要求甲负担分居期间自己所借的人民币2万多元债务,共同分割甲获得的稿费,但甲不同意。乙诉至法院。

专家提示

本案主要涉及分居期间各自产生的财产和债务如何处理的法律问题。

分居期间,夫妻各自所得的财产被视为个人财产是没有法律依据的,我国《婚姻法》第二十条规定了夫妻有互相扶养的义务。一方不履行扶养义务时,需要扶养的一方,有要求对方付给扶养费的权利。只要夫妻双方没有办理离婚登记或离婚判决没有生效,则在法律上双方仍属于夫妻关系,所产生的一切工资、奖金等就应该认定为夫妻共同财产,在分割财产时,应该按照共同财产分割。

至于分居期间的债务是个人债务还是共同债务的问题,要具体问题具体分析,要区分发生债务的目的是什么、发生债务后取得的财产的用途是什么。分居期间,已经没有了共同生活的事实，也就不该产生共同债务，所以，一般情况下，分居期间所发生的债务，可以看成个人债务。但是，夫妻关系存续期间，夫妻单方或双方为履行抚养义务、赡养义务或为夫妻的共同生活所负的债务属于共同债务。

本案中，首先乙是在分居期间因病下岗，为了生活，为了医治自己的疾病向亲友借钱，很明显这并不是个人的债务。其次，从我国法律对婚姻问题的界定上讲，分居并不代表离婚。他们之间的婚姻关系是受法律保护的。本案中的过错方甲因为乙无生育能力，就对乙感情淡漠，对乙的生活不理不问。乙因病下岗，没有了生活来源，所以才向亲友借钱维持生活。虽然乙与丈夫之间发生了感情危机，但夫妻关系尚处于存续状态，仍然受到法律保护，同时，双方又未对婚姻存续期间的财产和债务进行约定。因此，乙在分居期间所欠的债务属于夫妻共同债务。对于甲分居期间取得的知识产权产生的收益，属于《婚姻法》第十七条中的归夫妻共同所有的收益——知识产权的收益，要作为夫妻共同财产分割。对离婚诉讼过程中乙的诉讼请求，法院应依法予以支持。

法律依据

《中华人民共和国婚姻法》第十七条规定："夫妻在婚姻关系存续期间所得的下列财产，归夫妻共同所有：

（一）工资、奖金；

（二）生产、经营的收益；

（三）知识产权的收益；

（四）继承或赠与所得的财产，但本法第十八条第三项规定的除外；

（五）其他应当归共同所有的财产。"

《中华人民共和国婚姻法》第十九条第一款规定："夫妻可以约定婚姻关系存续期间所得的财产以结婚前财产归各自所有、共同所有或部分各自所有、部分共同所有。约定应当采用书面形式。没有约定或约定不明确的，适用本法第十七条、第十八条的规定。"

《中华人民共和国妇女权益保障法》第四十三条规定："妇女对依照法律规定的夫妻共同财产享有与其配偶平等的占有、使用、收益和处分的权利，不受双方收入状况的影响。"

《最高人民法院关于人民法院审理离婚案件处理财产分割问题的若干具体意见》第十七条规定："夫妻为共同生活或为履行抚养、赡养义务等所负债务，应认定为夫妻共同债务，离婚时应当以夫妻共同财产偿还。"

33. 夫妻一方可否因另一方实施家庭暴力而请求离婚?

案情简介

甲,一家外企的女职员,经人介绍于 2005 年结识了独生子乙。经过一年多的相处、恋爱,双方于 2006 年走进了婚姻的殿堂,并生有一可爱的女儿。婚后初期,乙对甲百般呵护,小两口日子也算甜蜜。随着女儿的出生,乙好像变脸一样,不仅常为生活琐事与甲争吵,甚至对甲动起手脚。2008 年,在双方家长的主持下,乙向甲写下保证书:保证在家不喝酒,不在外面玩,不再打甲。此后在相当长的一断时间里,乙对甲的言行有所收敛。2009 年某日凌晨 2 点,乙在外喝酒回家后,突然将甲从床上拖起,并施以拳脚,致甲身上多处皮肤青紫,甲随后报警,公安机关以家庭纠纷为由口头教育了乙。当日,甲搬回娘家居住。某日甲离开娘家正欲骑车上班,遭候在楼下的乙殴打,致全身上下多处青紫,后经报警平息。2010 年,甲在无法忍受的情况下,终于诉至法院,以乙对其实施家庭暴力为由要求与乙离婚,并赔偿其损失1 万元。诉讼中,乙拒不承认对甲实施了家庭暴力。

专家提示

本案主要涉及夫妻一方实施家庭暴力,另一方请求离婚能否得到法院支持的法律问题。

联合国家庭暴力问题专家委员会对家庭暴力的界定是:家庭内的暴力表现为人身虐待,往往一再重复发生,并与精神折磨、忽视基本需要和性骚扰等行为有关，暴力一般发生在有抚养关系的最亲近的家庭单位内，使受害者遭到严重的伤害。国内学者普遍认为，家庭暴力是指家庭内出现的家庭成员间的一方对另一方的暴力行为，包括身体伤害、精神摧残和性暴力。《最高人民法院关于适用〈中华人民共和国婚姻法〉若干问题的解释（一）》第一条中对家庭暴力的概念界定为：行为人以殴打、捆绑、残害、强行限制人身自由或者其他手段，给其家庭成员的身体、精神等方面造成一定伤害后果的行为。

我国《婚姻法》明确规定"禁止家庭暴力"。并专设"救助措施与法律责任"一章，在第四十三条规定，实施家庭暴力或虐待家庭成员，受害人有权提出请求，居民委员会、村民委员会以及所在单位应当予以劝阻、调解。对正在实施家庭暴力，受害人有权提出请求，居民委员会、村民委员会应当予以劝阻；公安机关应予以制止。实施家庭暴力或虐待家庭成员，受害人提出请求的，公安机关应当依照治安管理处罚的法律规定予以行政处罚。

本案中，被告自始至终否认自己是加害人。但是，原告多次在其住处及附近报警，对于加害人的证明责任或其他抗辩事由理应由被告承担，因其不能举证证明故应承担不利后果。被告对原告数次殴打，具有主观上的恶习，而且发生在 2009 年的暴力行为可谓拳脚相加，情节相当恶劣。虽每次的暴力所造成的伤害后果均不严重，但给原告的心理足以造成恐惧，这种精神上的折磨对女性的身心造成的伤害可能更加严重。因此，应当认定被告的行为构成一定的伤害后果。

此外，家庭暴力之所以难见天日，很大程度上是受害女性的"家丑不可外扬"心理所致。我国婚姻法明确规定了夫妻应当互相尊重、夫妻在家庭中地位平等。这不仅是男女平等原则的体现，更是国家对妇女权益保护的立法宗旨所在。

法律依据

《中华人民共和国婚姻法》第三十二条规定:“男女一方要求离婚的,可由有关部门进行调解或直接向人民法院提出离婚诉讼。

人民法院审理离婚案件,应当进行调解;如感情确已破裂,调解无效,应准予离婚。

有下列情形之一,调解无效的,应准予离婚:(一)已婚或有配偶者与他人同居的;(二)实施家庭暴力或虐待、遗弃家庭成员的;(三)有赌博、吸毒等恶习屡教不改的;(四)因感情不和分居满二年的;(五)其他导致夫妻感情破裂的情形。

一方被宣告失踪,另一方提出离婚诉讼的,应准予离婚。”

新《婚姻登记条例》第十三条规定:“婚姻登记机关应当对离婚登记当事人出具的证件、证明材料进行审查并询问相关情况。对当事人确属自愿离婚,并已对子女抚养、财产、债务等问题达成一致处理意见的,应当当场予以登记,发给离婚证。”

34. 和现役军人离婚，法律会有倾斜吗？

案情简介

甲经人介绍与某部队的营长乙认识，彼此产生了好感。不久，双方便到婚姻登记机关进行了结婚登记。一年后生一子，婚后二人才发现双方的性格、生活习惯都缺乏磨合，夫妻之间的共同语言越来越少。后来在孩子1岁时，甲以草率结婚为由提出离婚，希望孩子的抚养权归自己，乙不同意离婚，并表示要努力搞好夫妻关系。一审法院判决不准予双方离婚。

专家提示

本案涉及现役军人的配偶提出离婚案件的法律问题。

我国的婚姻法律制度对现役军人的婚姻是予以特殊保护的。根据《婚姻法》第三十三条的规定了现役军人的配偶要求离婚的，须得军人的同意，但军人一方有重大过错的除外。所谓现役军人，是指在中国人民解放军服现役、具有军籍的干部与战士，包括中国人民武装警察部队的干部与战士。在军队工作但未取得军籍的职工或其他人员及退役、复员和转业人员均不属于现役军人的范围。现役军人的配偶，是指与现役军人履行了结婚登记手续，并领取结婚证的人，但不包括与现役军人订婚的人。如果双方均为现役军人，或现役军人向军人配偶一方提出离婚，应适用一般法律规定，不适用本条规定。”

根据《最高人民法院关于适用〈中华人民共和国婚姻法〉若干问题的解释（一）》的规定，军人在有以下情形的前提下才准予离婚:①重婚或有配偶者与他人同居的;②实施家庭暴力或虐待、遗弃家庭成员的;③有赌博、吸毒等恶习屡教不改的;④军人有其他重大过错导致夫妻感情破裂的情形。

在离婚诉讼中,如军人不同意离婚,而且原婚姻基础和婚后感情较好,非军人一方又无重要、正当理由的,一般通过说服教育,调解或判决不准离婚;如果夫妻感情确已破裂,或军人一方有重大过错,婚姻已不能继续维持的,经调解和好无效的,则通过军人所在部队团以上政治机关向军人做好思想工作,调解或判决准予离婚。如果双方都是军人则不受以上的限制。如现役军人与配偶均自愿离婚的,双方到婚姻登记机关申请离婚即可。

另外,对于两岁以下子女的抚养问题法律也做了规定,《最高人民法院关于〈人民法院审理离婚案件处理子女抚养问题的若干具体意见〉》规定了两周岁以下的子女,一般随母方生活,母方有下列情形之一的,可随父方生活:①患有久治不愈的传染性疾病或其他严重疾病,子女不宜与其共同生活的;②有抚养条件不尽抚养义务,而父方要求子女随其生活的;③因其他原因,子女确无法随母方生活的。同时又规定:父母双方协议两周岁以下子女随父方生活,并对子女健康成长无不利影响的,可予准许。

本案中在小孩仅有一岁大时提出离婚,如果另一方不是现役军人,母亲要求小孩随其生活,而双方又不能达成一致意见的话,通过诉讼,法院会支持母亲抚养权的主张。甲向现役军人乙提出离婚诉讼时,法院经调查证实,甲与乙未经过深入的了解而结婚,婚后因双方性格、生活态度有一些感情上的差异,加之分居两地,因此夫妻感情出现了一定的问题。但如果双方今后加强沟通与理解,夫妻关系仍有可能得以改善。根据我国《婚姻法》有关军婚问题的规定,在这种情况下,人民法院不准予双方离婚是合法的。

法律依据

《中华人民共和国婚姻法》第三十三条规定:“现役军人的配偶要求离婚,须得军人同意,但军人一方有重大过错的除外。”

《最高人民法院关于贯彻执行民事政策法律若干问题的意见》第九条规定:“军人不同意离婚时,应教育原告珍惜与军人的夫妻关系,尽量调解和好或判决不准离婚。”

35. 对家庭生活承担义务较多的一方可否在离婚时请求补偿?

案情简介

甲与乙结婚的时候,两人约定:夫妻财产结婚后个人的收入所得归个人所有。由于两人都属于高薪白领阶层,对这样的约定两人认为很合理。结婚三年后,甲生了孩子,这时候乙开始自创公司。为了让乙安心创业,并且更好地照顾孩子,甲辞去了工作,专心在家里做全职太太。不料乙在事业蒸蒸日上的时候,与妻子甲的感情却日益淡薄,终于产生了离婚的念头。

专家提示

本案涉及离婚时,在有婚前协议的情况下,对家庭付出较多的一方可否向另一方请求补偿的法律问题。

按照婚前财产约定,婚后个人所得归个人所有,甲在生育后就辞职在家做全职太太,已经多年没有收入了;而乙却生意兴隆。甲认为,她生育后辞职是为了更好地照顾家庭和孩子,为家庭她付出了很多,不应该按照婚前财产约定分割财产。这样的想法是否会得到法律保护?有婚前财产约定的全职太太,还能不能在约定之外要求补偿?

所谓离婚时的经济帮助,是指离婚时对困难一方给予适当的经济补偿。此经济补偿并非夫妻扶养义务的延长,因为原夫妻间扶养义务随着婚姻关系的解除而终止。对困难一方的经济补偿,是基于婚姻关系解除后所派生的社会道义上的责任。

我国《婚姻法》第四十条规定了夫妻书面约定婚姻关系存续期间所得的财产归各自所有，一方因抚育子女、照料老人、协助另一方工作等付出较多义务的，离婚时有权向另一方请求补偿，另一方应当予以补偿。

我国《婚姻法》规定的请求离婚补偿权与请求离婚损害赔偿权是不同性质的两个问题。前者是指离婚时一方对承担义务较多的一方给予的物质上的补偿。后者只适用于夫妻一方有重大过错致使婚姻关系破裂的情况。

具备请求离婚补偿的条件是：

(1)双方对婚姻关系存续期间的财产作过书面约定，各归各自，双方认可的口头约定并有佐证的亦具有法律效力。如果双方未对此间的财产作过约定，不适用本条规定。

(2)请求补偿的一方必须是付出义务较多的一方。如在抚养和教育子女方面、照料老人方面及协助另一方的工作方面付出较多义务的一方才有权请求补偿。

(3)请求补偿与给付补偿的男女双方均无过错。如果一方有重大过错，他方可以向法院请求损害赔偿。如果双方均有过错则可酌情不承担补偿责任。

可见，法律基于公平的原则，对家庭生活付出较多的夫妻一方会有法律保护。夫妻离婚分割财产，既会考虑夫妻之间的财产协议，也会考虑一方对家庭做出的贡献。

本案中，甲为了照顾孩子，让乙更好地工作，辞职在家承担了较多的家庭义务，因此离婚时她有权要求乙在财产上做适当的补偿。

法律依据

《中华人民共和国婚姻法》第四十条规定:"夫妻书面约定婚姻关系存续期间所得的财产归各自所有,一方因抚育子女、照料老人、协助另一方工作等付出较多义务的,离婚时有权向另一方请求补偿,另一方应当予以补偿。"

36. 离婚后，一方生活困难，可否要求原配偶给予适当经济帮助?

案情简介

2002年，甲男与乙女登记结婚。甲与乙是邻居，从小一起长大。在初中毕业的时候，由于乙家庭生活困难，无力支付她的学费，便辍学在家务农。青梅竹马的甲更加努力地学习，说将来一定会给乙很好的生活。甲高考时以几分之差落榜，便去了深圳打工。经过两年打拼，有了一定的积蓄，回家与乙办理了结婚手续，之后把她接到县城，租了房子，作为两人暂时的家。

把乙安顿好后，甲又回到深圳继续工作。两年后，他们的女儿出生。由于甲工作繁忙，抽不出更多的时间回家，每月都是按时寄1500元生活费给乙。久而久之，乙感觉自己很孤独，开始怀疑甲在深圳另有女人，两人之间矛盾加深，关系不断恶化。

2008年，乙向法院起诉要求离婚，并提出离婚后自己没有工作，没有住房，要求继续住在现有房屋中，由甲承担房租，并要求甲支付自己生活费。

专家提示

本案涉及离婚后，一方生活困难，可否要求原配偶给予适当经济帮助的法律问题。

所谓经济帮助是指离婚时，如一方生活困难，另一方应从其住房等个人财产中给予适当帮助。具体办法由双方协议；协议不成时，由人民法院判决。

根据我国《婚姻法》第四十二条的规定，离婚时一方对另一方的经济帮助，应符合如下条件：

(1)接受帮助的一方生活确有困难。生活确有困难是指无劳动能力、无生活来源或难以维持基本生活。

(2)经济帮助具有时限性。时限性仅限于离婚的当时，而非离婚后的任何时候都可以要求帮助，这种帮助不是夫妻扶养的延伸。

(3)提供帮助的一方须有负担能力，无负担能力的可以不帮助。

本案中，乙初中毕业，一直在家操持家务，没有工作经验，就市场竞争而言，难以找到工作，独立生活，是有实际生活困难的。其在离婚时提出了经济帮助的要求，符合我国的法律规定。从甲按月给乙所寄生活费而言，甲也是有负担能力的。其女儿年龄小，宜随母亲共同居住，甲也要承担抚养费。

法律依据

《中华人民共和国婚姻法》第四十二条规定："离婚时，如一方生活困难，另一方应从其住房等个人财产中给予适当帮助。具体办法由双方协议；协议不成时，由人民法院判决。"

《最高人民法院关于适用〈中华人民共和国婚姻法〉若干问题的解释(一)》第二十七条规定："婚姻法第四十二条所称'一方生活困难'，是指依靠个人财产和离婚时分得的财产无法维持当地基本生活水平。一方离婚后没有住处的，属于生活困难。离婚时，一方以个人财产中的住房对生活困难者进行帮助的形式，可以是房屋的居住权或者房屋的所有权。"

37. 离婚后子女上大学所需要的费用父母是否应当共同承担?

案情简介

甲,男,以务农为生。乙,女,个体户。双方于1990年结婚,生育一子。后因为性格不合,当儿子5岁时,双方协议离婚。协议规定,由甲抚养儿子,乙在离婚时一次性赔付儿子生活费1万元,并声明以后儿子的事与她无关。后来,儿子的年龄超过18周岁,在大学学习时,甲和儿子要求乙支付儿子在大学期间的一半学杂费和生活费。乙却以已支付过生活费用为由,拒绝赔偿给儿子学杂费和生活费。甲无奈,遂向法院提出诉讼请求。

专家提示

本案主要涉及离婚后子女的生活费用和教育费由谁来承担的法律问题。

我国《婚姻法》第三十七条规定了离婚后,一方抚养的子女,另一方应负担必要的生活费和教育费的一部或全部,负担费用的多少和期限的长短,由双方协议;协议不成时,由人民法院判决。关于子女生活费和教育费的协议或判决,不妨碍子女在必要时向父母任何一方提出超过协议或判决原定数额的合理要求。我国《婚姻法》第三十六条规定了父母与子女之间的关系,不因父母离婚而消除,离婚后,父母对于子女仍有抚养和教育的权利和义务。鉴于上述我国法律规定,有关司法解释对抚养费负担的原则如下:

（一）子女的生活费和教育费不能低于当地平均生活水平。但由于抚育子女的开支有很大客观性，因此对子女的生活费和教育费的负担数额不能一成不变，应结合父母的实际负担能力来缩小抚育费与实际消费水平的差距。

（二）抚养费的给付期限，一般至子女 18 周岁止。16 周岁以上不满 18 周岁，以其劳动收入为主要生活来源，并能维持当地一般生活水平的，父母可停止给付抚养费。

（三）尚未独立生活的成年子女有下列情形之一，父母又有给付能力的，仍应负担必要的抚养费。这些情形主要是：一是丧失劳动能力或虽未完全丧失劳动能力，但其收入不足以维持生活的；二是尚在校接受学历教育的；三是确无独立生活能力和条件的。

本案中，甲乙两人的儿子系在读大学生，无经济来源，其生母如有能力负担抚养费，应尽其可能地负担抚养费。

法律依据

《中华人民共和国婚姻法》第三十七条规定:“离婚后,一方抚养的子女,另一方应负担必要的生活费和教育费的一部或全部,负担费用的多少和期限的长短,由双方协议;协议不成时,由人民法院判决。关于子女生活费和教育费的协议或判决,不妨碍子女在必要时向父母任何一方提出超过协议或判决原定数额的合理要求。”

《最高人民法院关于适用〈中华人民共和国婚姻法〉若干问题的解释(一)》第二十条规定:“婚姻法第二十一条规定的‘不能独立生活的子女’,是指尚在校接受高中及以下学历教育,或者丧失或未完全丧失劳动能力等非因主观原因而无法维持正常生活的成年子女。”

《中华人民共和国婚姻法》第二十一条规定:“父母对子女有抚养教育的义务;子女对父母有赡养扶助的义务。

父母不履行抚养义务时,未成年的或不能独立生活的子女,有要求父母付给抚养费的权利。

子女不履行赡养义务时,无劳动能力的或生活困难的父母,有要求子女付给赡养费的权利。”

38. 离婚后抚养子女一方可以更改子女的姓氏吗?

案情简介

陈某与前妻张某于 2004 年协议离婚,离婚后 5 岁的独生子陈亮由张某抚养,陈某每月付给儿子抚养费 1000 元。2009 年,张某再婚。张某在未和陈某商量的情况下,偷偷将户口本上陈亮的名字改为张亮。为此,陈某多次找张某协商,要求张某把儿子的名字变更过来,但张某就是不同意,并说,儿子不是你一个人的,儿子可姓陈,也可姓张,《婚姻法》第二十二条即规定"子女可随父姓,也可以随母姓",现在将儿子的姓氏由"陈"改为"张"并没有错,是符合法律规定的。陈某非常生气,可又说不过她,一怒之下,陈某从 2010 年 10 月份至今拒付儿子的抚养费,并对张某说,你什么时候把儿子的姓氏改过来,我什么时候付儿子的抚养费。陈某和张某僵持到现在,谁也不肯让步。

专家提示

本案涉及离婚后抚养子女的一方是否有权更改子女姓名的法律问题。

所谓子女的姓名权,根据我国《婚姻法》的规定,姓名权是指公民依法享有的决定、使用、改变自己姓名的权利,是公民人身权利之一,也是公民具有独立人格和地位的一种标志。

我国《婚姻法》第二十二条规定了子女可以随父姓,也可以随母姓。该规定从姓名权的角度,体现了在家庭关系中男女平等的原则。

在我国《婚姻法》中，男女平等原则的含义是指男女两性，无论尊卑老幼，他们在家庭中的地位是平等的，享有平等的权利，承担平等的义务。新中国成立以后，摒弃了男尊女卑的夫权思想和封建家长制的糟粕，确立了男女平等的原则。

首先，我国《婚姻法》从婚姻家庭的角度赋予了夫妻双方都享有各自使用自己姓名的权利，赋予了“子女可以随父姓，可以随母姓”的权利。

其次，我国《民法通则》也从公民权利的角度规定了公民享有姓名权，有权决定、使用和依照规定改变自己的姓名，禁止他人干涉、盗用、假冒。

目前大多数子女出生后随父姓，但也有越来越多的子女按《婚姻法》的规定，由父母商定随母姓。但不管是随父姓还是随母姓，这都不妨碍与生父、生母的血缘关系，也不妨碍子女长大后自行决定、改变自己姓名的权利。

本案中，父母离婚后，父或母一方是否可以变更子女姓氏问题，最高人民法院对此问题作过司法解释：即父母双方离婚时，可以协商变更子女姓名，经协商未达成协议的，任何一方不得擅自改变子女原用的姓名；离婚后，父母任何一方未经对方许可，单方面将子女的姓氏改姓是不当的，如果生父或生母提出异议，另一方应恢复子女原来的姓名。而父母对子女的抚养义务是基于双方的父母子女关系，跟姓氏没有必然的联系。因此，张某擅自更改子女的姓氏是不对的，应协商解决，未达成协议之前，子女的姓氏应重新更改过来，但以子女改变姓氏拒付抚养费也是违法的。

法律依据

《中华人民共和国婚姻法》第二十二条规定:“子女可以随父姓,可以随母姓。”

《中华人民共和国民法通则》第九十九条规定:“公民享有姓名权,有权决定、使用和依照规定改变自己的姓名。禁止他人干涉、盗用、假冒。”

《最高人民法院关于人民法院审理离婚案件处理子女抚养问题的若干具体意见》指出:“父或母一方擅自将子女姓氏改为继母或继父的姓氏而引起纠纷的,应责令恢复原姓氏。”

39. 婚姻期间，一方父母为其子女购买的财产，离婚时如何认定？

案情简介

王女士与其丈夫是在前两年在北京结婚的。两个人都是外地人，收入也是普通的工薪阶层。想要在北京买套房子很难，刚开始的一年，小两口都是靠租房居住。就在去年的时候，公婆拿出了家里压箱底的钱，为儿子在北京买了一套房子，房产证上登记的是王女士老公一个人的名字。刚开始，王女士也未放在心上。前段时间，在和一帮朋友聊天的时候，王女士无意中提及了此事。此时，朋友开始劝王女士，“你还是让你老公把你的名字也加到房产证上吧，否则的话，离婚时这套房子和你没有任何关系。”王女士细想之下，感觉也有道理。“这套房子到底是我老公一个人的房子，还是我们婚后共同财产呢？”王女士咨询了专家。

专家提示

专家称，《婚姻法司法解释（三）》的出台，明确规定，婚后一方父母出资为子女购买的不动产，产权登记在出资人子女名下的，视为只对自己子女一方的赠与；双方父母出资购买的不动产，产权登记在一方子女名下的，该不动产可认定为双方按照各自父母的出资份额按份共有。这直接打消了以往许多父母的顾虑，如果想将房产只给子女一人，只需将在婚后购买的房产登记在自己子女一人名下即可。此案中，按此情形，除离婚时双方协商无法达成一致的情况分下，此房的所有权属于其丈夫，王女士在离婚时无法获得此项房产的产权。

如果是在婚后，双方父母共同出资，产权登记在一人名下，双方对此没有其他约定，则双方子女按其父母出资份额所有房屋所有权，至于分割方式双方可以协商。

此种情形下，双方需保留出资时的相关证据，否则诉讼时可能导致不利后果。以此种方式出资购买房屋的，不论是婚前还是婚后，建议在办理产权登记时注明该房屋为双方子女按份共有，并注明各自的份额。

法律依据

《中华人民共和国婚姻法》若干问题的解释(三)第七条规定:“婚后由一方父母出资为子女购买的不动产，产权登记在出资人子女名下的，可按照婚姻法第十八条第(三)项的规定，视为只对自己子女一方的赠与，该不动产应认定为夫妻一方的个人财产。

由双方父母出资购买的不动产，产权登记在一方子女名下的，该不动产可认定为双方按照各自父母的出资份额按份共有，但当事人另有约定的除外。”

40. 如何判定以不存在亲子关系为由而要求离婚的案件？

案情简介

2009年10月原告与被告登记结婚，2011年4月27日生育一女儿。随后原告将被告起诉到法院，原告诉称，被告生育上有障碍，女儿系其与他人所生，与被告没有建立夫妻感情，请求法院判令双方离婚，女儿由原告抚养。被告辩称，女儿系双方婚生子女，有医院出生证明和户口薄为证，夫妻感情没有破裂，请求法院驳回原告诉讼请求。

庭审中，原告申请对女儿进行DNA鉴定，被告以鉴定不利于女儿健康成长为由予以拒绝，原告据此请求法庭引用《婚姻法解释三》第二条规定，推定女儿与被告没有亲子关系。

专家提示

专家认为，根据最高院《婚姻法解释三》第二条规定了夫妻一方向人民法院起诉请求确认亲子关系不存在，并已提供必要证据予以证明，另一方没有相反证据又拒绝做亲子鉴定的，人民法院可推定请求亲子关系不存在一方的主张成立。本案中，原告仅在诉状和庭审中陈述其女儿与被告无亲子关系，并未提供相关证据予以证实，相反，被告虽拒绝做亲子鉴定，但却向法庭提供了必要证据证明女儿系双方婚生子女。因此，原告主张女儿与被告没有亲子关系的理由无法律和事实上的依据，应承担举证不能的法律后果。

综合本案分析，原、被告双方夫妻感情尚未破裂，调解不成，依法判决不准原告与被告离婚，驳回原告其他诉讼请求。

法律依据

《中华人民共和国婚姻法》若干问题的解释（三）第二条规定："夫妻一方向法院起诉请求确认亲子关系不存在，并已提供必要证据予以证明，另一方没有相反证据又拒绝做亲子鉴定的，法院可推定请求确认亲子关系不存在一方的主张成立。当事人一方起诉请求确认亲子关系，并提供必要证据予以证明，另一方没有相反证据又拒绝做亲子鉴定的，法院可推定请求确认亲子关系一方的主张成立。"

41. 婚姻期间，女方终止妊娠，男方能否提出赔偿？

案情简介

2010年，同在广州打工的李女与王男相识，不久两人结合为夫妻。婚后不久李某便怀孕，王某非常高兴，但李女觉得此时经济基础还十分薄弱并且双方感情、性格多有不和，不是生孩子的时候，独自将孩子打掉，等王某得知此事，为之已晚，便和李女大吵，声称自己是家里的独子，此孩子对王某十分重要。

后来王某向法院起诉请求与李某离婚，王某称夫妻感情不和，同时李某私自将腹中胎儿打掉，侵犯其生育权，要求李某赔偿其精神抚慰金8万元。法院经审理，依法准许原告王某的离婚请求。同时法院认为，根据《中华人民共和国婚姻法》若干问题的解释(三)第九条的相关规定，夫以妻擅自中止妊娠侵犯其生育权为由请求损害赔偿的，人民法院不予支持；夫妻双方因是否生育发生纠纷，致使感情确已破裂，一方请求离婚的，人民法院经调解无效，应依照婚姻法第三十二条第三款第(五)项的规定处理。对于王某其要求的赔偿，法院不予支持。

专家提示

像本案一样，被告自行终止妊娠，原告要求离婚的同时还要求赔偿，过往法院都是依据《妇女权益保障法》等法律、法规认定女方没有侵害被告的生育权，驳回男方要求赔偿的请求。现在《中华人民共和国婚姻法》若干问题的解释(三)中明确了丈夫以妻子擅自堕胎侵犯其生育权为理由，请求损害赔偿的，不予支持。

那么，以后对于此类案件的判决就更加有法律依据了。

法律依据

《中华人民共和国婚姻法》若干问题的解释（三）第九条规定："夫以妻擅自中止妊娠侵犯其生育权为由请求损害赔偿的，人民法院不予支持；夫妻双方因是否生育发生纠纷，致使感情确已破裂，一方请求离婚的，人民法院经调解无效，应依照婚姻法第三十二条第三款第（五）项的规定处理。"

《中华人民共和国婚姻法》第三十二条规定："第三十二条 男女一方要求离婚的，可由有关部门进行调解或直接向人民法院提出离婚诉讼。

人民法院审理离婚案件，应当进行调解；如感情确已破裂，调解无效，应准予离婚。

有下列情形之一，调解无效的，应准予离婚：

（一）重婚或有配偶者与他人同居的；

（二）实施家庭暴力或虐待、遗弃家庭成员的；

（三）有赌博、吸毒等恶习屡教不改的；

（四）因感情不和分居满二年的；

（五）其他导致夫妻感情破裂的情形。

一方被宣告失踪，另一方提出离婚诉讼的，应准予离婚。"

抚养

1. 离婚时约定孩子由一方抚养,另一方是否还需负担子女的抚养费?

案情简介

小赵7岁时,父亲赵某与母亲马某因感情破裂离婚,双方签订离婚协议,约定小赵由母亲马某抚养,赵某不支付抚养费。离婚后,马某再婚,再婚后三年,配偶因车祸成为植物人,马某和小赵的生活日益艰难,小赵的学费和生活费都成了问题。于是,马某向赵某提出让其适当给予小赵经济帮助,但遭到赵某的拒绝。赵某认为,自己已经下岗待业,无固定收入,还得赡养自己的父母,且离婚协议已经约定自己无需支付抚养费。同时,赵某还认为,马某已再婚,没有理由要求自己支付抚养费。马某无奈,以小赵法定代理人的身份诉至法院,请求赵某支付小赵的抚养费。

专家提示

本案涉及离婚时孩子由一方抚养且该方再婚,另一方下岗待业是否构成不负担子女抚养费理由的法律问题。

我国《婚姻法》规定,父母离婚不消除父母与子女间的关系。离婚后,子女无论由哪方抚养,双方对于子女仍有抚养和教育的义务。支付抚养费是父母履行抚养义务的一种方式,也是法定的、无条件的义务,属于强制性规定,夫妻双方必须履行。抚养费一般包括子女的生活费、教育费和医疗费等。对于子女抚养的问题,有协议的依照协议,没有协议的由人民法院根据子女的权益和双方的具体情况判决。另一方应当负担子女的生活费和教育费，数额和期限也应当由双方协议，协议不成的由人民法院判决。必要时，子女可以合理要求父母负担超过离婚协议或法院判决确定的数额。

本案中，赵某与马某离婚后对于小赵仍有抚养和教育的权利和义务，被告赵某应当支付合理数额的抚养费。

法律依据

《中华人民共和国婚姻法》第三十六条规定："父母与子女间的关系，不因父母离婚而消除。离婚后，子女无论由父或母直接抚养，仍是父母双方的子女。离婚后，父母对于子女仍有抚养和教育的权利和义务。离婚后，哺乳期内的子女，以随哺乳的母亲抚养为原则。哺乳期后的子女，如双方因抚养问题发生争执不能达成协议时，由人民法院根据子女的权益和双方的具体情况判决。"

第三十七条规定："离婚后，一方抚养的子女，另一方应负担必要的生活费和教育费的一部或全部，负担费用的多少和期限的长短，由双方协议；协议不成时，由人民法院判决。关于子女生活费和教育费的协议或判决，不妨碍子女在必要时向父母任何一方提出超过协议或判决原定数额的合理要求。"

2. 离婚后抚养方对子女不好，另一方可要求变更抚养权吗？

案情简介

某公司女会计林某，因犯贪污罪被判处有期徒刑三年，丈夫张某随之与其离婚，11 岁的女儿张小归父亲抚养。林某在监狱因立功提前释放后，自己经营了一家小餐馆，生活上有了保证。常听女儿说爸爸对她不好，经常辱骂她甚至拳打脚踢，她想跟妈妈一起生活，林某顿时产生了变更女儿抚养权的想法，但遭到张某拒绝。于是，林某诉至法院。经法院审理，判决张小改由林某抚养。

专家提示

本案涉及孩子的抚养权确定后能否变更以及变更的条件等法律问题。

所谓变更抚养关系，是指夫妻双方离婚后，因某些特殊情况，一方提出变更离婚时确立的由某一方抚养子女的行为。《最高人民法院关于人民法院审理离婚案件处理子女抚养问题的若干具体意见》规定，十周岁以上未成年子女，愿意跟随有抚养能力的另一方生活的，人民法院应当支持变更抚养关系。同时，抚养方不尽抚养义务或者有虐待子女的情形时，另一方也可以要求人民法院变更抚养关系。

本案中，林某被判处有期徒刑后，丧失了抚养女儿张小的能力与条件，女儿由父亲抚养是合情合理的。林某出狱后，具备了抚养女儿的能力和条件。另外，前夫张某对女儿的照顾并不周到，甚至有虐待行为，使得张小产生了想和母亲林某生活的想法。人民法院基于有利于子女身心健康，保障子女合法权益的考虑，加上女儿张小已年满10周岁，应当尊重张小的意愿，故判决张小改由林某抚养。

法律依据

《最高人民法院关于人民法院审理离婚案件处理子女抚养问题的若干具体意见》第十五条规定："离婚后，一方要求变更子女抚养关系的，或者子女要求增加抚育费的，应另行起诉。"

第十六条规定："一方要求变更子女抚养关系有下列情形之一的，应予支持。（一）与子女共同生活的，一方因患严重疾病或因伤残无力继续抚养子女的；（二）与子女共同生活的一方不尽抚养义务或有虐待子女行为，或其与子女共同生活对子女身心健康确有不利影响的；（三）十周岁以上未成年子女，愿随另一方生活，该方又有抚养能力的；（四）有其他正当理由需要变更的。"

3. 离婚后抚养子女的女方死亡，子女是由外祖父母抚养还是离异的父亲抚养？

案情简介

许某与妻子梁某离婚后独自经营一家打印店，双方约定3岁的儿子小许由梁某抚养，此后小许一直与母亲梁某和外公外婆居住。三年后的一天，梁某在下班途中因车祸丧生。许某得知该消息后，欲把儿子接回去由自己抚养。但是，梁某的父母认为当初自己的女儿与许某离婚时已经约定小许由其抚养，现在女儿已去世，小许之前也一直与其生活在一起，他们作为孩子的外祖父母应当继承对小许的抚养权。许某则认为自己是孩子的亲生父亲，在孩子的生母去世的情况下理应由他抚养。双方争执不下，诉至法院。

专家提示

本案涉及父母离婚后，在抚养人死亡的情况下由谁继续抚养的法律问题。

我国《婚姻法》明确规定了父母对子女有抚养的义务，并且这种义务不因夫妻双方离婚而解除，这主要是因为父子关系和母子关系是基于出生的客观事实而产生的自然血亲，不能人为地终止。对于抚养权是否可以继承的问题，我国《继承法》规定，继承的客体仅为私有财产，而不包括抚养权等任何与人身有关的权利。不可否认的是，作为孩子的祖父母和外祖父母，与孩子仍存有血亲关系，他们在一定条件下还是可以享有抚养权的。《婚姻法》规定，在孩子的父母双亡或无力抚养的情况下，有负担能力的祖父母、外祖父母具有抚养的义务。之所以如此规定，是因为从血亲关系来看，父母与子女的关系近于祖父母与孙子女和外祖父母与外孙子女的关系。

其实，本案还可以从监护权的角度分析。我国《民法通则》规定，未成年人的父母已经死亡或者没有监护能力的，祖父母、外祖父母在有监护能力情况下应当担任未成年人的监护人。由此可知，未成年人只有在父母已经死亡或者没有监护能力的情况下祖父母和外祖父母才有资格担任监护人。

本案中，许某离婚后自己经营一家打印店，具备了抚养儿子小许的能力和条件，且对小许没有明显不利，法院应当判决小许由父亲许某抚养。但是，许某应当允许梁某的父母经常前来探望小许。

法律依据

《中华人民共和国继承法》第一条规定："根据《中华人民共和国宪法》规定，为保护公民的私有财产的继承权，制定本法。"

《中华人民共和国婚姻法》第二十八条规定："有负担能力的祖父母、外祖父母，对于父母已经死亡或父母无力抚养的未成年的孙子女、外孙子女，有抚养的义务。有负担能力的孙子女、外孙子女，对于子女已经死亡或子女无力赡养的祖父母、外祖父母，有赡养的义务。"

《中华人民共和国民法通则》第十六条规定："未成年人的父母是未成年人的监护人。未成年人的父母已经死亡或者没有监护能力的，由下列人员中有监护能力的人担任监护人：(一)祖父母、外祖父母；(二)兄、姐；(三)关系密切的其他亲属、朋友愿意承担监护责任，经未成年人的父、母的所在单位或者未成年人住所地的居民委员会、村民委员会同意的……"

4. 抚养方变更子女的姓氏，另一方可否因此而拒付子女抚养费？

案情简介

2004年李某与妻子刘某经法院判决离婚，13岁的儿子李刚由刘某抚养，李某每月支付抚养费500元。此后，刘某再婚，经李刚本人同意后，李刚改随母亲的姓叫刘刚。李某知晓后十分不满，于是停止支付儿子的抚养费，理由是自己已与刘某离婚，且孩子已改姓刘，这说明孩子不再是李家的后代，因此自己无须再履行负担孩子抚养费的义务。

专家提示

本案涉及离婚后子女变更姓氏能否成为一方拒付抚养费理由的法律问题。

姓名权，是公民依法享有的决定、使用、变更其姓名并要求他人尊重自己姓名的权利。父母一方擅自变更未成年子女的姓名，在现实生活中，多发生在夫妻离婚后，获得抚养未成年子女的一方，在未征得对方许可的情况下，擅自将未成年子女的姓名予以更改。

根据我国《婚姻法》及相关司法解释，子女姓氏应当由夫妻双方协商确定，子女随父亲的姓氏、母亲的姓氏或者第三姓氏都是可以的。未成年子女属于无民事行为能力人或者限制民事行为能力人，其姓名的选择是父母基于亲权决定的，父母代为行使未成年子女的姓名决定权和姓名变更权。子女的姓氏一旦确定，父母任何一方都不得单方改变。即使父母双方离婚后,子女同一方共同生活,同子女生活的一方也不得单方改变子女的姓氏,而必须与原配偶进行协商,并尊重子女的意见。若协商不成,且因子女年幼无法表达自己是否愿意更改姓氏时,仍应沿用原来的姓氏。父母与子女之间的法律关系,既不因父母离婚而消除,也不因子女更改姓氏而改变。子女更改姓氏后,父亲或者母亲应当继续支付抚养费。另外,离婚后,一方再婚且未征得生父或生母同意,擅自将子女改为继母或者继父的姓氏而引起纠纷的,人民法院可以责令恢复子女的原姓氏。

本案中,李某与刘某应当协商确定是否变更李刚的姓氏,但鉴于李刚已年满 13 周岁,有一定的识别能力,且同意变更为母亲的姓氏。因此,应当以尊重孩子的意见为宜,李某不得以孩子变更姓氏拒付抚养费。若刘某坚持拒付抚养费,应按《婚姻法》的规定予以强制执行。

法律依据

《中华人民共和国婚姻法》第二十二条规定:“子女可以随父姓,可以随母姓。”

《关于人民法院审理离婚案件处理子女抚养问题的若干具体意见》第十九条规定:“父母不得因子女变更姓氏而拒付子女抚育费。父或母一方擅自将子女姓氏改为继母或继父姓氏而引起纠纷的,应责令恢复原姓氏。”

《最高人民法院关于变更子女姓氏问题的复函》

辽宁省高级人民法院:

你院〔1981〕民复字 2 号关于变更子女姓氏纠纷处理问题的来函收悉。据来文所述,陈森芳(男方)与傅家顺于 1979 年 10 月经鞍山市中级人民法院判决离婚。婚生子陈昊彬(当年七岁)判归傅家顺抚养,由陈森芳每月负担抚养费十二元。现因傅家顺变更了陈昊彬的姓名而引起纠纷。我们基本同意你院意见。傅家顺在离婚后,未征得陈森芳同意,单方面决定将陈昊彬的姓名改变为傅伟继,这种做法是不当的。现在陈森芳既不同意给陈昊彬更改姓名,应说服傅家顺恢复儿子原来姓名。但《婚姻法》第十六条规定“子女可以随父姓,也可以随母姓”。认为子女只能随父姓,不能随母姓的思想是不对的。因此而拒付子女抚养费是违反婚姻法的。如陈森芳坚持拒付抚养费,应按《婚姻法》第三十五条的规定,予以强制执行。

5. 男方受骗抚养非亲生子女可以向女方追讨已经支出的抚养费吗?

案情简介

甲男与乙女2006年1月因性格不合协议离婚,2岁的孩子归乙女抚养,甲男每月支付抚养费300元。2009年8月,甲男在单位组织体检时被查出没有生育能力,甲男便找到乙女谈及孩子的血缘问题。乙女见已无法隐瞒,只好承认孩子的父亲确实不是甲男。甲男十分气愤,要求乙女退还他这几年为孩子支出的抚养费,但遭到乙女拒绝。甲男遂向法院起诉,要求追讨抚养费。

专家提示

本案涉及夫妻关系存续期间及离婚后男方受欺骗抚养非亲生子女是否可向女方追讨抚养费的法律问题。

所谓受骗抚养非亲生子女,通常是指女方所生子女的父亲并不是与其有婚姻关系的男方,并使男方误认为是自己的亲生子女而抚养的情况。针对该问题,目前我国《婚姻法》及相关司法解释尚无明确规定。司法实践中一般认为,女方在婚姻关系存续期间故意隐瞒小孩是与他人通奸所生的事实,致使男方误将小孩当成自己的亲生子女,男方在不明真相的情况下虽对小孩进行了抚养,但与小孩之间既没有血缘关系也不存在收养事实,故对小孩没有法定抚养义务。同时,按照《民法通则》的有关规定,一方受欺诈在违背真实意思的情况下所为的民事行为应属无效。夫妻关系的存续有效,并不必然导致夫妻一方承担另一方违法行为所致的后果，否则，实际上是鼓励了现实生活中类似的违法行为，于法相悖，于理不符。因此，受欺骗方支付的抚养费没有合法根据，当受欺骗方提出返还请求时，另一方应当酌情返还其离婚后支付的抚养费。至于夫妻关系存续期间受欺骗方支付抚养费的具体金额，一般可根据双方共同生活时各自的经济收入，负担家务和离婚时共有财产的处理等情况酌定。

本案中，法院应当支持甲男的请求，判决乙女酌情返还离婚后甲男支付的抚养费。

法律依据

《最高人民法院关于夫妻关系存续期间男方受欺骗抚养非亲生子女离婚后可否向女方追索抚养费的复函》

四川省高级人民法院：

你院“关于夫妻关系存续期间男方受欺骗抚养非亲生子女离婚后可否向女方追索抚养费的请示”收悉。经研究，我们认为，在夫妻关系存续期间，一方与他人通奸生育了子女，隐瞒真情，另一方受欺骗而抚养了非亲生子女，其中离婚后给付的抚育费，受欺骗方要求返还的，可酌情返还；至于在夫妻关系存续期间受欺骗方支出的抚育费用应否返还，因涉及的问题比较复杂，尚需进一步研究，就你院请示所述具体案件而言，因双方在离婚时，其共同财产已由男方一人分得，故可不予返还，以上意见供参考。

6. 离婚时尚在哺乳期的子女必须由母亲抚养吗?

案情简介

秦某与妻子于某婚后生有一子小秦。秦某一直有赌博的恶习,经常深夜回家,回家后就向于某要钱,如果不给钱,就辱骂于某并扬言要把她们娘俩卖了。于某忍无可忍,便提出离婚。秦某同意,但就刚出生4个月的小秦的抚养问题与于某发生分歧,两人都愿意抚养小秦,于某无奈诉至法院。

专家提示

本案涉及哺乳期内的子女由哪方抚养的法律问题。

我国《婚姻法》从维护婴儿的利益出发,规定哺乳期内的子女一般由哺乳的母亲抚养,其根据在于婴儿需要母乳哺育,而且母亲对于婴儿的照料更加精心,对婴儿的成长发育更加有利。在实际生活中,婴儿的哺乳期因人而异,因此《婚姻法》并未对哺乳的期间做出明确规定,而我国《劳动法》却规定,哺乳期是指女性生产后至其孩子满周岁时,司法实践中也基本将一周岁以内的子女视为在哺乳期内的子女。另外,《最高人民法院关于人民法院审理离婚案件处理子女抚养问题的若干具体意见》规定,两周岁以下的子女一般随母亲生活。但是,在特殊情况下,从有利于子女利益的角度考虑,两周岁以下的子女也可以随父亲生活,如母亲患有某些疾病或者不尽抚养义务等。

本案中,秦某和于某离婚时小秦刚出生4个月,尚在哺乳期内,母亲于某不存在不宜抚养的情形,也不会对小秦的成长产生不利影响。因此，根据哺乳期内的子女随母亲生活的原则，法院应当判决小秦由母亲于某抚养。

法律依据

《中华人民共和国婚姻法》第三十六条第三款规定："离婚后，哺乳期内的子女，以随哺乳的母亲抚养为原则。"

《最高人民法院关于人民法院审理离婚案件处理子女抚养问题的若干具体意见》第一条规定："两周岁以下的子女，一般随母方生活；母方有下列情形之一的，可随父方生活：(一)患有久治不愈的传染性疾病或其他严重疾病，子女不宜与其共同生活的；(二)有抚养条件不尽抚养义务，而父方要求子女随其生活的；(三)因其他原因，子女确无法随母方生活的。"

7. 离婚后夫妻双方都不愿意抚养子女怎么办?

案情简介

丁某与妻子王某婚后生一男孩。由于两人性格不合,经常发生口角,感情越来越疏远,2010 年 3 月双方协议离婚。但是,丁某与王某为了方便再婚,都不愿意抚养 12 岁大的孩子。经征求孩子本人意见,表示愿随母亲生活。据此,法院判决小孩由王某抚养,丁某每月支付抚养费 500 元,从 2010 年 5 月起开始支付,直至孩子独立生活为止。

专家提示

本案涉及离婚后夫妻双方都不愿意抚养子女时如何处理的法律问题。

当前离婚案件中,在子女抚养问题上存在两种倾向,一种是争着抚养子女,另一种是都不愿意抚养子女。出于利己主义目的而不愿抚养子女,这不仅有悖于我国尊老爱幼的传统美德,而且也是违法的。我国《婚姻法》规定,父母离婚后对子女仍有抚养和教育的权利和义务。如此规定,既维护了法律的严肃性,又保护了子女的合法权益。

本案中,在丁某与妻子王某离婚时因抚养问题发生争执不能达成协议的情况下,法院根据孩子的意愿,判决孩子由母亲王某抚养,同时丁某每月支付一定数额的抚养费是合理的。

法律依据

《中华人民共和国婚姻法》第三十六条规定:“父母与子女间的关系,不因父母离婚而消除。离婚后,子女无论由父或母直接抚养,仍是父母双方的子女。离婚后,父母对于子女仍有抚养和教育的权利和义务。离婚后,哺乳期内的子女,以随哺乳的母亲抚养为原则。哺乳期后的子女,如双方因抚养问题发生争执不能达成协议时,由人民法院根据子女的权益和双方的具体情况判决。”

8. 子女可以要求离婚的父母增加抚养费吗？

案情简介

玲玲的父母离婚时，她尚小，法院判决她随母亲生活，父亲每月支付抚养费 200 元。随着生活水平的提高和物价的不断上涨，父亲每月支付的 200 元抚养费已不足以应付玲玲的生活和学习。加之玲玲的母亲单位效益逐年下滑，生计维艰，于是母亲向玲玲的父亲要求增加抚养费，但遭到拒绝。后来，玲玲的父亲勉强答应每月多支付 30 元，但只维持了半年，母女俩的生活又陷入了困境。玲玲的母亲无奈诉至法院。

专家提示

本案涉及离婚后子女要求增加抚养费的法律问题。

所谓增加抚养费，是指父母离婚后，由于特殊情况的出现，子女在必要时可以要求父母合理增加抚养费数额，以保证其生活费、教育费和医疗费的实际需要。在夫妻双方达成的离婚协议或者法院作出的离婚判决中，抚养费的具体数额通常以当时子女生活的实际需要和夫妻双方的经济情况确定。但是，子女生活所必要的费用势必会随着社会生活水平的提高而产生相应的变化，同时，离婚后夫妻双方的经济收入也不会一成不变，这很可能使得离婚时所确定的抚养费数额难以满足子女现在的生活需要。因此，为了保障子女的正常生活、学习所必要的费用，我国《婚姻法》规定，子女在必要时可以向父母提出超过离婚协议或判决原定数额的抚养费的合理要求。

本案中，鉴于玲玲的父母离婚时法院判决父亲每月给付200元抚养费已无法满足玲玲当前的生活实际需要，玲玲向父亲提出合理增加抚养费数额的要求是合理的，法院应当予以支持。

法律依据

《中华人民共和国婚姻法》第三十七条规定："离婚后，一方抚养的子女，另一方应负担必要的生活费和教育费的一部或全部，负担费用的多少和期限的长短，由双方协议；协议不成时，由人民法院判决。关于子女生活费和教育费的协议或判决，不妨碍子女在必要时向父母任何一方提出超过协议或判决原定数额的合理要求。"

《最高人民法院关于人民法院审理离婚案件处理子女抚养问题的若干具体意见》第十八条规定："子女要求增加抚育费有下列情形之一，父或母有给付能力的，应予支持。(一)原定抚育费数额不足以维持当地实际生活水平的；(二)因子女患病、上学，实际需要已超过原定数额的；(三)有其他正当理由应当增加的。"

9. 离婚后男方应承担人工授精子女的抚养费吗?

案情简介

蔡某与妻子范某结婚后一直没有孩子,经检查,蔡某患有遗传病不能生育小孩,经两人协商实施了人工授精,后生一子取名为蔡晓林。小孩出生后,蔡某一直怀疑孩子与他的血缘关系问题,经常打骂、虐待孩子。迫于无奈,范某与蔡某分居,分居后的前四个月蔡某还给儿子抚养费,可从第五个月起蔡某以“孩子是你生的,与我没有血缘关系”为由不再支付抚养费。范某忍无可忍,遂向法院起诉离婚,同时要求蔡某每月支付抚养费300元。

专家提示

本案涉及婚姻期间人工授精所生子女在父母双方离婚时男方应否承担子女抚养费的法律问题。

所谓人工授精,是指为满足没有生育能力的夫妻想要孩子的愿望及维护家庭稳定和夫妻关系,将男性精液用人工方法注入女性子宫颈或宫腔内,以协助受孕的方法。人工授精技术的发展和成熟,给不育夫妻带来了生养后代的希望,也给法律带来了过去不曾规定过的现实法律问题。由于人工授精所采用的精源不同,带来的法律问题也有所不同。如果精源来自生父,则子女与正常受孕所生子女的法律地位并无两样。如果精源来自生父以外的男性,则因血缘关系的不同,对因此所生子女的法律地位的认定出现了难题。为此,最高人民法院在1991年《关于夫妻关系存续期间以人工授精所生子女的法律地位的复函》中明确指出,只要夫妻双方当初一致同意进行人工授精的，该子女的法律地位就与婚生子女相同，并不因精子的来源不同存在差别，事后任何一方不得以此为理由否认自己与子女的血缘关系。

本案中，由于进行人工授精是蔡某和范某协商一致决定的，因此，不问精子的来源，孩子蔡晓林都应视为夫妻双方的婚生子女，其与父亲蔡某的权利义务关系应与亲生父母子女之间的权利义务关系一样得到承认和保护。离婚后，蔡某应当支付合理数额的抚养费。

法律依据

最高人民法院《关于夫妻关系存续期间以人工授精所生子女的法律地位的复函》：

“河北省高级人民法院：

你院冀法(民)〔1991〕43 号《关于夫妻离婚后人工授精所生子女的法律地位如何确定的请示报告》收悉。

经研究，我们认为，在夫妻关系存续期间，双方一致同意进行人工授精，所生子女应视为夫妻双方的婚生子女，父母子女之间权利义务关系适用《婚姻法》的有关规定。

以上意见，供参考。”

10. 继父母与继子女之间的权利义务关系能否解除？

案情简介

辛某与丈夫姜某生有一子小姜，小姜 7 岁时，辛某与姜某离婚，小姜由辛某抚养。一年后，辛某与李某再婚，李某对小姜疼爱有加。不久，辛某因劳累过度突发心脏病死亡，李某自愿承担起独自抚养小姜的责任，直至小姜中专毕业。当小姜成家立业后，60 多岁的李某因孤独想找个老伴安度晚年。后来，李某与高某结婚，高某与前夫所生的一个未成年男孩也随高某来到李家生活。小姜一直反对继父李某再婚，自李某与高某结婚后，小姜与李某的关系迅速恶化，不履行赡养义务不说，有时甚至还以打骂的方式对待李某。李某难以忍受，遂向法院起诉，要求解除与小姜的继父子关系，并要求小姜偿还在抚养过程中支出的抚养费。

专家提示

本案涉及解除继父母与继子女之间权利义务关系的法律问题。

现实生活中，继父母与继子女的关系大体有以下几种情况：一是继子女已成年并独立生活时，父或母再婚。这时，继父母与继子女仅存在姻亲关系；二是继子女未成年或未独立生活时，父或母再婚，但子女未受继母或继父的抚养教育。这种情形下双方的关系与第一种相同，继父母与继子女之间不存在法律上的权利义务关系，也不存在这种关系的解除问题；三是继子女未成年或未独立生活时，父或母再婚，子女曾接受或正在接受继父或继母的抚养教育。此时，继父母子女依法形成拟制的父母子女关系，即拟制血亲关系。

我国《婚姻法》规定，继父母与受其抚养教育的继子女之间的权利和义务适用我国《婚姻法》对父母子女关系的有关规定。由于继父母并无法定的抚养教育继子女的义务，是否承担继子女的抚养教育责任完全由继父母决定和履行。按照权利义务相一致的法律原则，继父母自愿承担抚养教育继子女的责任后，继子女则有赡养扶助继父母的义务。在适用《婚姻法》关于父母子女关系的有关规定时，继父母与继子女关系与父母子女关系不同的是，父母与子女的血亲关系依法不能解除，而已形成抚养教育关系的继父母和继子女，当双方的关系恶化难以共同生活时，这种关系可以依法解除。对于曾受继父母抚养的继子女，当继父母不愿意继续抚养时，仍应由生父母来抚养。解除继父母子女关系有两种方式，一是双方当事人协商同意的，可以书面形式约定解除，并经公证机关公证；二是一方当事人不同意时，经有关部门调解不成的，当事人可以向人民法院提起诉讼，要求依法解除。人民法院首先应对当事人进行调解，帮助当事人达成协议；调解无效时，依法判决是否解除关系。继父母子女的拟制血亲关系依法解除后，如果未对有关抚养或赡养等费用作出处理的，继子女对继父母的赡养义务仍不能免除。

本案中，为确保李某能安度晚年，法院应准许解除李某与小姜的继父母子女关系。李某若缺乏生活来源，可要求小姜承担自己晚年的生活费用，或要求一次性返还曾经抚养小姜支出的抚养费。

法律依据

《最高人民法院关于人民法院审理离婚案件处理子女抚养问题的若干具体意见》第十三条规定："生父与继母或生母与继父离婚时，对曾受其抚养教育的继子女，继父或继母不同意继续抚养的，仍应由生父母抚养。"

最高人民法院《关于继父母与继子女形成的权利义务关系能否解除的批复》：

"上海市高级人民法院：

……

继父母与继子女已形成的权利义务关系不能自然终止，一方起诉要求解除这种关系的，人民法院应视具体情况作出是否准许解除的调解或判决。"

11. 非婚生子女的生父一次性给付抚养费后，能否免除以后对子女的抚养义务？

案情简介

女模特于某与富商徐某相识后不久便以身相许，开始同居生活。后来，于某有了身孕，在催促徐某尽快办理结婚手续时才知徐某已结婚多年，孩子都已3岁大。徐某告诉于某说他不会与妻子离婚。于某由于身体原因无法进行人工流产，不久便生下一女暂取名徐婷。徐某为了结束与于某和女儿的关系，愿出3万元作为于某的“青春损失费”，同时另付10万元作为徐婷的抚养费，协议今后与于某不再来往，并断绝一切纠葛。徐婷9岁时，不幸患上尿毒症，为给女儿治病，于某欠下了大笔债务，生活陷入了困境。绝望之下，于某再次找到了腰缠万贯的徐某，要求其出钱医治女儿，可徐某以当时的协议为由，认为自己当初已经一次性支付了孩子的抚养费，抚养义务已尽完。于某无奈诉至法院，要求徐某继续履行抚养女儿的义务，承担女儿的医疗费用。

专家提示

本案涉及非婚生子女与生父母之间权利义务关系的法律问题。

非婚生子女是指在依法确立婚姻关系之前或发生婚外性行为所生的子女。婚生子女与非婚生子女虽然在出生形式上是合法婚姻和非法婚姻的不同产物，但法律地位相同，这是因为非婚生子女与生父母之间仍然具有天然的血缘关系，生父母必须承担抚养义务。我国《婚姻法》明确规定了非婚生子女享有与婚生子女在接受抚养、教育和遗产继承等方面的同等权利，生父母应当履行对非婚生子女的抚养义务。同时，当生父母离婚时，任何单方宣布或者双方约定解除亲生父母子女关系的声明或协议都不具备法律效力。非婚生子女在独立生活之前，可以以正当理由请求父母增加抚养费的数额。

本案中，徐某与于某签订的协议是无效的。徐某不能以之前已一次性支付过抚养费为由拒绝继续承担抚养义务。由于女儿徐婷身患重病，徐某应当支付医疗费。

法律依据

《中华人民共和国婚姻法》第二十五条规定："非婚生子女享有与婚生子女同等的权利，任何人不得加以歧视和危害。不直接抚养非婚生子女的生父或生母，应当负担子女的生活费和教育费，直至子女能独立生活为止。"

《最高人民法院关于人民法院审理离婚案件处理子女抚养问题的若干具体意见》第十八条规定："子女要求增加抚育费有下列情形之一，父或母有给付能力的，应予支持。(一)原定抚育费数额不足以维持当地实际生活水平的；(二)因子女患病、上学，实际需要已超过原定数额的；(三)有其他正当理由应当增加的。"

12. 离婚后子女交给边远山区的父母抚养，另一方可以要求变更抚养权吗？

案情简介

周某和妻子陈某2002年1月结婚，并于2003年9月生一男孩周鸣。2008年11月，双方因性格不合协议离婚，孩子由陈某抚养，周某每周可探望儿子一次。2010年4月陈某再婚，现任丈夫李某带过来一个12岁大的儿子李庆一起居住。此后，两个孩子经常吵架，李庆总是欺负周鸣，李某对周鸣的生活一直也不太照顾，陈某无奈擅自将周鸣送到农村的外公外婆处抚养。周某知道后大怒，诉至法院要求变更周鸣的抚养权。

专家提示

本案涉及离婚后直接抚养子女的一方能否将其子女送至农村父母处代养的法律问题。

我国《婚姻法》明确规定父母抚养子女的权利和义务不因离婚而消除。同时，《最高人民法院关于人民法院审理离婚案件处理子女抚养问题的若干具体意见》规定，如果与子女共同生活的一方不尽抚养义务，另一方请求变更抚养权的，人民法院应予支持。

在现实生活中，直接抚养子女的一方不能擅自将未成年子女送到边远山区的祖父母处代为抚养，其原因在于我国目前的经济状况下，城乡差别还是客观存在的。将未成年子女送往农村，无疑对其成长发育不利。同时，一方擅自将未成年子女交由子女的祖父母代养有可能侵犯另一方的探望权，有失公正。

本案中，陈某擅自将周鸣送至农村的外公外婆处代为抚养，性质上属于“不尽抚养义务”。如果陈某继续抚养周鸣，对于周鸣的成长会造成不利影响。据此，人民法院可以根据实际情况判决周鸣改由周某抚养。

法律依据

《中华人民共和国婚姻法》第三十六条规定：“父母与子女间的关系，不因父母离婚而消除。离婚后，子女无论由父或母直接抚养，仍是父母双方的子女。离婚后，父母对于子女仍有抚养和教育的权利和义务。离婚后，哺乳期内的子女，以随哺乳的母亲抚养为原则。哺乳期后的子女，如双方因抚养问题发生争执不能达成协议时，由人民法院根据子女的权益和双方的具体情况判决。”

《最高人民法院关于人民法院审理离婚案件处理子女抚养问题的若干具体意见》第十六条规定：“一方要求变更子女抚养关系有下列情形之一的，应予支持。(一)与子女共同生活的，一方因患严重疾病或因伤残无力继续抚养子女的；(二)与子女共同生活的一方不尽抚养义务或有虐待子女行为，或其与子女共同生活对子女身心健康确有不利影响的；(三)十周岁以上未成年子女，愿随另一方生活，该方又有抚养能力的；(四)有其他正当理由需要变更的。”

13. 继父与生母离婚后，继父还有义务抚养继子女吗？

案情简介

曹某和妻子罗某刚结婚不久，罗某就死于一场车祸。少妇赵某与其前夫离婚后，独自一人带着2岁的女儿小林生活。经朋友介绍，曹某与赵某相识，两个人在相识4个月后办理了结婚证。由于两人接触的时间不长，相互缺乏了解，因此婚后经常吵架，两人都觉得不合适继续在一起生活，于是协议离婚。离婚时，赵某要求曹某每月负担女儿小林300元的抚养费。曹某则认为自己已经与赵某离婚，小林与自己也没有血缘关系，因此拒绝支付抚养费。

专家提示

本案涉及继父母婚姻关系终止后与继子女之间权利义务关系的法律问题。

司法实践中，因继父母与继子女关系的具体情况不同会产生不同的结果：一是继子女成年并已独立生活时，继父母与继子女之间不发生抚养法律关系；二是继子女未成年或未独立生活时，父或母再婚，但未受继父母的抚养教育，继子女的生活费和教育费完全是由生父母一方或双方承担的，继父母与子女仍然不发生抚养法律关系；三是继子女未成年或未独立生活时，父或母再婚，子女受继父或继母抚养教育，双方形成法律上的拟制血亲关系，继父母与继子女之间产生抚养法律关系；四是经生父母同意，继父或继母正式收养该继子女为养子女，双方形成养父母子女关系，养子女与其为共同生活的生父或生母间的权利义务全部解除。从收养关系成立之日起，养父母与养子女之间形成与生父母子女完全相同的权利义务关系。

我国《婚姻法》规定，只有受继父母抚养教育的继子女与继父母的关系才可以适用有关父母子女关系的规定。同时，《最高人民法院关于人民法院审理离婚案件处理子女抚养问题的若干具体意见》也规定，继父母与继子女之间的抚养关系是基于继父母自愿而产生的，同时，这种抚养关系不会也不可能消除生父母与继子女之间的权利义务关系。生母与继父或者生父与继母离婚后，对曾抚养教育的继子女，继父母不愿意继续抚养时，生父母仍然应当承担抚养子女的义务。

本案中，曹某与赵某离婚后，不愿意继续负担小林的抚养费是有法可依的，小林仍应由其生母赵某抚养。若生活有困难，赵某可向有抚养能力的前夫追加小林的抚养费。

法律依据

《中华人民共和国婚姻法》第二十七条规定："继父母与继子女间，不得虐待或歧视。继父或继母和受其抚养教育的继子女间的权利和义务，适用本法对父母子女关系的有关规定。"

《最高人民法院关于人民法院审理离婚案件处理子女抚养问题的若干具体意见》第十三条规定："生父与继母或生母与继父离婚时，对曾受其抚养教育的继子女，继父或继母不同意继续抚养的，仍应由生父母抚养。"

14. 离婚父母对子女的抚养有无期限规定?

案情简介

方某和妻子丁某婚后生有一子,取名方凯。方凯10岁时,方某与丁某因感情不和离婚。由于儿子愿意跟随母亲生活,法院判决方凯由母亲丁某抚养,方某每月支付抚养费500元。2009年,方凯年满18岁,并考入本省重点大学。丁某靠每月仅有的一点工资和方某的抚养费已无力承担儿子的学杂费用,遂要求前夫方某增加抚养费。方某则认为儿子已年满18周岁,自己无需继续支付抚养费。

专家提示

本案涉及子女抚养费给付期限的法律问题。

根据《最高人民法院关于人民法院审理离婚案件处理子女抚养问题的若干具体意见》的规定,父母给付抚养费一般至子女18周岁为止。16周岁以上不满18周岁,以其劳动收入为主要生活来源,并能维持当地一般生活水平的,父母也可以停止给付抚养费。另外,成年子女在尚未独立生活时,有给付能力的父母仍应负担必要的抚养费。由此可知,该意见对父母是否承担子女的抚养费采取了双重标准,即应同时具备子女尚未独立生活和父母有给付能力两个条件。尚在校就读的属于尚未独立生活的情形之一,但该意见并未对“校”的范围进行界定。根据《最高人民法院关于适用〈中华人民共和国婚姻法〉若干问题的解释(一)》的规定,不能独立生活仅指接受高中及其以下学历教育而无法维持正常生活。现实生活中，尚在校就读的大专及以上学历的成年子女中部分人虽未独立生活，但他们并非客观不能独立生活，而是在有独立生活能力的情况下出于各种主观原因没有独立生活。

本案中，方凯考上大学时已年满 18 岁，如果不是因丧失劳动能力等非主观原因导致不能正常生活，父亲方某即使有支付能力，也有权不再继续支付抚养费，因为父母双方此时已不再负有抚养的义务。

法律依据

《最高人民法院关于人民法院审理离婚案件处理子女抚养问题的若干具体意见》第十一条规定："抚育费的给付期限，一般至子女十八周岁为止。十六周岁以上不满十八周岁，以其劳动收入为主要生活来源，并能维持当地一般生活水平的，父母可停止给付抚育费。"

第十二条规定："尚未独立生活的成年子女有下列情形之一，父母又有给付能力的，仍应负担必要的抚育费：(一)丧失劳动能力或虽未完全丧失劳动能力，但其收入不足以维持生活的；(二)尚在校就读的；(三)确无独立生活能力和条件的。"

《最高人民法院关于适用〈中华人民共和国婚姻法〉若干问题的解释(一)》第二十条规定："《婚姻法》第二十一条规定的'不能独立生活的子女'，是指尚在校接受高中及其以下学历教育，或者丧失或未完全丧失劳动能力等非因主观原因而无法维持正常生活的成年子女。"

15. 丧偶一方送养未成年子女，死亡一方的父母有优先抚养权吗？

案情简介

孟某和妻子夏某家住贫困山区，以种田为生，两人育有一儿一女。2008年，孟某遭遇车祸不幸身亡，夏某独自带着9岁的儿子和5岁的女儿艰难维持生活。夏某的表哥是一名高级工程师，想收养一个女儿。夏某认为表哥家条件优越，且自己经济负担过大，女儿交由表哥收养对女儿今后的生活有利。于是，夏某将女儿送给表哥收养，并办理了收养手续。夏某担心婆婆知道后不同意，便没有告知此事。不久之后，婆婆和公公知道了此事，十分气愤，要求夏某把女儿要回，并诉至法院要求由他们二老抚养女儿。

专家提示

本案涉及一方在配偶死亡后送养未成年子女，死亡一方的父母是否具有优先抚养权的法律问题。

针对这种情况，我国《收养法》规定，死亡一方的父母享有优先抚养权。在实际生活中，一方（尤其是女方）在配偶死亡时，由于经济困难或者其他原因被迫送养未成年子女的情况很多。这时，死亡一方的父母出于对孙子女或者外孙子女生活的顾虑，往往出面制止，要求由他们抚养。从法理上看，祖父母与孙子女或者外祖父母与外孙子女之间具有法律上的权利义务关系。从情理来说，死亡一方的父母由于对死者的眷念往往会对未成年孙子女或外孙子女十分爱怜。只要经济条件允许且不存在不能抚养的情形时，由他们来抚养会有利于未成年人的成长，是合情合理合法的。

本案中，夏某由于自身经济状况的原因，不具备同时抚养两个子女的能力。同时，女儿的祖父母尚在，当祖父母具备抚养能力时，享有对孙子女的优先抚养权。法院应当从有利于未成年人成长的原则出发，判决本案中的收养关系无效，女儿应由其祖父母抚养。

法律依据

《中华人民共和国收养法》第十七条规定："配偶一方死亡，另一方送养未成年子女的，死亡一方的父母有优先抚养的权利。"

最高人民法院民事审判庭《关于夫妻一方死亡另一方将子女送他人收养是否应当征得愿意并有能力抚养的祖父母或外祖父母同意的电话答复》：

"山西省高级人民法院：

……

在审判实际中对不同情况的处理，需要具体研究。诸如你院报告中列举的具体问题，夫妻一方死亡，另一方有抚养子女的能力而不愿尽抚养义务，以及另一方无抚养能力，且子女已经由有抚养能力，又愿意抚养的祖父母、外祖父母抚养的，为送养子女发生争议时，从有利于子女健康成长考虑，子女由祖父母或外祖父母继续抚养较为合适。"

16. 离婚时一方正在服刑，可由其父母代为抚养子女吗?

案情简介

严某与妻子胡某1996年结婚，婚后一年生有一子严力。夫妻两人由于工作忙碌，严力童年的大部分时间都是和爷爷、奶奶生活在一起。2008年3月，严某因触犯法律被判处有期徒刑11年。同年7月，胡某以夫妻感情破裂为由提出离婚，严某为了不耽误胡某下半生的生活，同意了胡某的离婚要求，但他认为胡某身体欠佳，而且没有稳定工作，遂要求儿子严力由他抚养。同时，已在国企退休的严力的爷爷奶奶也愿意代为抚养，严力也表示愿意跟随爷爷、奶奶生活。而胡某认为自己是孩子的母亲，在严某被判刑无法抚养孩子的情况下理应由她抚养。双方争执不下，诉至法院。

专家提示

本案涉及被判处较长刑期的人离婚时关于子女抚养的法律问题。

根据我国《婚姻法》的有关规定，离婚后处理子女的抚养问题必须从有利于子女的身心健康，保障子女合法权益的原则出发，并结合父母双方的抚养能力和经济条件等具体情况妥善处理。对于被判处较长刑期的人离婚时，不宜绝对地、无条件地剥夺他们对于未成年子女的抚养权利。针对此问题，最高人民法院曾在《关于已判处徒刑的一般刑事犯的配偶提出离婚应如何处理的复函》中有所涉及。犯人在执行徒刑期间时，事实上已丧失了抚养子女的能力，子女应当由提出离婚申请的一方抚养。原来与犯人共同生活的亲属愿意抚养，且年龄较大的子女本人也愿意由原来和犯人共同生活的亲属抚养的，人民法院也可以允许由该亲属抚养。

本案中，由于严力童年长期和爷爷、奶奶生活，已经适应了和爷爷、奶奶在一起的日子。同时，爷爷、奶奶具备抚养严力的能力，严力自己也愿意继续和爷爷、奶奶生活。虽然胡某作为母亲愿意抚养严力，但由于自身家庭经济状况和与严力的主观意愿相违背，法院结合具体情况应判决严力由爷爷、奶奶抚养为宜。

法律依据

《最高人民法院关于已判处徒刑的一般刑事犯的配偶提出离婚应如何处理的复函》：

"贵州省高级人民法院、贵州省司法厅：

……

(二)关于子女归谁抚养，由于犯人在执行徒刑期间，事实上无法尽其抚养子女义务，为了保护子女合法利益，应由提出离婚之一方抚养。但如年岁较大的子女本人愿由原来和犯人共同生活之亲属抚养，并经亲属同意，亦可准许。关于离婚后的财产问题，应与一般离婚案件的财产问题同样处理。

……"

17. 未成年子女的父母双亡，由谁来继续抚养？

案情简介

陈某和妻子何某双双从事地质勘探工作，并生有一个女儿璐璐。由于工作性质的原因，两人将璐璐托付给何某的亲姐姐和姐夫照管。不幸的是，陈某夫妻两人在一次野外工作时遇到雪崩，双双遇难，不满 3 周的璐璐成了孤儿。璐璐的爷爷、奶奶提出要抚养璐璐，并认为他们有能力抚养璐璐。可璐璐的姨父母坚决不同意，称璐璐的父母两人已将璐璐托付给他们抚养。双方争执不下，诉至法院。

专家提示

本案涉及未成年子女的父母双亡后如何确定抚养人的法律问题。

所谓祖父母或外祖父母依法抚养孙子女或外孙子女，是指当孩子的父母双亡或无法抚养时，祖父母或外祖父母在有负担能力的情况下应承担起抚养孩子的义务。如果孩子有已成年且具有负担能力的兄、姐，该兄、姐也应承担起抚养孩子的义务，对此，我国《婚姻法》有明确规定。该规定明确了家庭成员中祖父母与孙子女、外祖父母与外孙子女之间的权利义务关系，也明确了兄、姐与弟、妹之间的权利义务关系。在家庭关系中，祖父母、外祖父母与孙子女、外孙子女和兄、姐与弟、妹都属于三代以内的直系血亲和旁系血亲，他们之间关系的密切程度仅次于父母与子女的关系。因此，在孩子的父母双亡的情况下，这些人应当承担继续抚养孩子的义务。

本案中，由于璐璐的父母双亡，爷爷、奶奶又具备抚养璐璐的能力，法院应当判决璐璐由爷爷、奶奶抚养。

法律依据

《中华人民共和国婚姻法》第二十八条规定："有负担能力的祖父母、外祖父母，对于父母已经死亡或父母无力抚养的未成年的孙子女、外孙子女，有抚养的义务。有负担能力的孙子女、外孙子女，对于子女已经死亡或子女无力赡养的祖父母、外祖父母，有赡养的义务。"

第二十九条规定："有负担能力的兄、姐，对于父母已经死亡或父母无力抚养的未成年的弟、妹，有扶养的义务。由兄、姐扶养长大的有负担能力的弟、妹，对于缺乏劳动能力又缺乏生活来源的兄、姐，有扶养的义务。"

18. 养父母离婚后，收养的子女由谁来抚养？

案情简介

齐某与妻子陆某于2006年登记结婚，因陆某身体原因，两人多年未生育，于是，夫妻两人办理相关手续收养了孤儿平平作为养子。平平三岁那年，齐某与本单位一位未婚女青年发生婚外恋，经陆某多次劝说，齐某仍不思悔改。陆某无奈提出离婚，齐某同意。双方在财产分割及平平由陆某抚养的问题上没有争议，但却在平平抚养费的问题上发生了分歧。齐某认为，双方无亲生子女均系陆某身体原因造成，平平并非自己的亲生儿子，自己没有支付抚养费的义务；而陆某认为，平平是双方共同收养的子女，当初在收养时齐某也签字了，齐某应当继续支付平平的抚养费。气愤之余，陆某找到当地司法所寻求法律帮助。

专家提示

本案涉及养父母离婚时是否同时解除与养子女关系的法律问题。

根据我国《婚姻法》和《收养法》的有关规定，养父母与养子女之间虽然没有血亲关系或者没有直系血亲关系，但由于收养关系的确立形成了拟制血亲关系，这种拟制血亲关系不因养父母离婚而改变。也就是说，收养关系一经确立，便在收养人与被收养人之间确立起养父母与养子女之间的身份关系。养父母是收养人，养子女是被收养人，他们之间的权利和义务关系与父母子女之间的权利和义务关系相同。因此，当养父母一方不履行抚养义务时，未成年的或不能独立生活的子女，有要求其给付抚养费的权利，同时，养父母离婚对于他们与养子女之间的关系没有影响，任何一方对于养子女仍有抚养教育的义务。

本案中，陆某可以平平法定代理人的身份向人民法院提起诉讼，法院应当判决齐某支付合理数额的抚养费。

法律依据

《中华人民共和国收养法》第二十三条规定："自收养关系成立之日起，养父母与养子女间的权利义务关系，适用法律关于父母子女关系的规定；养子女与养父母的近亲属间的权利义务关系，适用法律关于子女与父母的近亲属关系的规定。养子女与生父母及其他近亲属间的权利义务关系，因收养关系的成立而消除。"

《中华人民共和国婚姻法》第二十六条规定："国家保护合法的收养关系。养父母和养子女间的权利和义务，适用本法对父母子女关系的有关规定。"

19. 离婚后，双方承担的子女抚养费有标准吗？

案情简介

蒋某，男，系某游戏开发公司电脑网络工程师，固定月薪为7000元。蔡某，女，系某医院护士。两人2005年经朋友介绍认识后于次年结婚，婚后第二年生一女儿。由于双方感情基础较差，婚后经常为一些琐事争吵，导致夫妻感情破裂。蒋某于2010年3月提出离婚，蔡某同意，但要求女儿由她抚养，由蒋某每月支付女儿2000元抚养费。蒋某同意女儿由蔡某抚养，但认为每月提供女儿2000元抚养费的要求过高。据此，蒋某向当地律师事务所咨询。

专家提示

本案涉及离婚后父母对于子女抚养费的给付标准问题。

我国《婚姻法》及相关司法解释规定，离婚后负担子女生活费和教育费的数额可以根据子女的实际需要、父母双方的负担能力和当地实际生活水平等因素由双方协议，协议不成的由人民法院判决。对于有固定收入者（一般指国家机关工作人员、企事业单位职工及其他工薪阶层），抚养费一般可按其月总收入的20%—30%的比例给付。负担两个以上子女抚育费的，比例可以适当提高，但一般不得超过月总收入的50%。同时，这种给付方式和给付比例还可以作为没有固定收入者给付子女抚养费数额的参考值。

在实际生活中，抚养费的数额可以适当在此幅度内上下调整。为了保障子女必要的生活和教育条件，确定抚养费一般采取就高不就低的原则。对于子女伤残的，如果按上述比例执行难以满足子女生活需要的，可以适当提高该比例。对于年收入达数十万元甚至上百万元的高收入阶层，如果仍然按照上述比例执行，显然超出了子女的实际需要，因此，可以适当降低给付的数额。

本案中，蒋某月薪 7000 元。虽然蔡某提出的每月给付女儿 2000 元的要求在比例的范围之内，但从一般人的角度来看，似乎超出了女儿的实际需要。至于究竟给付多少数额为宜，可先由蒋某和蔡某友好协商，协商不成时，由人民法院判决。

法律依据

《最高人民法院关于人民法院审理离婚案件处理子女抚养问题的若干具体意见》第七条规定："子女抚育费的数额，可根据子女的实际需要、父母双方的负担能力和当地的实际生活水平确定。有固定收入的，抚育费一般可按其月总收入的百分之二十至百分之三十的比例给付。负担两个以上子女抚育费的，比例可适当提高，但一般不得超过月总收入的百分之五十。无固定收入的，抚育费的数额可依据当年总收入或同行业平均收入，参照上述比例确定。有特殊情况的，可适当提高或降低上述比例。"

20. 丈夫车祸身亡,怀孕的妻子有权要求肇事者承担胎儿出世后的抚养费吗?

案情简介

2010 年 12 月 6 日深夜,货车驾驶员代某因超速驾驶,将横过马路的王某撞翻在地,王某当场死亡。经交通事故认定,代某承担事故的主要责任,王某承担事故的次要责任。事故发生后,双方当事人对赔偿责任的分担分歧较大,王某家属诉至法庭。法庭开庭审理时,王某的妻子已怀有身孕 5 个月,并要求被告一次性支付尚未出世的胎儿的抚养费。

专家提示

本案涉及怀孕的母亲能否代理胎儿请求赔偿胎儿抚养费的法律问题。

民事权利能力是指法律赋予民事主体享有民事权利和承担民事义务的能力,即民事主体享有权利和承担义务的资格。民事权利能力是作为民事主体进行民事活动的前提条件。根据我国《民法通则》的规定,公民的民事权利能力从出生时起算。由此可知,我国现行法律不承认胎儿的民事主体资格。同时,我国《婚姻法》及相关司法解释仅对于哺乳期内的子女和哺乳期后的子女采取了不同的抚养原则,并没有涉及胎儿的抚养问题。抚养的期间只能从婴儿出生时开始,而不能推前至胎儿阶段。因此,胎儿既没有民事权利能力,也不是死者生前的实际被抚养人,请求赔偿抚养费是没有法律依据的。

本案中，由于胎儿尚未出生，法院认定胎儿因不具备民事主体资格而不享有索赔权，依法驳回王某的妻子对胎儿抚养费的赔偿请求，代某无须承担胎儿出生之后的抚养费。

法律依据

《中华人民共和国民法通则》第九条规定："公民从出生到死亡时止，具有民事权利能力，依法享有民事权利，承担民事义务。"

《中华人民共和国婚姻法》第三十六条规定："父母与子女间的关系，不因父母离婚而消除。离婚后，子女无论由父或母直接抚养，仍是父母双方的子女。离婚后，父母对于子女仍有抚养和教育的权利和义务。离婚后，哺乳期内的子女，以随哺乳的母亲抚养为原则。哺乳期后的子女，如双方因抚养问题发生争执不能达成协议时，由人民法院根据子女的权益和双方的具体情况判决。"

21. 抚养费必须以金钱的形式支付吗？

案情简介

朱某与李某于2002年结婚。2007年，双方因感情不和，协议离婚。双方协议儿子由李某抚养，朱某每月负担儿子抚养费400元。离婚后的前两年，朱某没有拖欠抚养费的情况发生。此后，朱某多次以自己难以维持生活为由拖欠儿子的抚养费。自从2010年春天，朱某去广东打工后便音信全无，下落不明。这时候，李某的朋友出了个主意，说朱某离开家乡前曾和父母在一起生活，他的个人财产肯定也在其父母处，现在找不到朱某本人的话可以拿他的财物来抵。李某认为有道理，就带着儿子找到了朱某的父母，要求他们用朱某的家电等财物折抵孩子的抚养费，结果遭到朱某父母的拒绝。请问，李某的这种行为合法吗？

专家提示

本案涉及个人财物能否折抵抚养费的法律问题。

离婚后，一方因下落不明拖欠孩子抚养费的情况在司法实践中并不少见。另外更有一些为人父母者，离婚后为了逃避对孩子的抚养责任而故意隐瞒自己的行踪，使抚养孩子的一方得不到孩子的抚养费。还有一些人，因为离婚后失业、服刑或者丧失劳动能力等原因缺乏经济来源，无法支付孩子的抚养费。针对这种情况，为了有利于未成年人的身心健康，保障未成年人的合法权益，《最高人民法院关于人民法院审理离婚案件处理子女抚养问题的若干具体意见》中明确规定，在此类情况下，可以使用他们的财物来折抵子女的抚养费。

本案中，李某向朱某的父母索要朱某的个人财物折抵孩子抚养费的行为是有法可依的，朱某的父母没有理由予以拒绝。李某可以与朱某的父母进行协商，如果仍遭到拒绝，李某有权向当地人民法院提起诉讼，由人民法院依法判决并强制执行。

法律依据

《最高人民法院关于人民法院审理离婚案件处理子女抚养问题的若干具体意见》第九条规定："对一方无经济收入或者下落不明的，可用其财物折抵子女抚育费。"

22. 离婚后探望子女受阻，能要求变更抚养权吗？

案情简介

2007年，雷某与丈夫王某经法院判决离婚，约定5岁的儿子由王某抚养，雷某每周日可以将儿子接过来与其生活一天。离婚后的前5个月，雷某每周日都去王某家把儿子接过来给儿子做饭吃。然而，好景不长，慢慢地，雷某周末再去接孩子时王某总是以种种理由搪塞，不让雷某与孩子见面。这几年来，雷某时时被见不到孩子的痛苦折磨着。现在，雷某想由自己抚养儿子，请问雷某的要求能实现吗？

专家提示

本案涉及一方行使探望权受阻能否要求变更抚养权的法律问题。

探望权的行使一方面有利于维系父（母）子亲情；另一方面也有利于子女充分享有父母的关爱，不致因父母离异而遭受更大的心灵伤害，因而法律对于离婚双方的探望权给予相应的保护。根据我国《婚姻法》的有关规定，对拒不执行探望子女等判决或裁定的，由人民法院依法强制执行。同时，《最高人民法院关于人民法院审理离婚案件处理子女抚养问题的若干具体意见》规定，与子女共同生活的一方在与子女生活时对子女身心健康确实会产生不利影响的，可以要求变更子女的抚养权。

本案中，王某以各种理由阻碍雷某探望儿子，剥夺了雷某的探望权，雷某可以向人民法院申请强制执行。同时，王某的行为严重危害了孩子的健康成长，影响了孩子的身心健康。雷某也可以向人民法院起诉要求变更子女的抚养权。

法律依据

《中华人民共和国婚姻法》第四十八条规定："对拒不执行有关扶养费、抚养费、赡养费、财产分割、遗产继承、探望子女等判决或裁定的，由人民法院依法强制执行。有关个人和单位应负协助执行的责任。"

《最高人民法院关于人民法院审理离婚案件处理子女抚养问题的若干具体意见》第十六条规定："一方要求变更子女抚养关系有下列情形之一的，应予支持。(一)与子女共同生活的，一方因患严重疾病或因伤残无力继续抚养子女的；(二)与子女共同生活的一方不尽抚养义务或有虐待子女行为，或其与子女共同生活对子女身心健康确有不利影响的；(三)十周岁以上未成年子女，愿随另一方生活，该方又有抚养能力的；(四)有其他正当理由需要变更的。"

23. 子女主动放弃被抚养权，父母可否不承担抚养义务？

案情简介

原告孙某与被告汤某于1992年1月登记结婚，次年4月生育一子汤力。汤某婚后生活作风不检点，经常在外拈花惹草，家庭关系陷入危机。孙某无奈，便扔下儿子于2008年3月离家出走与汤某分居生活。汤力十分痛恨父母的所作所为，孙某离家后，汤力无心读书，2008年6月初中毕业后便辍学，在附近一家工地打临时工，靠亲友的接济和自己微薄的收入勉强维持生活。2009年4月，孙某向法院起诉离婚，汤某同意。在诉讼中，由于汤力要求自己一人独立生活，不要求父母抚养，故孙某、汤某均以儿子主动放弃被抚养权为由，要求不承担对儿子的抚养义务。

专家提示

本案涉及父母可否根据子女的意愿免除对子女抚养义务的法律问题。

我国《婚姻法》规定，离婚后父母对于子女仍有抚养和教育的权利和义务。10周岁以上的未成年子女，属于限制民事行为能力人，有一定的辨别是非能力，在处理离婚案件中，对他们随父或随母生活的问题上，应当考虑他们的个人意愿。但是，这并不是可以允许他们随意放弃法定的被抚养权，选择自己独立生活。父母对未成年子女的抚养义务是法定的，并不因子女的意志而消灭。

依照我国《民法通则》的规定，16周岁以上不满18周岁的公民，能够以自己的劳动收入为主要生活来源，视为完全民事行为能力人。本案中，汤力虽已 16 周岁，靠自己打临工也能取得一点收入，但因收入较低且不稳定，部分生活开支需要亲友接济，汤力并不能以其劳动收入维持自己的正常生活，故不能视为具有完全民事行为能力。由于汤力尚不具有完全民事行为能力，因此仍须得到父母的监护和抚养。尽管汤力要求自己独立生活，主动放弃被抚养权，但仍不能免除孙某和汤某所应承担的抚养义务。

法律依据

《中华人民共和国婚姻法》第三十六条规定："父母与子女间的关系，不因父母离婚而消除。离婚后，子女无论由父或母直接抚养，仍是父母双方的子女。离婚后，父母对于子女仍有抚养和教育的权利和义务。离婚后，哺乳期内的子女，以随哺乳的母亲抚养为原则。哺乳期后的子女，如双方因抚养问题发生争执不能达成协议时，由人民法院根据子女的权益和双方的具体情况判决。"

24. 父母在婚姻关系存续期间不履行抚养义务，未成年子女有权请求其支付抚养费吗？

案情简介

金某与丈夫郝某婚后育有一子明明。郝某由于从事的是公司片区的销售工作，需要常驻在公司的西南办事处。金某一直怀疑郝某生活不检点，夫妻二人的关系开始发生微妙的变化。后来，郝某对于儿子明明的学习和生活情况也很少问及，家庭的感觉名存实亡。但是，由于种种原因，金某并未提起离婚。明明读高中那年，金某由于工作单位效益不景气，已没有能力在经济上很好的支持明明继续读书。当金某联系丈夫郝某说明情况时，郝某对此并没有太多回应，对于明明仍然不闻不问。明明遂向法院提起诉讼，要求父亲履行应有的抚养义务。

专家提示

本案涉及未成年子女是否有权请求父母履行抚养义务的问题。

抚养子女既是父母应当履行的义务，也是子女应当享有的权利。抚养是指父母抚育子女的成长，并为他们的生活、学习提供一定的物质条件。根据《中华人民共和国宪法》第四十九条规定，父母有抚养教育未成年子女的义务。可见，抚养未成年子女是父母的法定义务。父母对未成年子女的抚养是无条件的，在任何情况下都不能免除；即使父母已经离婚，对未成年的子女仍应依法履行抚养的义务。而对于成年子女，父母的抚养是有条件的，在成年子女没有劳动能力或出于某种原因不能维持生活时，父母也要根据需要和可能，负担其生活费用或给予一定的帮助。

《最高人民法院关于适用〈中华人民共和国婚姻法〉若干问题的解释（三）》明确规定在父母未解除婚姻关系的情形下，未成年或者不能独立生活的子女可以向法院主张不履行抚养义务的父母一方或者双方负担其抚养费。实践中，若父或者母一方拒绝支付抚养费，另一方可以作为子女的监护人直接以该子女的名义提起诉讼请求法院判决不履行义务一方支付抚养费；若父母双方均不履行抚养义务和监护职责，其他能够担任该子女监护人的近亲属可以请求法院撤销父母的监护资格，并以法定代理人的身份以该子女的名义提起诉讼。

本案中，人民法院应当支持明明的请求，要求郝某支付明明的抚养费。

法律依据

《中华人民共和国婚姻法》第二十一条：父母对子女有抚养教育的义务；子女对父母有赡养扶助的义务。父母不履行抚养义务时，未成年的或不能独立生活的子女，有要求父母付给抚养费的权利。子女不履行赡养义务时，无劳动能力的或生活困难的父母，有要求子女付给赡养费的权利。

《最高人民法院关于适用〈中华人民共和国婚姻法〉若干问题的解释（三）》

第三条 婚姻关系存续期间，父母双方或者一方拒不履行抚养子女义务，未成年或者不能独立生活的子女请求支付抚养费的，人民法院应予支持。

赡

养

1. 可否通过签订赡养协议免除对父母的赡养义务？

案情简介

翟先生有一子一女，1995 年，翟先生与儿子和女儿就赡养与继承问题达成一致协议：翟先生免除女儿的赡养义务，生老病死均由儿子一个人负担，女儿放弃继承翟先生的遗产，翟先生的财产全部由儿子继承，三人均在此协议上签字认可。协议签订后，三人均相安无事，翟先生一直随儿子生活。2005 年以来，翟先生疾病缠身，儿子的收入不高，无法支付其父亲高昂的医疗费。翟先生就找到女儿，要求女儿承担赡养义务，负责其生活起居、生活支出、医疗费用，并且要求承担其从 2005 年至今所花的医疗费用的一半。女儿却认为其赡养义务已经被父亲翟先生免除并且其哥哥对此也是同意的，故其不应当再对父亲承担任何赡养义务。那么翟先生女儿的说法是否正确呢？

专家提示

本案涉及签订赡养协议能否免除赡养义务的法律问题。

赡养协议是赡养人之间就承担赡养义务的有关事宜，平等、自愿签订的履行赡养义务的协议。这一协议须征得被赡养人的同意。

《中华人民共和国宪法》第四十九条第三款规定了父母有抚养教育未成年子女的义务，成年子女有赡养扶助父母的义务。《中华人民共和国婚姻法》第二十一条规定了父母对子女有抚养教育的义务；子女对父母有赡养扶助的义务。父母不履行抚养义务时，未成年的或不能独立生活的子女，有要求父母付给抚养费的权利。子女不履行赡养义务时，无劳动能力的或生活困难的父母，有要求子女付给赡养费的权利。

从权利与义务的角度来讲，虽然赡养义务是一种法定义务，是赡养义务人必须承担的义务，但这并不代表法定权利人不能处分自己的权利，法定权利人仍然享有对自己权利的处分权，所以，本案中翟先生与子女签订赡养协议免除女儿的赡养义务是符合法律规定的。另外，赡养义务是一种具有长期、持续性的义务，这种义务不同于一般民事债权债务的一次性义务的特点，一次性的义务如果被免除即不再存在，权利人也无法再要求义务人履行义务，但持续性的义务被免除的话，被免除期间的义务不再存在，如果权利人要求恢复义务人的义务，则从权利人要求时恢复义务人的义务。故被赡养权利人可以要求赡养义务人尽赡养义务，也可以不要求其尽赡养义务；当赡养义务人的赡养义务被免除后，被赡养人也可以随时要求恢复其的赡养义务，赡养义务人自被要求恢复义务时重新承担赡养义务。

所以，本案中，翟先生要求女儿承担赡养义务，并且承担其从2005年至今所花的医疗费用的一半时，翟先生的女儿应履行赡养义务。

法律依据

《中华人民共和国宪法》第四十九条规定:“……父母有抚养教育未成年子女的义务,成年子女有赡养扶助父母的义务。”

《中华人民共和国婚姻法》第二十一条规定:“父母对子女有抚养教育的义务;子女对父母有赡养扶助的义务。父母不履行抚养义务时,未成年的或不能独立生活的子女,有要求父母付给抚养费的权利。子女不履行赡养义务时,无劳动能力的或生活困难的父母,有要求子女付给赡养费的权利。”

2. 继父母可否要求继子女履行赡养义务?

案情简介

小丽 20 岁时母亲不幸去世，两年后父亲又与李女士结婚，此时的小丽已经结婚并与父亲和继母分开生活。2005 年 12 月，小丽的父亲也去世了，留下了丧失劳动能力又没有生活来源的继母一人。请问，继母可以要求小丽承担赡养义务吗?

专家提示

本案涉及继子女对继父母是否有赡养义务的法律问题。

所谓继子女，是指丈夫与前妻或妻子与前夫所生的子女。继父母，是指母之后夫或父之后妻。继父母与继子女关系产生的原因，一是由于父母一方死亡，他方再行结婚；二是由于父母离婚，父或母再行结婚。子女对父母的再婚配偶称为继父或继母。丈夫或妻子对其再婚配偶的子女称为继子女。继父母子女关系是由于父或母再婚而形成的姻亲关系。

继父母能否要求继子女履行赡养义务不能一概而论，要区分情况对待。我国《婚姻法》第二十七条就规定了继父母和继子女之间，不得虐待或歧视。继父或继母和受其抚养教育的继子女的权利和义务，适用本法对父母子女关系的有关规定。也就是继父或继母和不受其抚养教育的继子女之间的权利义务关系不适用本法对父母子女关系的规定。据此，对受过其抚养教育的继子女，继父母可以要求其承担赡养义务，反之，对没有受过其抚养教育的继子女，则无权要求。

本案中,小丽的父亲和继母结婚的时候小丽已经结婚,并且没有和他们生活在一起,所以继母没有抚养过小丽也就无权要求小丽履行赡养义务。

法律依据

《中华人民共和国婚姻法》第二十七条规定:"继父母和继子女之间,不得虐待或歧视。继父或继母和受其抚养教育的继子女的权利和义务,适用本法对父母子女关系的有关规定。"

3. 孙辈赡养了祖辈以后能否免除对父辈的赡养义务?

案情简介

肖丽从小就和爷爷、奶奶生活在一起，且爷爷、奶奶的晚年生活也由肖丽照顾，其还有一个姐姐，和父母生活在一起，其父母年岁也已步入花甲，身体不好，加上经济来源有限，于是肖丽的父母与肖丽和其姐姐协商，要求每人支付 2000 元的赡养费。但是肖丽认为，其已经替父母承担了赡养祖父母的义务，理应免除对父母的赡养的义务，而应由其姐姐赡养。那么，肖丽的说法在法律上能得到支持吗?

专家提示

通常来讲，孙辈对祖辈是没有赡养义务的，子女仅对自己的父母有赡养义务，但是，法律上考虑到特殊情况的发生，并在社会保障尚不发达或条件不具备的情况下，将祖辈的子女已经死亡或子女无力赡养的赡养义务，分配或者强制分配给了有负担能力的孙辈，据此所产生的孙辈对祖辈的赡养义务，即为有前提条件的法定赡养义务。《婚姻法》第二十八条就规定了有负担能力的孙子女、外孙子女，对于子女已经死亡或者子女无力赡养的祖父母、外祖父母，有赡养的义务。那么，孙辈在祖辈尽了赡养义务，是否就不应再对父母尽赡养义务？答案应该是否定的。原因有以下几点：首先，法律在规定孙辈对祖辈有前提条件的法定赡养义务的同时，并没有规定孙辈对父辈的法定赡养义务可以免除。其次，《婚姻法》第二十八条中规定，有负担能力的孙辈在两种情况发生时对祖辈有赡养义务。其一是子女已经死亡。这种情况发生意味着孙辈对父辈的赡养义务不可能发生，在逻辑上不发生双重赡养义务并存的问题。其二是祖辈的子女没有赡养能力。这种情况发生，往往意味着父辈也需要自己的子女尽赡养义务，如果自己的子女因对祖辈尽赡养义务而不再对父辈尽赡养义务，那么谁应对父母尽赡养义务呢？因此，在法律没有明确规定可以免除的情况下，就意味着孙辈应承担双重赡养义务。故孙辈赡养了祖辈不能免除其对父辈的赡养义务。

在明确了孙辈的双重赡养义务后，在具体案件中要考虑的问题就是在孙辈已承担了对祖辈的赡养义务的情况下，孙辈对父辈应承担的赡养义务大小的问题。本案中，孙辈有 2 个赡养义务人，肖丽因承担了对祖辈的赡养义务，可以适当减少其对父辈的赡养义务，甚至可以免除对父辈的赡养义务。但是孙辈已承担了对祖辈的赡养义务的情况下，可以考虑孙辈对父辈应承担的赡养义务大小的问题只适用于父辈有多个赡养义务人的情况，如果父辈只有一个赡养义务人，也就无法考虑其应承担的赡养义务大小。

本案中，肖丽有负担赡养费的能力并且不能因为赡养了祖父母而免除对父母的赡养义务，但是可是适当减少其对父母的赡养义务。

法律依据

《中华人民共和国婚姻法》第二十八条规定:“有负担能力的祖父母、外祖父母,对于父母已经死亡或父母无力抚养的未成年的孙子女、外孙子女,有抚养的义务。有负担能力的孙子女、外孙子女,对于子女已经死亡或子女无力赡养的祖父母、外祖父母,有赡养的义务。”

4. 父母未尽抚养义务，子女应否承担赡养责任？

案情简介

吴某夫妇已过古稀之年，家处农村，二十世纪五、六十年代的时候生育了三名子女，但是由于当时生活困难，于是把年岁较小的两名子女托付给亲戚抚养，当时没有办理任何登记手续。不幸的是，其长子长大成人以后由于一次意外车祸，去世了。老两口孤苦伶仃，体弱多病，又没有生活来源，日子非常窘困，无奈之下，吴某夫妇找到了当年被托付给亲戚抚养的两名子女，要求他们承担赡养两位老人的义务。

专家提示

本案涉及父母因客观原因没有抚养子女，子女能否以此拒绝承担赡养责任的法律问题。

所谓赡养，主要是指子女在经济上为父母提供必需的生活用品和费用的行为，即承担一定的经济责任，提供必要的经济帮助，给予物质上的帮助。

我国《婚姻法》第二十一条规定父母对子女有抚养教育的义务，子女对父母有赡养扶助的义务。子女不履行赡养义务时，无劳动能力或生活困难的父母，有要求子女给付赡养费的权利。赡养父母是法律规定的强制性义务，子女不能以任何借口拒绝，只要父母子女的关系存在，子女就有义务赡养自己的父母，不能因为父母当年没有尽到抚养教育的义务而拒绝赡养。

那么本案中，吴某夫妇和其子女之间是否还存在父母子女关系呢？首先，吴某夫妇当年将两个子女托付给亲戚抚养是生活极端困难的情况下所为，是为了给孩子求一条生路，并非不愿意抚养孩子，且托付别人抚养并非收养，实质形成的是寄养关系。因此，吴某夫妇和其子女之间的父母子女关系依旧存在，根据《婚姻法》的规定，父母有抚养教育未成年子女的义务，成年子女有赡养扶助父母的义务，但在吴某夫妇年老生活困难的情况下，子女仍应承担赡养老人的义务。其次，不能简单地把抚养和赡养理解为对等的关系，父母因客观原因不能抚养子女，子女并不能以此为由拒绝赡养父母。

法律依据

《中华人民共和国婚姻法》第二十一条规定："父母对子女有抚养教育的义务；子女对父母有赡养扶助的义务。

父母不履行抚养义务时，未成年的或不能独立生活的子女，有要求父母给付抚养费的权利。

子女不履行赡养义务时，无劳动能力的或生活困难的父母，有要求子女付给赡养费的权利。

禁止溺婴、弃婴和其他残害婴儿的行为。"

5. 放弃继承权就能拒绝履行赡养义务吗？

案情简介

张老先生今年68岁，有120平方米住房一套、轿车一辆，他有两个儿子、一个女儿，大儿子在新疆当兵并留在了新疆，二儿子在一家不景气的工厂上班，女儿在一家效益不错的公司上班。不久前，张先生患重病住进医院，大儿子寄来了医疗费，二儿子在病床前伺候。女儿说："嫁出去的姑娘泼出去的水，我既不继承父亲的遗产，也不出钱，应该由哥哥负责父亲的一切"。那么，张老先生女儿的说法有法律依据吗？

专家提示

本案涉及能否以放弃继承权来拒绝履行赡养义务的法律问题。

《婚姻法》第二十一条规定了父母对子女有抚养教育的义务；子女对父母有赡养扶助的义务。父母不履行抚养义务时，未成年的或不能独立生活的子女，有要求父母付给抚养费的权利。

子女不履行赡养义务时，无劳动能力的或生活困难的父母，有要求子女付给赡养费的权利。

可见，赡养父母是法律规定的强制性的义务，子女无权放弃义务。子女对父母尽赡养义务的伦理基础是对父母养育之恩的回报，是中华民族的传统美德。那种认为只要放弃继承遗产的权利就可以免除赡养的义务看法，是一种误解。从权利与义务的相互关系角度分析，赡养父母的义务是与子女未成年时受父母抚养的事实相联系的。继承权作为一项法定权利，权利人自然有行使或放弃的自由。

《继承法》规定的同一顺序继承人分得遗产的多少与他们对被继承人生前所尽赡养义务的大小成正比，尽义务多的可以多分遗产，尽义务少的则少分遗产，有能力尽义务而不尽义务的可以不分遗产。但也不能认为不分得遗产就可以成为法定继承人不履行赡养义务的理由。

本案中，张老先生的女儿即使放弃继承权也要承担赡养张老先生的义务。

法律依据

《中华人民共和国婚姻法》第二十一条规定："父母对子女有抚养教育的义务；子女对父母有赡养扶助的义务。

父母不履行抚养义务时，未成年的或不能独立生活的子女，有要求父母付给抚养费的权利。

子女不履行赡养义务时，无劳动能力的或生活困难的父母，有要求子女付给赡养费的权利。

禁止溺婴、弃婴和其他残害婴儿的行为。"

6. 养父母有亲生子女，那么养子女可否免除赡养义务？

案情简介

赵某夫妇育有三个子女，其中次子是收养的。小儿子结婚以后，赵某夫妇就召集三个子女分家析产，约定由三个子女每人每月给付赵某夫妇 500 元的赡养费。后次子听说赵某夫妇在邻里之间称自己不是赵某夫妇的亲生儿子，为此心里赌气，便以自己是养子，赵某夫妇有两个亲生子女赡养为由，拒绝给付每月 500 元的赡养费。于是赵某夫妇到法院起诉二儿子。

专家提示

本案涉及养子女可否因其养父母有亲生子女而免除赡养义务的法律问题。

我国《婚姻法》第二十六条规定，国家保护合法的收养关系。养父母和养子女之间的权利和义务，适用本法对父母子女关系的有关规定。《收养法》第二十三条也规定自收养关系成立之日起，养父母与养子女间的权利义务关系，适用法律关于父母子女关系的规定。《婚姻法》第二十一条规定父母对子女有抚养教育的义务，子女对父母有赡养扶助的义务，子女不履行赡养义务时，无劳动能力或生活困难的父母，有要求子女给付赡养费的权利。因此，养子女与亲生子女一样，只要是与养父母形成了合法的收养关系，就产生了与亲生子女同样的权利义务，对养父母就应当尽赡养义务。即使是收养关系解除后，按照我国《收养法》第三十条规定，经养父母抚养的成年养子女，对缺乏劳动能力又缺乏经济来源的养父母，也应当给付生活费。

所以本案中，养子对赵某夫妇的赡养义务不能因原告夫妇有亲生子女而免除养子应当与其他两名子女共同承担对赵某夫妇的赡养义务。

法律依据

《中华人民共和国婚姻法》第二十一条规定："父母对子女有抚养教育的义务；子女对父母有赡养扶助的义务。

父母不履行抚养义务时，未成年的或不能独立生活的子女，有要求父母付给抚养费的权利。

子女不履行赡养义务时，无劳动能力的或生活困难的父母，有要求子女付给赡养费的权利。"

《中华人民共和国婚姻法》第二十六条规定："国家保护合法的收养关系。养父母和养子女间的权利和义务，适用本法对父母子女关系的有关规定。

养子女和生父母间的权利和义务，因收养关系的成立而消除。"

《中华人民共和国收养法》第二十三条规定："自收养关系成立之日起，养父母与养子女间的权利义务关系，适用法律关于父母子女关系的规定；养子女与养父母的近亲属间的权利义务关系，适用法律关于子女与父母的近亲属关系的规定。

养子女与生父母及其他近亲属间的权利义务关系，因收养关系的成立而消除。"

7. 养子女对亲生父母有赡养义务吗？

案情简介

薛家有一个儿子和一个女儿，女儿薛晓红在很小的时候就被赵家依法收养，名字也改成了赵晓红，赵家对待晓红如同对待自己的亲生女儿一样，百般呵护，多年来晓红对赵家夫妇也产生了深厚的感情。一天，晓红的亲哥哥找到晓红，说亲生父母患上了严重的疾病，希望晓红能够支付医药费一起承担赡养父母的义务。晓红拒绝，于是其哥哥把晓红告上了法庭。

专家提示

本案涉及被收养的子女对亲生父母是否还应承担赡养义务的法律问题。

所谓收养，是指收养关系成立后，便在收养人与被收养人之间确立起拟制的父母子女关系，被收养人与自然血亲的父母子女的权利与义务关系同时消除。

根据我国《收养法》的规定，自收养关系成立之日起，养父母与养子女的权利义务关系，适用法律关于父母子女关系的规定。养子女与生父母及其他近亲属间的权利义务关系，因收养关系的成立而消除。因此，在收养关系成立的前提下，养子女应当对养父母尽赡养义务，即使在收养关系依法解除后，经养父母抚养成年的养子女，对缺乏劳动能力又缺乏生活来源的养父母，也应当支付生活费。然而养子女与生父母权利义务关系却因收养关系的成立而消除，故养子女对生父母不承担赡养义务。

本案中，从法律关系上讲，赵晓红与其生父母之间的父母子女关系已经因收养关系的成立而解除了，因此赵晓红不再对生父母承担赡养义务。但是从人情的角度上来讲，如果晓红生活富裕，赠与生父母一部分财产也是未尝不可的，但这不是法定义务，而只是考虑到血缘关系所致。

法律依据

《中华人民共和国婚姻法》第二十六条规定："收养人在被收养人成年以前，不得解除收养关系，但收养人、送养人双方协议解除的除外，养子女年满十周岁以上的，应当征得本人同意。

收养人不履行抚养义务，有虐待、遗弃等侵害未成年养子女合法权益行为的，送养人有权要求解除养父母与养子女间的收养关系。送养人、收养人不能达成解除收养关系协议的，可以向人民法院起诉。"

《中华人民共和国收养法》第二十三条规定："自收养关系成立之日起，养父母与养子女间的权利义务关系，适用法律关于父母子女关系的规定；养子女与养父母的近亲属间的权利义务关系，适用法律关于子女与父母的近亲属关系的规定。

养子女与生父母及其他近亲属间的权利义务关系，因收养关系的成立而消除。"

8. 父母可否免除部分子女的赡养费?

案情简介

罗某夫妇有一个女儿和一个儿子,夫妇两人身体上都有不同程度的残疾,靠政府的补助和经营小生意维持,于是大女儿在很小的时候就肩负起既照顾父母又扶养弟弟的重任。多年后,两名子女参加了工作并成家立业,可是这时的罗某夫妇年迈体衰,百病缠身,加上本身身体上就有残疾,生活十分地困难,迫切需要儿女们在经济上的供养和生活上的照料。罗某夫妇考虑到大女儿在照顾夫妇和弟弟的过程中做出了很大的贡献,不忍让其继续承担赡养父母的责任,于是只要求儿子承担赡养的责任。其子认为由其一个人承担赡养费用经济压力很大,在多次协商达不成一致意见的情况下,两位老人起诉到法院。

专家提示

本案涉及父母如何正确行使赡养请求权的法律问题。

从赡养义务的法律规定看,被赡养人免除赡养义务人的赡养义务不得损害国家、集体和第三人的利益。《中华人民共和国老年人权益保障法》第十条规定老年人养老主要依靠家庭,家庭成员应当关心和照料老年人。我国赡养老人主要是家庭赡养,如果被赡养人免除赡养义务人的赡养义务后却无人再赡养他,这势必损害国家和社会的利益,损害国家和社会利益的行为是不合法的,是无效的;如果被赡养人在未征得其余赡养义务人的同意的情况下,免除部分赡养义务人的赡养义务也即损害了未被免除赡养义务的义务人的利益,故这种免除也是无效的。赡养的权利义务关系，即每个子女都有义务确保权利人晚年的基本生活。因此，被赡养权利人如果因为免除赡养义务人的义务而损害国家、集体或者第三人利益的话，这种免除的民事行为是无效的。

从另一个角度分析看，众多子女分别承担的赡养义务是指向同一权利人的，在符合法定条件时，权利人有权向任意子女行使赡养请求权。因此他们实际上是在分担同一项法定义务，是在通过分工与合作，实现使权利人老有所养、安度晚年的最终目的。应注意的是，权利人在行使赡养请求权时，必须考虑子女间的利益平衡，贯彻无论男女在赡养父母问题上一律平等的精神，兼顾个别子女的实际负担能力。

本案中，赡养父母是子女的法定义务，是不能因任何人的意志而改变的，也不能人为地免除，而且，罗某夫妇免除大女儿的赡养义务也间接地损害了小儿子的利益，所以这种免除的民事行为是无效的。

法律依据

《中华人民共和国老年人权益保障法》第十条规定："老年人养老主要依靠家庭，家庭成员应当关心和照料老人。"

《中华人民共和国婚姻法》第二十一条规定："父母对子女有扶养教育的义务；子女对父母有赡养扶助的义务。

父母不履行抚养义务时，未成年的或不能独立生活的子女，有要求父母给付抚养费的权利。

子女不履行赡养义务时，无劳动能力的或生活困难的父母，有要求子女付给赡养费的权利。

禁止溺婴、弃婴和其他残害婴儿的行为。"

9. 丧偶儿媳有无赡养公婆的义务？

案情简介

王某的公婆由于退休金不高，公公又经常生病，所以生活开销比较大。长期以来，其公婆的生活医药费基本上都是由她丈夫和其小姑分担，两家每月各支付300元的赡养费，这项支出从来没有间断过。但是，一年前，王某的丈夫发生车祸不幸去世，王某和其儿子的生活变得十分紧张。今年她的儿子要升高中了，开支明显增大，于是提出不支付这部分赡养费，却遭到其公婆和小姑的极力反对。他们说王某不赡养公婆是违法的，于是王某找到律师咨询。

专家提示

本案涉及丧偶的儿媳或者女婿有无义务赡养公婆或者岳父母的法律问题。

《婚姻法》规定父母对子女有抚养教育的义务，子女对父母有赡养扶助的义务。子女不履行赡养义务时，无劳动能力或生活困难的父母，有要求子女给付赡养费的权利。同时，《老年人权益保障法》也规定，赡养人指老年人的子女以及其他依法负有赡养义务的人，即指有负担能力的孙子女、外孙子女。但是子女的配偶不属于赡养人的范畴，子女的配偶所承担的仅仅是协助赡养义务，而非直接赡养义务，法律更没有规定儿媳对公婆、女婿对岳父母有赡养义务。

本案中，王某的丈夫去世之后，其与配偶的婚姻关系就自动解除了，法律上更无须承担老人的赡养义务，所以王某不支付公婆的赡养费并不违法。虽然从法律上来讲，儿媳、女婿并不具有赡养配偶父母的义务，但是从道德层面上来说，在经济条件允许的情况下，我国鼓励丧偶的儿媳赡养公婆、女婿赡养岳父母的行为。

法律依据

《中华人民共和国婚姻法》第二十一条规定："父母对子女有扶养教育的义务；子女对父母有赡养扶助的义务。

父母不履行扶养义务时，未成年的或不能独立生活的子女，有要求父母给付抚养费的权利。

子女不履行赡养义务时，无劳动能力的或生活困难的父母，有要求子女付给赡养费的权利。

禁止溺婴、弃婴和其他残害婴儿的行为。"

《中华人民共和国老年人权益保障法》第十一条规定："赡养人应当履行对老年人经济上供养、生活上照料和精神上慰藉的义务，照顾老年人的特殊需要。

赡养人是指老年人的子女以及其他依法负有赡养义务的人。

赡养人的配偶应当协助赡养人履行赡养义务。"

10. 与老人共同生活算不算尽到了主要的赡养义务?

案情简介

罗某的父母生有两儿一女,罗某是长子。其兄妹三人相继成家后,父母一直与罗某生活在一起。去年父母两人先后辞世。两个弟妹提出要均等继承遗产,罗某提出自己尽了主要赡养义务,要求多分遗产,但两个弟妹不同意。那么,像罗某这样与老人共同生活的,是否就算承担了主要的赡养义务?

专家提示

本案涉及如何认定主要赡养义务的法律问题。

《继承法》对被继承人尽了主要赡养义务或者与被继承人共同生活的继承人,分配遗产时,可以多分。《最高人民法院关于贯彻执行〈继承法〉若干问题的意见》规定对被继承人生活提供了主要经济来源,或在劳务等方面给予了主要扶助的,应当认定其尽了主要赡养义务或主要扶养义务。

那么司法实践中,如何认定主要赡养义务呢?需要从三个方面进行认定:第一,在经济上为老人的生活提供了帮助,老人主要依靠其提供的经济来源生活。第二,照料老人的日常生活,如为老人洗衣做饭,生病时进行护理等。第三,对老人的帮助具有持续性、长期性。

本案中,罗某与两位老人共同生活期间,如果不但对二老的日常生活给予了主要扶持,而且履行了经济上的供养义务,就可以认定其尽到了主要的赡养义务。相反,若仅仅是与老人共同生活，而老人的经济供养主要靠其他子女提供的话，就很难认定是其尽了主要的赡养义务。

法律依据

《中华人民共和国继承法》第十三条规定："同一顺序继承人继承遗产的份额，一般应当均等。

对生活有特殊困难的缺乏劳动能力的继承人，分配遗产时，应当予以照顾。

对被继承人尽了主要扶养义务或者与被继承人共同生活的继承人，分配遗产时，可以多分。

有扶养能力和有扶养条件的继承人，不尽扶养义务的，分配遗产时，应当不分或者少分。

继承人协商同意的，也可以不均等。"

《最高人民法院关于贯彻执行〈继承法〉若干问题的意见》规定："对被继承人生活提供了主要经济来源，或在劳务等方面给予了主要扶助的，应当认定其尽了主要赡养义务或主要扶养义务。"

11. 子女不经常回家，父母能否起诉请求提供精神赡养？

案情简介

李老先生和其老伴今年都已70岁高龄了，老伴身体虚弱，生活不能自理。他们有两个儿子，都在本市工作，但是两个儿子很少回来看望老两口，电话也很少，只是每月给付老两口1000元的生活费，老两口觉得特别孤单。于是起诉到法院，要求两个儿子给付精神损失费5000元，那么，老两口的请求是否能得到法院的支持呢？

专家提示

本案涉及精神赡养的法律问题。

所谓精神赡养，一般指在家庭生活中，赡养人理解、尊重、关心、体贴老年人的精神生活，在精神上给予其慰藉，满足其精神生活的需要，使其愉悦、开心。

随着物质生活水平的不断提高，老年人的赡养内容也在不断发生变化，一些老年人在追求物质生活需要的同时，注重追求精神生活需要。因而，目前出现了不少精神赡养的诉讼案件。《老年人权益保障法》中规定赡养人应当履行对老年人经济上供养、生活上照料和精神上慰藉的义务，照顾老年人的特殊需要。由此可见，精神赡养不仅是一个道德问题或道德义务，也是一项法律义务。对于需要对老人提供精神赡养的作为行为(即应当作为而不作为)，包括提供精神需求上的物质保障和精神慰藉，属于给付之诉的，老人可以提起给付之诉；对于对老人进行精神虐待或限制老人人身自由（包括精神生活自由）的行为（即对于不应当作为而作为），属于侵权，老人可以提出排除妨害和停止侵害之诉。因此，如果子女不履行这种精神赡养义务，父母诉至法院要求精神赡养，即要求子女定期回家探望，应得到法院的支持。子女回家看望父母的时间和方式可以协商，协商不成由法院判决。

本案中，对于老两口要求赔偿5000元精神损失费的诉讼请求，是没有法律依据的。根据《最高人民法院关于确定民事侵权精神损害赔偿责任若干问题的解释》规定，当公民的生命权、健康权、身体权、姓名权、肖像权、名誉权、荣誉权、人格尊严权、人身自由权等受到侵害时，才可以向法院起诉要求精神损害赔偿。因此，老两口的精神损害赔偿金的请求不能得到法院的支持。

法律依据

《老年人权益保障法》第十一条规定：“赡养人应当履行对老年人经济上供养、生活上照料和精神上慰藉的义务，照顾老年人的特殊需要。

赡养人是指老年人的子女以及其他依法负有赡养义务的人。

赡养人的配偶应当协助赡养人履行赡养义务。”

12. 子女可否以父母不满 60 周岁为由拒绝赡养父母?

案情简介

孙某夫妇今年均 57 岁,因两人身体都不好就办理了病退。孙某老伴几年前因脑溢血而半身瘫痪,自己也患有严重的风湿病。由于每月都有一笔不菲的药费开支,加之经济条件本身不好,所以现在生活很困难。虽然老两口的一双儿女均已成家立业,经济收入还可以,但考虑自己还不算老年人,因而不好意思让儿女们给付赡养费,也担心儿女们会以老两口不满 60 周岁为由而拒绝。那么,孙某夫妇可否要求儿女现在就赡养他们?

专家提示

本案涉及父母要求子女赡养需要符合哪些条件的法律问题。

我国《婚姻法》第二十一条中规定子女对父母有赡养扶助的义务。子女不履行赡养扶助义务时,无劳动能力的或生活困难的父母,有要求子女给付赡养费的权利。从规定可以看出,赡养需要符合的条件只有两个,一是父母无劳动能力;一是父母生活困难。也就是说父母只要具有无劳动能力或者生活困难的情况之一的,就可以要求儿女履行赡养义务,并没有提到赡养需要达到的年龄问题。孙某夫妇符合生活困难的条件,因此可以要求儿女履行赡养义务。

法律依据

《中华人民共和国婚姻法》第二十一条规定:“父母对子女有抚养教育的义务;子女对父母有赡养扶助的义务。

父母不履行扶养义务时,未成年的或不能独立生活的子女,有要求父母给付抚养费的权利。

子女不履行赡养义务时,无劳动能力的或生活困难的父母,有要求子女付给赡养费的权利。

禁止溺婴、弃婴和其他残害婴儿的行为。”

继承

1. 未进行结婚登记以夫妻名义同居生活的男女双方有无夫妻遗产继承权？

案情简介

某市男青年纪超群和女青年杨淑媛于 2004 年举行婚礼后，因工作原因一直未办理结婚登记手续，就以夫妻名义同居生活。两人结婚的新房及全部家具都是纪超群的父母送给儿子的。婚后不久，纪超群因公身亡。杨淑媛在纪超群去世后一直居住在纪家，与纪家父母矛盾不断，并且常常带新交男友回家。纪超群的父母很生气，要求杨淑媛搬走，但是杨淑媛却坚持房子和家具都是其亡夫的，她有权继承 1/3 的份额而拒绝离开。双方争执不下，纪超群的父母诉至法院，要求杨淑媛限期离开住处。

专家提示

本案涉及以夫妻名义同居生活的男女之间遗产继承的法律问题。

夫妻之间的遗产继承权，是婚姻效力的一种具体表现，它基于夫妻之间的婚姻关系。只有在婚姻关系存续期间，配偶一方死亡，另一方才有继承权。如果在继承开始以前双方已经办理了离婚手续或婚姻已被宣告无效，则生者一方对死者无继承权。

我国现行法律明确规定，合法夫妻有相互继承遗产的权利。这种配偶继承权是一种身份财产权，带有身份和财产的双重性质。夫妻之间的遗产继承权，是基于婚姻的效力而发生的，合法有效的婚姻是确保婚姻当事人之间遗产继承权的关键。依照《婚姻法》的规定，符合其他法定结婚要件的男女双方必须亲自到婚姻登记机关进行结婚登记，才能取得结婚证，确立受法律保护的夫妻关系。

依据《最高人民法院关于适用〈中华人民共和国婚姻法〉若干问题的解释》的规定可知，未按婚姻法办理结婚登记而仅以夫妻名义共同生活的男女，一方死亡，另一方以配偶身份主张享有继承权的，应按照该解释第五条的原则处理。即1994年2月1日民政部《婚姻登记管理条例》公布实施以前，男女双方已经符合结婚实质要件的，按事实婚姻处理，彼此可以配偶身份主张享有继承权；《婚姻登记管理条例》公布实施以后，男女双方符合结婚实质要件的，人民法院应当告知其在案件受理前补办结婚登记；未补办结婚登记的，按解除同居关系处理，彼此不享有继承权。

本案中，纪超群和杨淑媛虽然符合结婚的实质要件且在2004年举行了婚礼，但他们一直没有办结婚登记，属于非法同居关系。因两人婚姻关系无效，杨淑媛并没有继承纪超群遗产的权利。法院应支持纪家父母的诉讼请求，责令杨淑媛限期搬出。

法律依据

《中华人民共和国婚姻法》第八条规定:“要求结婚的男女双方必须亲自到婚姻登记机关进行结婚登记。符合本法规定的,予以登记,发给结婚证。取得结婚证,即确立夫妻关系。未办理结婚登记的,应当补办登记。”

《中华人民共和国继承法》第十条规定:“遗产按照下列顺序继承:

第一顺序:配偶、子女、父母。

第二顺序:兄弟姐妹、祖父母、外祖父母。

继承开始后,由第一顺序继承人继承,第二顺序继承人不继承。没有第一顺序继承人继承的,由第二顺序继承人继承。”

《最高人民法院关于适用〈中华人民共和国婚姻法〉若干问题的解释(一)》第六条规定:“未按婚姻法第八条规定办理结婚登记而以夫妻名义共同生活的男女,一方死亡,另一方以配偶身份主张享有继承权的,按照本解释第五条的原则处理。”

《最高人民法院关于适用〈中华人民共和国婚姻法〉若干问题的解释(一)》第五条规定:“未按婚姻法第八条规定办理结婚登记而以夫妻名义共同生活的男女,起诉到人民法院要求离婚的,应当区别对待:(一)1994年2月1日民政部《婚姻登记管理条例》公布实施以前,男女双方已经符合结婚实质要件的,按事实婚姻处理;(二)1994年2月1日民政部《婚姻登记管理条例》公布实施以后,男女双方符合结婚实质要件的,人民法院应当告知其在案件受理前补办结婚登记;未补办结婚登记的,按解除同居关系处理。”

2. 倒插门女婿是否有权继承其生父母遗产？

案情简介

某农村女青年楚丹霞共姐妹三个，两个姐姐已出嫁。为了老有所依，楚丹霞的父母，打算给楚丹霞招一个上门女婿。邻村的曹家有两个儿子，正苦于为儿子盖房子和娶媳妇的经济压力太大，于是经人撮合，曹家的大儿子曹辉作了楚家的上门女婿。婚后，虽然曹辉的户口落到了楚家，并且改姓楚，但仍然定期探望照顾自己的亲生父母。后来，曹辉的生父母均去世，曹辉在帮亲生弟弟办完丧事之后，却在继承父母遗产问题上发生了纠纷。曹辉的弟弟认为，哥哥的户口已经落到楚家了，他可以继承的是岳父母的遗产而不是生父母的遗产。曹辉和弟弟协商多次无效，最后只好诉至法院。

专家提示

所谓倒插门，又叫入赘，是指结婚后男方落户到女方家里的结婚习俗。受男尊女卑思想的影响，旧社会对"倒插门"有一定的偏见。新中国成立后，国家大力提倡男女平等，鼓励男到女家成婚落户，并享有平等的权利。

倒插门女婿虽然到女方家落户，但是和其生父母的关系并没有解除。根据我国《继承法》的规定，第一顺序继承人为配偶、父母、子女，子女包括婚生子女、非婚生子女、养子女和有抚养关系的继子女。因此，上门女婿作为其生父母的子女对自己的父母仍然有赡养的义务，同时也有继承生父母遗产的权利。除上门女婿有《继承法》规定的四种情形外，任何人无权剥夺其继承生父母遗产的权利。另外，作为上门女婿原则上是没有继承其岳父母遗产的权利的。但是，如果丧偶女婿对岳父、岳母，尽了主要赡养义务的，也应当作为第一顺序继承人继承岳父母的遗产。

本案中，曹辉虽然到楚丹霞家落户生活，但对待自己的亲生父母也并没有遗弃、虐待等情节，曹辉依法享有继承其生父母遗产的权利。曹辉弟弟的说法是没有法律依据的，法院应当依法维护曹辉的继承权。

法律依据

《中华人民共和国继承法》第十条规定："遗产按照下列顺序继承：

第一顺序：配偶、子女、父母。

第二顺序：兄弟姐妹、祖父母、外祖父母。

继承开始后，由第一顺序继承人继承，第二顺序继承人不继承。没有第一顺序继承人继承的，由第二顺序继承人继承。

本法所说的子女，包括婚生子女、非婚生子女、养子女和有抚养关系的继子女。

本法所说的父母，包括生父母、养父母和有扶养关系的继父母。"

《中华人民共和国继承法》第七条规定："继承人有下列行为之一的，丧失继承权：

（一）故意杀害被继承人的；

（二）为争夺遗产而杀害其他继承人的；

（三）遗弃被继承人的，或者虐待被继承人情节严重的；

（四）伪造、篡改或者销毁遗嘱，情节严重的。"

《中华人民共和国继承法》第十二条规定："丧偶儿媳对公、婆，丧偶女婿对岳父、岳母，尽了主要赡养义务的，作为第一顺序继承人。"

3. 外嫁的女儿能否继承遗产?

案情简介

岳瑶兄弟姐妹共五人,她和大弟弟岳琼关系最为亲密。岳琼经过一次婚姻后未再婚,也没有子女。2006年岳琼被查出有肺癌,岳瑶在弟弟生病住院期间一直在医院陪伴照料,让岳琼感受到了亲情的温暖。岳琼在去世前,托付姐姐岳瑶照料其后事,并亲笔写下遗嘱自愿将其所有财产赠与姐姐岳瑶。2006年底,岳琼病逝,岳瑶和老父亲一起料理了岳琼的后事。但是,在死者遗产处理问题上,父亲却不承认岳瑶的继承权。老人认为女儿已经嫁出去了,即使岳琼没有子女,其遗产也应由岳家的其他儿子和孙子继承。为此,岳瑶向法院状告父亲,请求法院确认其弟所写遗书的效力。

专家提示

本案涉及外嫁女儿是否有权以遗嘱继承的法律问题。

所谓遗嘱,是指遗嘱人生前在法律允许的范围内,按照法律规定的方式对其遗产或其他事务所作的个人处分,并于遗嘱人死亡时发生效力的法律行为。遗嘱必须是具备遗嘱能力之人所为,符合法定要件,才能产生法律上的遗嘱效力:首先,在设立遗嘱时,遗嘱人必须具有遗嘱能力。在中国,具体指民事行为能力。其次,遗嘱人的意思表示必须真实。因受胁迫、欺骗所立的遗嘱或者伪造、篡改的遗嘱无效。再次,遗嘱的内容必须符合法律和社会道德。最后,遗嘱须具有一定的形式。我国法律规定了公证遗嘱、自书遗嘱、代书遗嘱、录音遗嘱和口头遗嘱五种形式。

根据我国《继承法》的规定,根据继承人继承财产的方式不同，继承分为法定继承和遗嘱继承。法定继承是指继承人不是按照被继承人的遗嘱而是依照法律的直接规定继承被继承人遗产的继承方式。法定非继承人包括第一顺序的配偶、子女、父母以及第二顺序的兄弟姐妹、祖父母、外祖父母。遗嘱继承是指继承人依照被继承人的遗嘱继承被继承人的遗产的继承方式。遗嘱继承优于法定继承，公民可以立遗嘱将个人财产指定由法定继承人的一人或者数人继承。

本案中，岳瑶作为岳琼的姐姐，属于岳琼的法定继承人。岳琼订立合法有效的遗嘱将其个人财产指定由姐姐岳瑶一人继承，符合遗嘱继承的法律规定。根据遗嘱继承优于法定继承的规定，岳瑶可以继承岳琼的全部遗产，其父亲无权干涉。

法律依据

《中华人民共和国继承法》第十条规定："遗产按照下列顺序继承：

第一顺序：配偶、子女、父母。

第二顺序：兄弟姐妹、祖父母、外祖父母。

继承开始后，由第一顺序继承人继承，第二顺序继承人不继承。没有第一顺序继承人继承的，由第二顺序继承人继承。"

《中华人民共和国民法通则》第七十一条规定："财产所有权是指所有人依法对自己的财产享有占有、使用、收益和处分的权利。"

《中华人民共和国继承法》第十六条规定："公民可以依照本法规定立遗嘱处分个人财产，并可以指定遗嘱执行人。

公民可以立遗嘱将个人财产指定由法定继承人的一人或者数人继承。"

4. 遗腹子能否继承祖父的遗产?

案情简介

某市郭大爷老伴去世得早,自己抚养三个儿子成家立业。2006年,郭大爷的三儿子郭洋因车祸去世,留下已经怀孕5个月的妻子蔡敏。郭大爷老年丧子,十分悲痛,不久因心脏病突发死亡。郭大爷的其他两个儿子处理完父亲的后事,将父亲遗留的20万元现金和价值120万元的房子进行了分割。蔡敏得知后,向两位哥哥提出了异议,认为其腹中将要出生的胎儿也应该分得一份遗产。但是郭洋的两个哥哥却认为弟弟已去世,蔡敏腹中胎儿不具有继承权。蔡敏于是诉至法院,要求保护腹中胎儿的合法权益。

专家提示

本案涉及胎儿的有无继承权以及代位继承的法律问题。

根据我国法律的有关规定,自然人的民事权利能力是法律赋予民事主体享有民事权利和承担民事义务的资格。自然人的权利能力始于出生,终于死亡。原则上,未出生的胎儿和已死亡的自然人是不享有民事权利并承担民事义务的。但是出于对胎儿利益的特殊保护,我国《继承法》及相关司法解释都作了特别规定:遗产分割时,应当保留胎儿的继承份额。应当为胎儿保留的遗产份额没有保留的,应从继承人所继承的遗产中扣回。为胎儿保留份额的处理共有三种情形:①当出生的胎儿为活体时,则由其享有实际权利,取得该份遗产;②胎儿出生时为死体的,原来为其保留的遗产份额仍视为被继承人尚未分割的遗产，按法定继承办理；③如果胎儿出生时尚为活体，但不久后即死亡，则原来为其保留的遗产份额应当属于他的遗产，由他的法定继承人依法定继承方式继承。

我国《继承法》就被继承人的子女先于被继承人死亡的情形规定了"代位继承制度"，即由被继承人的子女的晚辈直系血亲代位继承其父母有权继承的遗产份额。适用代位继承必须符合以下条件：①被继承人的子女先于被继承人死亡；②被代位继承人必须是享有继承权的被继承人的子女；③代位继承人必须是被代位继承人的子女及其晚辈直系血亲；④代位继承只适用于法定继承，在遗嘱和遗赠继承中均不能适用代位继承；⑤代位继承人无论人数多少，原则上只能继承被代位继承人有权继承的份额。

综上所述，胎儿可以代位继承其父亲应继承的遗产份额。本案中，郭洋先于郭大爷死亡，蔡敏腹中的胎儿可以代位继承死去父亲有权继承的份额。郭洋的两个哥哥的做法是没有法律依据的，法院应当判决从他们所继承的遗产中扣回 1/3 的遗产份额为蔡敏腹中胎儿保留。

法律依据

《中华人民共和国继承法》第十一条规定:“被继承人的子女先于被继承人死亡的,由被继承人的子女的晚辈直系血亲代位继承。代位继承人一般只能继承他的父亲或者母亲有权继承的遗产份额。”

《中华人民共和国继承法》第二十八条规定:“遗产分割时,应当保留胎儿的继承份额。胎儿出生时是死体的,保留的份额按照法定继承办理。”

《最高人民法院关于贯彻执行〈中华人民共和国继承法〉若干问题的意见》第四十五条规定:“应当为胎儿保留的遗产份额没有保留的,应从继承人所继承的遗产中扣回。为胎儿保留的遗产份额,如胎儿出生后死亡的,由其继承人继承;如胎儿出生时就是死体的,由被继承人的继承人继承。”

5. 儿子放弃继承权，父债是否需要偿还？

案情简介

王洋的父亲王增亮，生前与人合伙经营一家五金厂，并于2009年5月向朋友借款15万元做生意，当时约定半年内还清欠款，并支付利息15000元。由于生意亏损，王增亮并未在约定期限内还清欠款。2009年底，王增亮因意外事故去世，他经营的五金厂也随之破产。一些债权人将工厂的资产进行分割后并未还清全部欠款，最后尚欠李刚7万元未偿还。王增亮的遗产只有一栋旧平房，价值约5万元。对该所房屋所有权，王洋表示放弃继承。2010年4月，李刚向法院起诉，要求王洋归还其父亲尚欠的借款7万元。王洋认为，他并没有继承其父亲的遗产，可以不偿还其父亲生前所欠下的债务，请求法院依法驳回李刚的诉讼请求。

专家提示

本案涉及债权的相对性以及放弃继承权是否免除相关义务等法律问题。

民法理论认为，债权是一种相对权，是特定主体之间的法律关系。债权人只能向特定的债务人主张权利，对于债务人以外的第三人，债权人不得主张权利。对于父母生前所欠的债务，子女是否需要偿还不能一概而论，而应当根据具体情况区别对待。

我国《继承法》认为，继承的内容是财产权利和财产义务的全面承受，继承人在享有继承遗产权利的同时，应当承担在遗产价值范围内清偿被继承人生前所负债务的义务，除非其放弃继承遗产的权利。如果子女未继承父母遗产，对父母生前所负债务没有偿还的义务，如果子女继承了父母的遗产，则对父母生前所欠债务负有偿还的义务，但该义务范围不能超出其实际继承的财产价值。当然，子女也可以主动偿还父母生前所欠的债务，但这种代为清偿的行为不是法定义务。

本案中，李刚不能因为王洋是王增亮的儿子而要求其承担父亲的债务，王洋已明确表示不继承父亲的遗产，故对其父亲生前所欠债务可以不负偿还义务。

法律依据

《中华人民共和国继承法》第三十三条规定："继承遗产应当清偿被继承人依法应当缴纳的税款和债务，缴纳税款和清偿债务以他的遗产实际价值为限。超过遗产实际价值部分，继承人自愿偿还的不在此限。继承人放弃继承的，对被继承人依法应当缴纳的税款和债务可以不负偿还责任。"

6. 放弃继承能否成为不尽赡养义务的理由？

案情简介

张某中年丧妻，含辛茹苦把一双儿女拉扯大，如今儿女均已成家，但与张某的来往甚少。不久前，张某因病无钱上医院，就向儿子要钱治病，儿子只给了 150 元。由于钱不够，张某又去找女儿，女儿说："你的房子等财产将来我都不继承，生活费和治病钱我也不分摊。"请问，这种"生不赡养，死不继承"的做法对吗？

专家提示

本案涉及能否以放弃继承为由免除赡养义务的法律问题。

我国《婚姻法》规定，子女对父母有赡养扶助的义务。由此可见，子女赡养父母不仅是社会主义道德的要求，也是法律规定的义务。在父母年老生活困难、无劳动能力的情况下，凡具备赡养能力的子女，都应当在经济上提供必要的帮助，担负一定的赡养费用。同时，子女还应该注重精神上的赡养，孝敬、体贴、关心父母，使老人在感情上得到安慰。继承遗产是一种权利，可以放弃，但赡养父母是一种义务，不能够以放弃继承权为由免除这种义务。

本案中，张某的女儿以将来张某去世后不继承其遗产为由，拒绝给付生活费和医疗费，这是错误的，也是违法的。不论是否继承张某的遗产，张某的女儿都应当履行赡养张某的义务。对于这种借故逃避履行赡养义务的人，应当由有关部门予以批评和教育。

法律依据

《中华人民共和国婚姻法》第二十一条规定:“父母对子女有抚养教育的义务;子女对父母有赡养扶助的义务。

父母不履行抚养义务时,未成年的或不能独立生活的子女,有要求父母付给抚养费的权利。

子女不履行赡养义务时,无劳动能力的或生活困难的父母,有要求子女付给赡养费的权利。

禁止溺婴、弃婴和其他残害婴儿的行为。”

7. 两份遗嘱内容相抵触，应以哪份为准？

案情简介

梁某去世，留下两份遗嘱，一份是 2004 年所立，明确将自己的两套房屋由他的两个儿子各继承一套，并办理了公证；另一份是 2005 年所立，指定两套房屋全部由次子继承。梁某的两个儿子为此发生争执，次子认为遗嘱应以最后一份为准，应由他一人继承父亲的两套房屋，长子则认为第一份遗嘱进行了公证，具有法律效力，自己也可以继承父亲的一套房屋。双方无法协商解决，诉至法院。

专家提示

本案涉及存在多份遗嘱时如何处理的法律问题。

遗嘱是指遗嘱人生前在法律允许的范围内，按照法律规定的方式对其遗产或其他事务所作的个人处分，并于遗嘱人死亡时发生效力的法律行为。在我国，法律规定的遗嘱形式有自书遗嘱、代书遗嘱、录音遗嘱、口头遗嘱和公证遗嘱等。

所谓公证遗嘱，是指经国家公证机关依法认可其真实性和合法性的遗嘱。公证遗嘱由于是向公证机关申请办理，更能保障遗嘱意思表示的真实性，因此效力最高。我国《继承法》及相关司法解释规定，遗嘱人立有多份遗嘱的，当遗嘱的内容相抵触时，如果遗嘱均未办理公证应以最后所立遗嘱为准。当多份遗嘱中有一份办理了公证，则不论时间先后，均以公证遗嘱为准。当多份遗嘱都进行了公证时，以最后一份公证遗嘱为准。

本案中，虽然两份遗嘱在形式和内容上都合法，但由于第一份遗嘱经过了公证机关的公证，属于公证遗嘱，因此，应以第一份遗嘱为准，兄弟两人各分得父亲的一套房屋。

法律依据

《中华人民共和国继承法》第二十条规定："遗嘱人可以撤销、变更自己所立的遗嘱。立有数份遗嘱，内容相抵触的，以最后的遗嘱为准。自书、代书、录音、口头遗嘱，不得撤销、变更公证遗嘱。"

《最高人民法院关于贯彻执行〈中华人民共和国继承法〉若干问题的意见》第四十二条规定："遗嘱人以不同形式立有数份内容相抵触的遗嘱，其中有公证遗嘱的，以最后所立公证遗嘱为准；没有公证遗嘱的，以最后所立的遗嘱为准。"

8. 遗嘱人在遗嘱设立后又对遗嘱财产进行处理的行为有效吗?

案情简介

熊某去世前,设立了一份遗嘱,称其遗产中的房屋由长子熊大继承,祖传的瓷器(价值1万元左右)和5万元存款由次子熊小继承。遗嘱设立后不久,熊大由于搬新家,熊某甚是开心,便将祖传的瓷器作价1万元卖给了某商人,这1万元全部赠与熊大,用于其购置新家电和家具,但熊小并不知晓。熊某死后,熊小发现遗嘱上所称的瓷器已经不在了,遂找哥哥询问情况,哥哥便告知了实情。熊小听后大怒,要求哥哥返还自己1万元以做补偿,但遭到了哥哥的拒绝。熊小无奈,诉至法院。

专家提示

本案涉及遗嘱人对遗嘱财产进行处理的行为是否有效的法律问题。

我国《继承法》规定,继承从被继承人死亡时开始。当被继承人立有遗嘱时,遗嘱所涉及财产的所有权只有在遗嘱人死亡之后才发生转移,遗嘱人死亡之前,遗产仍归遗嘱人所有。由于遗嘱人生前仍然享有遗产的所有权,因此,遗嘱人在立完遗嘱之后进行的处分遗产的行为是合法有效的。在这种情况下,之前遗嘱所涉及的该部分遗产的内容应当视为撤销,但遗嘱所涉及的其他部分遗产的分割内容仍然有效。

本案中,熊某处分自己遗嘱所涉及的部分财产的行为是合法有效的，遗嘱中关于瓷器的内容视为撤销。根据熊某的遗嘱，熊小只能继承父亲的5万元存款，要求哥哥返还1万元瓷器补偿费的要求是没有法律依据的，熊大无须返还1万元给熊小。

法律依据

《最高人民法院关于贯彻执行〈中华人民共和国继承法〉若干问题的意见》第三十九条规定："遗嘱人生前的行为与遗嘱的意思表示相反，而使遗嘱处分的财产在继承开始前灭失、部分灭失或所有权转移、部分转移的，遗嘱视为被撤销或部分被撤销。"

9. 债务人借款不还,债权人的继承人如何维护其合法权益?

案情简介

甲父母(已逝世)于2002年1月借给一起做生意的朋友乙人民币30000元,利息为0.2%,双方约定以乙的房产作为抵押,债务于一年内还清。然而乙未按期还款,多次追讨未果,至今已有四年。这种情况下甲应该如何维护自己的权益?

专家提示

本案涉及债权人的继承人如何维护其合法权益的问题。

根据《继承法》规定,甲对其父母的债权有继承权,现该债权由甲所有,其可以对乙主张权利。

对于房产抵押是否生效要看是否办理了抵押登记手续,如果没有办理,抵押权不生效。如果抵押权生效,甲可就乙抵押的房产主张优先受偿。

甲可以向法院申请支付令,也可以通过诉讼来维护自己的合法权益,但应当注意时效问题。普通债权的诉讼时效为两年,在本案中即2002年2月起算两年内。这期间若向债务人提出清偿的,诉讼时效中断,重新起算。但应当有证据证明曾向债务人提出清偿请求。

法律依据

《中华人民共和国民法通则》第一百三十五条规定:“向人民法院请求保护民事权利的诉讼时效期间为二年,法律另有规定的除外。”

第一百三十七条规定:“诉讼时效期间从知道或者应当知道权利被侵害时起计算。但是,从权利被侵害之日起超过二十年的,人民法院不予保护。有特殊情况的,人民法院可以延长诉讼时效期间。”

第一百四十条规定:“诉讼时效因提起诉讼、当事人一方提出要求或者同意履行义务而中断。从中断时起,诉讼时效期间重新计算。”

《中华人民共和国继承法》第三条规定:“遗产是公民死亡时遗留的个人合法财产,包括:

(一)公民的收入;

(二)公民的房屋、储蓄和生活用品;

(三)公民的林木、牲畜和家禽;

(四)公民的文物、图书资料;

(五)法律允许公民所有的生产资料;

(六)公民的著作权、专利权中的财产权利;

(七)公民的其他合法财产。”

第十条规定:“遗产按照下列顺序继承:

第一顺序:配偶、子女、父母。

第二顺序：兄弟姐妹、祖父母、外祖父母。

继承开始后，由第一顺序继承人继承，第二顺序继承人不继承。没有第一顺序继承人继承的，由第二顺序继承人继承。

本法所说的子女，包括婚生子女、非婚生子女、养子女和有抚养关系的继子女。

本法所说的父母，包括生父母、养父母和有扶养关系的继父母。

本法所说的兄弟姐妹，包括同父母的兄弟姐妹、同父异母或者同母异父的兄弟姐妹、养兄弟姐妹、有抚养关系的继兄弟姐妹。"

《中华人民共和国物权法》第一百八十条规定："债务人或者第三人有权处分的下列财产可以抵押：

（一）建筑物和其他土地附着物；

（二）建设用地使用权；

（三）以招标、拍卖、公开协商等方式取得的荒地等土地承包经营权；

（四）生产设备、原材料、半成品、产品；

（五）正在建造的建筑物、船舶、航空器；

（六）交通运输工具；

（七）法律、行政法规未禁止抵押的其他财产。

抵押人可以将前款所列财产一并抵押。"

第一百八十七条规定："以本法第一百八十条第一款第一项至第三项规定的财产或者第五项规定的正在建造的建筑物抵押的，应当办理抵押登记。抵押权自登记时设立。"

10. 老人遗嘱将遗产全留给再婚妻子不留给子女，子女能否强占遗产？

案情简介

李某与王某夫妇都是再婚，两人婚后购买了一套住房。后李某去世，李某生前留有遗嘱，表明其去世后该房屋由李某再婚的妻子王某继承。李某与前妻所生的子女都已成家，但他们对李某的遗嘱感到不满，将李某的房屋撬开，并将锁换掉，使王某无法进住房屋。那么在这种情况下，王某能否要回房子？

专家提示

根据《婚姻法》的规定，该套住房应是李某和王某夫妇的夫妻共同财产，李某和王某各拥有一半。因此，李某去世后，房屋的一半产权属于李某的遗产。根据我国《继承法》的规定，公民可以立遗嘱将个人财产指定由法定继承人的一人或者数人继承。李某将其拥有的房屋产权转由王某继承，是合法有效的，应按此遗嘱进行。李某和其前妻所生的子女无权对房屋主张权利。子女擅自将李某的住房撬开并换锁的做法侵犯了王某的合法权益，因此，王某有权要回房子。

法律依据

《中华人民共和国民法通则》第一百零六条规定:“公民、法人违反合同或者不履行其他义务的,应当承担民事责任。

公民、法人由于过错侵害国家的、集体的财产,侵害他人财产、人身的,应当承担民事责任。

没有过错,但法律规定应当承担民事责任的,应当承担民事责任。”

《中华人民共和国婚姻法(2001 年修正)》第十七条规定:“夫妻在婚姻关系存续期间所得的下列财产,归夫妻共同所有:

(一)工资、奖金;

(二)生产、经营的收益;

(三)知识产权的收益;

(四)继承或赠与所得的财产,但本法第十八条第三项规定的除外;

(五)其他应当归共同所有的财产。

夫妻对共同所有的财产,有平等的处理权。”

《中华人民共和国继承法》第五条规定:“继承开始后,按照法定继承办理;有遗嘱的,按照遗嘱继承或者遗赠办理;有遗赠扶养协议的,按照协议办理。”

11. 父亲全部财产遗赠他人,在大学读书的儿子能否继承财产?

案情简介

张某的父亲和母亲离婚多年,并各自已经再婚。张某自父母离婚之后,一直和母亲生活。2003 年张某的父亲去世并写下遗嘱,把其所有的遗产均留给其侄子。张某在上大学,缺乏独立生活能力,张某的母亲已经退休并身患重病,经济比较困难。那么张某父亲的遗嘱是否有效?张某可以继承父亲的部分遗产吗?张某父亲的单位发下一笔抚恤金,张某有权领取吗?

专家提示

张某父亲的遗嘱意思表示真实、合法有效,那么张某父亲的侄子就有权继承张某父亲的遗产。张某可以向法院主张自己暂时缺乏劳动能力也没有生活来源,要求法庭将遗产分割出一部分归其所有。如果法院认定张某确属缺乏劳动能力又没有生活来源的继承人,那么张某父亲的遗嘱未为其保留必要份额,对应预留份额的处分是无效的,张某可以要求张某父亲的侄子从遗产中预先给付应留的份额。

抚恤金有两种情况:其一,该抚恤金是发给因公负伤的职工或残废军人的;当该公民死亡时,剩余或积累的抚恤金可以作为遗产依法继承。其二,该抚恤金是公民死亡后单位发给其家属的,不属于死者的遗产范围,因而不存在继承和遗产分割的问题。若本案属于上述第一种情况,那么应当由张某父亲的侄子,依据遗嘱继承抚恤金；若属于上述第二种情况，那么张某父亲的配偶和张某都有权领取抚恤金。

遗嘱应当对缺乏劳动能力又没有生活来源的继承人保留必要的遗产份额，如果遗嘱没有预留份额的，对应预留份额的处分是无效的，但并非整个遗嘱都无效，处理时应从遗产中先提取应预留的份额，对于剩下的遗产按照遗嘱进行分割。本案中，张某可以向法庭主张自己暂时缺乏劳动能力也没有生活来源，要求法庭将遗产分割出一部分归其所有。

法律依据

《最高人民法院关于适用〈中华人民共和国婚姻法〉若干问题的解释(一)》第二十一条规定："婚姻法第二十一条所称'抚养费'，包括子女生活费、教育费、医疗费等费用。"

第二十七条："婚姻法第四十二条所称'一方生活困难'，是指依靠个人财产和离婚时分得的财产无法维持当地基本生活水平。

一方离婚后没有住处的，属于生活困难。

离婚时，一方以个人财产中的住房对生活困难者进行帮助的形式，可以是房屋的居住权或者房屋的所有权。"

《中华人民共和国继承法》第三条规定："遗产是公民死亡时遗留的个人合法财产，包括：

(一)公民的收入；

(二)公民的房屋、储蓄和生活用品；

(三)公民的林木、牲畜和家禽；

(四)公民的文物、图书资料；

(五)法律允许公民所有的生产资料;

(六)公民的著作权、专利权中的财产权利;

(七)公民的其他合法财产。"

第十六条规定:"公民可以依照本法规定立遗嘱处分个人财产,并可以指定遗嘱执行人。

公民可以立遗嘱将个人财产指定由法定继承人的一人或者数人继承。

公民可以立遗嘱将个人财产赠给国家、集体或者法定继承人以外的人。"

第十九条规定:"遗嘱应当对缺乏劳动能力又没有生活来源的继承人保留必要的遗产份额。"

12. 遗嘱人是否应为缺乏劳动能力又没有生活来源的继承人保留必要的遗产？

案情简介

李某早年丧偶，膝下有一子一女。儿子甲聪明可爱，深受李某疼爱；女儿乙自小体弱多病，生活不能自理，李某颇为厌恶。2006 年 6 月，李某病重，弥留之际立下遗嘱，将其所有房产及存款悉数留给儿子甲，女儿乙分文不给。李某去世后，儿子甲依遗嘱继承所有财产。女儿乙生活窘困，迫于无奈，要求将其父李某的遗产重新分割，以保留自己必要的遗产。儿子甲拒绝，称遗嘱为李某亲自写下，是合法的。双方协商未果，诉至法院。

专家提示

李某应为缺乏劳动能力又没有生活来源的乙保留必要的遗产。

《继承法》第十九条明确规定，遗嘱应当对缺乏劳动能力又没有生活来源的继承人保留必要的遗产份额。本案中，女儿乙体弱多病，生活不能自理，李某立遗嘱时，应为其保留必要的份额。又根据《最高人民法院关于贯彻执行〈中华人民共和国继承法〉若干问题的意见》第三十七条的规定，李某未保留女儿乙的遗产份额，在处理遗产时，应先为女儿乙留下必要的财产，剩余的部分，再按照遗嘱，由甲继承。因此，女儿乙有权要求重新分割，保留自己必要的遗产。

法律依据

《最高人民法院关于贯彻执行〈中华人民共和国继承法〉若干问题的意见》第三十七条规定:“遗嘱人未保留缺乏劳动能力又没有生活来源的继承人的遗产份额,遗产处理时,应当为该继承人留下必要的遗产,所剩余的部分,才可参照遗嘱确定的分配原则处理。继承人是否缺乏劳动能力又没有生活来源,应按遗嘱生效时该继承人的具体情况确定。”

《中华人民共和国继承法》第十九条规定:“遗嘱应当对缺乏劳动能力又没有生活来源的继承人保留必要的遗产份额。”

13. 死亡赔偿金可否作为遗产进行继承?

案情简介

2007 年 9 月,徐某不幸在一场交通事故中意外身亡,肇事方赔偿死者家属各项损失共计 50 万元,其中死亡赔偿金为 10 万元。徐某的妹妹在徐某生前和徐某夫妇共同生活在一起,她认为这 10 万元的死亡赔偿金是对死者近亲属的精神损害赔偿金,不应按照法定来继承,于是请求徐某的妻子罗某分割这笔死亡赔偿金,罗某不同意,于是两人诉诸至法院。

专家提示

本案涉及死亡赔偿金的性质以及继承的法律问题。

所谓死亡赔偿金是指由于行为人的过错,造成他人死亡的后果,依照有关法律、法规的规定,除了赔偿抚(扶)养费、丧葬费及直接经济损失外,还应另外赔偿的一笔补偿费用。

死亡赔偿金的性质对于解决死亡赔偿金的许多问题都起到至关重要的作用。那么死亡赔偿金的性质到底是对死者家属的一种精神抚恤费用还是对死者财产损失的一种赔偿呢? 如果是前者,那么其赔偿对象应当是其家属,即与死者有血缘关系或者身份关系,同时又存在情感相依、同财共居的特殊利害关系的人。相反,如果定性为对死者财产损失的赔偿,那么这笔赔偿金应当按照法律的规定来继承。

《最高人民法院关于确定民事侵权精神损害赔偿责任若干问题的解释》第九条规定死亡赔偿金为精神抚慰金,属于精神损害方面的赔偿，精神损害赔偿是间接损失，是不能够被继承的。在司法实践中，各地人民法院也是依据该项条款认定死亡赔偿金不是遗产的，同时认为：死者的死亡赔偿金不属于《继承法》第三条规定的遗产的任何一项，因此死亡赔偿金不是遗产，但是在死亡赔偿金的处理分配中，却又是按照《继承法》的规定在死者的法定继承人之间按继承顺序加以分割。于是，在司法实践中，就出现了死亡赔偿金不是死者的遗产却按照法定继承来继承的奇怪现象。

《最高人民法院关于审理人身损害赔偿案件适用法律若干问题的解释》第二十九条规定了死亡赔偿金按照受诉法院所在地上一年度城镇居民人均可支配收入或者农村居民人均纯收入标准，按 20 年计算，但 60 周岁以上的，年龄每增加一岁减少一年；75 周岁以上的，按五年计算；第三十一条第一款规定了人民法院应当按照《民法通则》第一百三十一条以及该解释第二条的规定，确定第十九条至第二十九条各项财产损失的实际赔偿金额，均认定了死亡赔偿金的性质属于财产损失，直接推翻了《最高人民法院关于确定民事侵权精神损害赔偿责任若干问题的解释》第九条的规定，即死亡赔偿金属于死者的遗产，应当按照法律的规定，在死者的法定继承人之间按继承顺序加以分割。

那么本案中，这 10 万元死亡赔偿金就应当被认定为死者徐某的遗产而在法定继承人之间按继承顺序加以分割。《继承法》第十条规定了法定继承的顺序，第一顺序继承人有配偶、子女、父母；第二顺序继承人为兄弟姐妹、祖父母、外祖父母。徐某的妹妹是第二顺序的继承人，因此无权请求分割这 10 万元的遗产。

法律依据

《中华人民共和国继承法》第十条规定:"遗产按照下列顺序继承:

第一顺序:配偶、子女、父母。

第二顺序:兄弟姐妹、祖父母、外祖父母。

继承开始后,由第一顺序继承人继承,第二顺序继承人不继承。没有第一顺序继承人继承的,由第二顺序继承人继承。

本法所说的子女,包括婚生子女、非婚生子女、养子女和有抚养关系的继子女。

本法所说的父母,包括生父母、养父母和有抚养关系的继父母。

本法所说的兄弟姐妹,包括同父母的兄弟姐妹、同父异母或者同母异父的兄弟姐妹、养兄弟姐妹、有扶养关系的继兄弟姐妹。"

《最高人民法院关于审理人身损害赔偿案件适用法律若干问题的解释》第二十九条规定:"死亡赔偿金按照受诉法院所在地上一年度城镇居民人均可支配收入或者农村居民人均纯收入标准,按二十年计算。但六十周岁以上的,年龄每增加一岁减少一年;七十五周岁以上的,按五年计算。"

《最高人民法院关于审理人身损害赔偿案件适用法律若干问题的解释》第三十一条规定:"人民法院应当按照民法通则第一百三十一条以及本解释第二条的规定,确定第十九条至第二十九条各项财产损失的实际赔偿金额。"

14. 股东资格能否继承取得？

案情简介

2007 年 8 月，张某等四人共同出资设立了 A 有限责任公司，但该公司章程中未对股东去世后其出资如何处理做出约定。2009 年 12 月张某得了一场重病，于 2010 年 1 月去世，于是，张某的女儿孙某想继承张某在 A 公司中的股东资格，却遭到了其他股东的拒绝，于是孙某向法院提起诉讼，要求继承股份，行使股东权，那么孙某有权继承其母亲张某在公司中的股东资格吗？

专家提示

所谓股东，简单地说即股权所有人，凡取得股权者即为拥有股东资格，凡失去股权者即为失去股东资格。

有限责任公司的股东基于出资行为，取得了与出资财产等值的股份份额，该股份份额表现为一种财产权益即股权。股权既非纯粹的财产权，亦非纯粹的人身权，乃是一种以财产性为主导的兼附人身性的综合财产权利。它包括自益权和共益权。基于此权利，股东可从有限责任公司中分得利润，并得参与管理、经营。股权中的人身权益与股东身份密不可分，随股东人身消灭而消灭，是不能被继承的。《最高人民法院关于贯彻执行〈中华人民共和国继承法〉若干问题的意见》第三条规定了公民可继承的其他合法财产包括有价证券和履行标的为财物的债权等。作为有限责任公司股东股权表现形式的出资证明书，虽然由于股东的死亡不再是股权完整的表现形式，但它仍然是一种可获得分配利益的凭证,体现了股权中的财产权,具有有价证券的性质,是可以被继承的。但自2006年月1月1日起施行的新修订的《公司法》对这一问题已经作出了明确规定。根据新《公司法》第七十六条的规定,自然人股东死亡后,其合法继承人可以继承包括财产价值和股东资格在内的完整股权,除非公司章程以明确规定排除股东资格继承的可能。

据此,本案中A有限责任公司的章程中未对股东去世后其出资如何处理做出约定,所以张某的女儿孙某可以继承张某的股东资格,成为公司的股东。

法律依据

《中华人民共和国公司法》第七十六条规定:"自然人股东死亡后,其合法继承人可以继承股东资格;但是,公司章程另有规定的除外。"

《最高人民法院关于贯彻执行〈中华人民共和国继承法〉若干问题的意见》第三条规定:"公民可继承的其他合法财产包含有价证券和履行标的为财物的债权等。"

15. 前妻能否请求分割公公的遗产?

案情简介

刘老汉早年丧妻,孤身一人把两个儿子刘大和刘二抚养成人,如今两个儿子都已结婚生子。2008 年春,刘老汉病逝,留下了一笔 20 万元的存款,可是两个儿子一直未对遗产进行分割。2009 年 7 月,刘大因与妻子张某感情不和而离婚,次月,刘大不幸因车祸去世。刘大的女儿刘某要求继承其祖父刘老汉遗产中属于其父刘大应继承的份额,其妻张某要求分割刘老汉遗产中属于自己的部分,均遭到刘二的拒绝。刘某、张某遂向人民法院提起诉讼,要求分割遗产。

专家提示

本案涉及转继承制度以及已经离婚的原配偶能否分得前夫父亲的遗产的法律问题。

所谓转继承,是指继承人在继承开始后实际分割遗产前死亡,该继承人的法定继承人代其实际接受其有权继承的遗产,实际接受遗产的已死亡的继承人的法定继承人称为转继承人,于继承开始后遗产分割前死亡的继承人称为被转继承人。

如果继承人在继承开始以后,死亡前办理了离婚手续且已经生效的,由于其应当继承的遗产份额仍然是婚姻关系存续期间取得的,在夫妻双方没有约定的情况下,还是属夫妻共同财产,对该部分继承所得的财产应当进行夫妻财产分割。这时其原配偶不具有丈夫或者妻子的特定身份,因此不享有转继承权,只能要求分割属于夫妻共同财产中属于自己的部分，他（她）在诉讼中的地位应当是有独立请求权的第三人。对该部分继承所得财产的权利，在遗产分割前继承人可以选择放弃继承。因此，在离婚之时，继承人的配偶作为非继承人无权要求对财产进行分割，其只能对遗产享有期待权，即一旦继承人对遗产作出了分割安排，继承人的原配偶就可以要求分得属于自己的部分。换句话来说，非继承人配偶的财产权利的实现只能依靠被继承人的遗产的分割，且在分割前继承人没有放弃继承权。

当继承人于遗产分割前死亡的情况出现时，由于继承人不能再作放弃继承的意思表示，原本由其继承的财产份额就自然地构成了他自己财产的一部分，因此，可以被转继承。另外，正如前面所说，继承人在被继承人死亡后，遗产分割前即享有对遗产的权利，只是这种权利表现在份额上，当财产分割完毕，权利才物化在具体的遗产上。因此，该财产应确定为婚姻关系存续期间所得，是离婚时未分割的财产，离婚的配偶有权请求夫妻财产的分割，分割后属于继承人的部分为其遗产，由其法定继承人转继承。

我们在这里还应当特别注意在遗嘱转继承中夫妻共同财产的例外情况。《中华人民共和国婚姻法》第十八条规定：有下列情形之一的，为夫妻一方的财产：①一方的婚前财产；②一方因身体受到伤害获得的医疗费、残疾人生活补助费等费用；③遗嘱或赠与合同中确定只归夫或妻一方的财产；④一方专用的生活用品；⑤其他应当归一方的财产。由此可知，如果被继承人在遗嘱中明确了遗产只归夫妻一方所有，其配偶不享有该财产权利，那么被转继承人所继承的遗产则不属于夫妻共同财产，属于被转继承人的个人财产，应当全部进行转继承，已经离婚的配偶无权要求分割财产，也就不能参加到继承诉讼中来，没有离婚的配偶在继承关系中也就没有要求先行扣除的权利。

因此，本案中，刘大对遗产的权利是在婚姻关系期间取得的，在无特别约定的情况下应属于夫妻共同所有财产。其妻张某可以对该继承所得财产以属于夫妻共同财产为由要求予以分割。刘大通过继承获得的遗产中有一半属于张某所有,另一半才是其个人财产,只能对其享有的个人财产适用转继承规定,由其女儿刘某转继承。

法律依据

《关于贯彻执行〈中华人民共和国继承法〉若干问题的意见》第五十二条规定:"继承开始以后,继承人没有表示放弃继承,并于遗产分割前死亡的,其继承遗产的权利转移给他的合法继承人。"

第五十三条规定:"继承开始后,受遗赠人表示接受遗赠,并于遗产分割前死亡的,其接受遗赠的权利转移给他的继承人。"

《中华人民共和国婚姻法》第十八条规定:"有下列情形之一的,为夫妻一方的财产:

(一)一方的婚前财产;

(二)一方因身体受到伤害获得的医疗费、残疾人生活补助费等费用;

(三)遗嘱或赠与合同中确定只归夫或妻一方的财产;

(四)一方专用的生活用品;

(五)其他应当归一方的财产。"

16. 遗嘱人撕毁公证遗嘱能否视为撤销遗嘱?

案情简介

邱某有一儿一女,2004 年 3 月,邱某立下一份公证遗嘱,将大部分财产留给儿子邱甲,少部分财产留给女儿邱乙。2005 年 7 月,邱甲因为抢劫罪被判入狱,邱某一气之下,当着全家人的面把这份公证遗嘱撕毁了,没过多长时间,邱某便去世了。邱甲出狱后要求按照公证遗嘱的内容继承财产,邱乙坚决反对,邱甲遂起诉到法院。

专家提示

本案涉及遗嘱人撕毁公证遗嘱能否视为撤销遗嘱的法律问题。

遗嘱的变更、撤销方式包括明示的和推定的。变更、撤销的明示方式是指遗嘱人以明确的意思表示变更、撤销遗嘱。推定方式有遗嘱人故意销毁遗嘱或涂销遗嘱等。那么采取烧毁、撕毁公证遗嘱的方式能否发生撤销遗嘱的效力呢?我国法律没有对此作出明确的规定。公证遗嘱在设立时需要经过法定的程序和国家公证机关的公证,其效力要高于其他形式的遗嘱。《继承法》第二十一条规定了自书、代书、录音、口头遗嘱,不得撤销、变更公证遗嘱。《继承法意见》第四十二条规定了遗嘱人以不同形式立有数份内容相抵触的遗嘱,其中有公证遗嘱的,以最后所立公证遗嘱为准;没有公证遗嘱的,以最后所立的遗嘱为准。据此,自书、代书、录音、口头遗嘱都不能变更、撤销公证遗嘱,那么说明公证遗嘱在变更、撤销时也应当经过法定程序和公证处的公证。

本案中，邱某当众撕毁公证遗嘱的行为不能被认定为变更、撤销遗嘱的行为，邱某变更、撤销公证遗嘱的方式是另立一份新的遗嘱，并应当经过公证机关的公证，所以邱甲仍然有权继承邱某的遗产。

法律依据

《继承法》第二十一条第三款就明文规定："自书、代书、录音、口头遗嘱，不得撤销、变更公证遗嘱。"

《继承法意见》第四十二条规定："遗嘱人以不同形式立有数份内容相抵触的遗嘱，其中有公证遗嘱的，以最后所立公证遗嘱为准；没有公证遗嘱的，以最后所立的遗嘱为准。"

救助措施与法律责任

1. 拒不执行法院关于赡养的判决应负何种法律责任?

案情简介

1939年出生的徐某早年丧偶,膝下有两子一女,2006年,徐某因患脑血栓落了半身不遂症,生活难以自理,但他的子女们却不闻不问。就此事,徐某所在单位的居委会请求法律援助机构前来调解,但调解不欢而散。徐某忍无可忍,委托律师向人民法院提起诉讼。经人民法院判决,由小儿子赡养老人并负责老人的衣食住行,大儿子每月支付给老人300元赡养费,女儿每月支付200元。头几年,子女们都能按照法院的判决予以执行。后来,大儿子经常以经济拮据为由,拖欠老人的赡养费。女儿知道后,心里极为不平衡,遂找到大儿子说理。最后,大儿子和女儿索性都不再支付老人的赡养费。那么,徐某的合法权益应当如何维护呢?

专家提示

本案涉及赡养权利人如何实施救助措施以及不履行赡养义务者应负何种法律责任等法律问题。

所谓救助措施,是指当权利主体在实现权利的过程中遇到阻碍或者受到侵害时,法律允许权利主体或有关机关依法采取保护或恢复权利主体合法权利的手段和方法的总称。救助措施根据救助主体的不同可以分为自力救济和公力救济。自力救济是指权利人自己采取各种合法手段保护自己的权益不受侵犯,这种救济措施本身受到法律的严格限制,权利主体只能以法律规定的方式在法律许可的限度内实施。常见的自力救济有正当防卫、紧急避险、自助行为等。公力救济是指当权利受到侵犯或有受侵犯之嫌时，国家机关依程序给予保护。在民事纠纷解决领域，公力救济主要指民事诉讼和强制执行程序。所谓强制执行，是指人民法院按照法定程序，运用国家强制力量，根据执行文书的规定，强制民事义务人完成其所承担的义务，以保证权利人的权利得以实现。

我国《婚姻法》单设了独立的一章“救助措施与法律责任”，明确规定了对受害者的救助措施和实施侵犯婚姻家庭权益行为所应承担的民事责任、行政责任和刑事责任。其中，对于不执行给付赡养费的，人民法院可以依法强制执行。同时，有关个人和单位应当协助执行。

本案中，徐某可以向原审人民法院提出请求大儿子和女儿强制执行赡养义务，人民法院应当依法强制徐某的大儿子和女儿执行当初法院判决的赡养费数额，徐某大儿子和女儿所在的单位应当协助人民法院执行。对于仍不执行的，人民法院可以采取拘传等措施。情节恶劣的，赡养义务人还将承担刑事责任。

法律依据

《中华人民共和国婚姻法》第四十八条规定：“对拒不执行有关扶养费、抚养费、赡养费、财产分割、遗产继承、探望子女等判决或裁定的，由人民法院依法强制执行。有关个人和单位应负协助执行的责任。”

《中华人民共和国刑法》第二百六十一条规定：“对于年老、年幼、患病或者其他没有独立生活能力的人，负有扶养义务而拒绝扶养，情节恶劣的，处五年以下有期徒刑、拘役或者管制。”

2. 实施家庭暴力应负何种法律责任?

案情简介

辛某和妻子崔某婚后生有一女姗姗。辛某由于存在严重的重男轻女思想,一直对女儿的关心欠佳,认为妻子断绝了他的后代。姗姗进入小学后,辛某的这种思想愈发激烈,加上工作等方面的不顺心,辛某经常无故发火,有时候还无端打骂妻子,甚至还拿女儿出气。有一次,辛某竟打得妻子右腿淤青。公安机关得知后,依照《中华人民共和国治安管理处罚法》的规定,对辛某处以行政拘留 7 天,并罚款 400 元。

专家提示

本案涉及家庭暴力的定性及家庭暴力实施者所应承担的法律责任等法律问题。

所谓家庭暴力,我国《婚姻法解释(一)》对此给出了明确定义,即行为人以殴打、捆绑、残害、强行限制人身自由或者其他手段,给其家庭成员的身体、精神等方面造成一定伤害后果的行为。在我国,有些人把打妻子、打子女看作是自家的家务事,外人管不着,这种思想是极其错误的。我国《婚姻法》中明确规定了“禁止家庭暴力”。在理解家庭暴力时,需要注意两点:一是不能把日常生活中偶尔的打闹、争吵理解为家庭暴力;二是家庭暴力不仅包括夫妻之间,家庭其他成员之间发生的暴力也包括在内。根据我国《婚姻法》的规定,家庭暴力受害者的救助措施有:

(1)受害人提出请求的,居民委员会、村民委员会以及受害者所在单位应当予以劝阻、调解。对于正在实施的家庭暴力,公安机关还应当予以制止。当受害人向公安机关提出请求时,公安机关应当依照治安管理处罚的法律规定对实施者进行行政处罚。

(2)受害者可以以此理由要求离婚,并向人民法院提起民事诉讼要求实施者承担损害赔偿责任。

(3)对于严重的家庭暴力行为,受害者可以依照《刑事诉讼法》的有关规定,向人民法院提起自诉,公安机关应当依法侦查,人民检察院应当依法提起公诉。

家庭暴力实施者承担的法律责任主要分为三种:

(1)民事责任。我国《婚姻法》规定,受害者在离婚的同时要求实施者承担损害赔偿责任的,实施者应当承担相应的损害赔偿责任。

(2)行政责任。根据我国《婚姻法》规定,受害者提出请求时,公安机关应当依照治安管理处罚的法律规定对实施者予以行政处罚。我国《治安管理处罚法》规定,在通常情况下针对这种情形处五日以上十日以下拘留,并处200元以上500元以下罚款。

(3)刑事责任。严重的家庭暴力,必然会触犯我国《刑法》。家庭暴力构成犯罪的,将根据《刑法》的规定追究刑事责任。实施家庭暴力的,根据不同的情况,可能构成不同的犯罪。例如,以暴力手段致使他人死亡的,构成故意杀人罪;故意伤害他人身体的,构成故意伤害罪;以捆绑等手段非法剥夺他人人身自由的,构成非法拘禁罪。

本案中,辛某无端打骂妻子,甚至还拿女儿出气,已构成家庭暴力行为,但尚未达到严重的程度,因此,应对辛某实施行政处罚为宜。

法律依据

《中华人民共和国婚姻法》第三十二条规定:"有下列情形之一,调解无效的,应准予离婚:(一)重婚或有配偶者与他人同居的;(二)实施家庭暴力或虐待、遗弃家庭成员的;(三)有赌博、吸毒等恶习屡教不改的;(四)因感情不和分居满二年的;(五)其他导致夫妻感情破裂的情形。一方被宣告失踪,另一方提出离婚诉讼的,应准予离婚。"

第四十三条规定:"实施家庭暴力或虐待家庭成员,受害人有权提出请求,居民委员会、村民委员会以及所在单位应当予以劝阻、调解。对正在实施的家庭暴力,受害人有权提出请求,居民委员会、村民委员会应当予以劝阻;公安机关应当予以制止。实施家庭暴力或虐待家庭成员,受害人提出请求的,公安机关应当依照治安管理处罚的法律规定予以行政处罚。"

第四十五条规定:"对重婚的,对实施家庭暴力或虐待、遗弃家庭成员构成犯罪的,依法追究刑事责任。受害人可以依照刑事诉讼法的有关规定,向人民法院自诉;公安机关应当依法侦查,人民检察院应当依法提起公诉。"

第四十六条规定:"有下列情形之一,导致离婚的,无过错方有权请求损害赔偿:(一)重婚的;(二)有配偶者与他人同居的;(三)实施家庭暴力的;(四)虐待、遗弃家庭成员的。"

《最高人民法院关于适用〈中华人民共和国婚姻法〉若干问题的解释(一)》第一条规定:“婚姻法第三条、第三十二条、第四十三条、第四十五条、第四十六条所称的‘家庭暴力’,是指行为人以殴打、捆绑、残害、强行限制人身自由或者其他手段,给其家庭成员的身体、精神等方面造成一定伤害后果的行为。持续性、经常性的家庭暴力,构成虐待。”

《中华人民共和国治安管理处罚法》第四十三条规定:“殴打他人的,或者故意伤害他人身体的,处五日以上十日以下拘留,并处二百元以上五百元以下罚款;情节较轻的,处五日以下拘留或者五百元以下罚款。有下列情形之一的,处十日以上十五日以下拘留,并处五百元以上一千元以下罚款:(一)结伙殴打、伤害他人的;(二)殴打、伤害残疾人、孕妇、不满十四周岁的人或者六十周岁以上的人的;(三)多次殴打、伤害他人或者一次殴打、伤害多人的。”

3. 虐待家庭成员应负何种法律责任?

案情简介

王某的妻子谭某与王某的母亲关系一直不好，经常惹出纠纷。后来，慢慢地，王某也开始嫌弃自己的母亲了。由于王某的父亲英年早逝，母亲又住在自己家中，王某也盼着老母早点死去，免的拖累自己。一次，王某与母亲因为一件小事发生了争执，王某夫妇商量后，决定将老人搬至后屋原来用于圈养牲口的偏房内居住，地上只铺一些稻草作床。后来，王某夫妇怕老人进出自家前屋时弄脏了地板，干脆将偏房的木门锁住，每天给老人送些冷饭剩汤，有时饿得已 70 岁老母直叫喊。一个月后，老人的身体明显消瘦了许多，头发也白了不少。王某夫妇这种丧良心的行为很快在村里传播开来。那么，王某夫妇的这种行为是否属于虐待家庭成员？应负何种法律责任？

专家提示

本案涉及虐待家庭成员的定性及虐待行为实施者所应承担的法律责任等法律问题。

所谓虐待，是指对共同生活的家庭成员以打骂、捆绑、冻饿、限制自由、凌辱人格、不给治病或者强迫过度劳动等方法，从肉体上和精神上进行摧残折磨的行为。我国《婚姻法》司法解释把持续性、经常性的家庭暴力也归结为虐待行为，情节恶劣的，构成虐待罪。

根据我国《婚姻法》的有关规定，对受害者的救助措施有：

(1)受害者提出请求的,居民委员会、村民委员会以及受害者所在单位应当予以劝阻、调解。当受害人向公安机关提出请求时,公安机关应当依照《治安管理处罚法》的规定对实施者进行行政处罚。

(2)受害者可以以此理由要求离婚,并向人民法院提起民事诉讼要求实施者承担损害赔偿责任。

(3)虐待行为构成犯罪的,受害者可以依照我国《刑事诉讼法》的有关规定,向人民法院提起自诉,公安机关应当依法侦查,人民检察院应当依法提起公诉。

虐待行为实施者承担的法律责任主要分为三种:

(1)民事责任。我国《婚姻法》规定,受害者在离婚的同时要求实施者承担损害赔偿责任的,实施者应当承担相应的损害赔偿责任。

(2)行政责任。根据我国《婚姻法》规定,受害者提出请求时,公安机关应当依照治安管理处罚的法律规定对实施者进行行政处罚。我国《治安管理处罚法》规定,在受害者要求对虐待人进行处理时,公安机关应当处以五日以下拘留或者警告。

(3)刑事责任。虐待家庭成员,情节恶劣的,构成虐待罪,实施者应当承担刑事责任。现实生活中,并不是所有的虐待行为都构成虐待罪,虐待行为必须达到"情节恶劣"时才能构成虐待罪,认定情节恶劣一般从虐待的手段、持续的时间、对象、结果、社会影响、行为人的动机等方面综合评价。所谓"情节恶劣",主要表现为:虐待动机卑鄙,手段残酷,持续时间较长,屡教不改的,被害人是年幼、年老、病残者、孕妇、产妇的,先后虐待多人等。对于一般家庭纠纷的打骂或者曾有虐待行为,但情节轻微,后果不严重的,不构成虐待罪。有的父母教育子女时方法简单、粗暴,有时甚至打骂、体罚,这种行为是错误的,应当批评教育。只要不是有意对被害人在肉体上和精神上进行摧残和折磨,都不应以虐待罪论处。

本案中，王某夫妇对王母交替使用了肉体摧残和精神折磨，这种行为是对王母作为家庭成员的平等权利和人身权利的严重侵害，且王母已年过七旬，实属情节恶劣。主观上，王某夫妇虐待的动机在于想让母亲早点死去，以免长期拖累他们，实属故意。因此，王某夫妇的行为属于虐待家庭成员，且性质恶劣，构成虐待罪，应当承担相应的刑事责任。

法律依据

《中华人民共和国婚姻法》第三十二条规定："有下列情形之一，调解无效的，应准予离婚：(一)重婚或有配偶者与他人同居的；(二)实施家庭暴力或虐待、遗弃家庭成员的；(三)有赌博、吸毒等恶习屡教不改的；(四)因感情不和分居满二年的；(五)其他导致夫妻感情破裂的情形。一方被宣告失踪，另一方提出离婚诉讼的，应准予离婚。"

第四十三条规定："实施家庭暴力或虐待家庭成员，受害人有权提出请求，居民委员会、村民委员会以及所在单位应当予以劝阻、调解。对正在实施的家庭暴力，受害人有权提出请求，居民委员会、村民委员会应当予以劝阻；公安机关应当予以制止。实施家庭暴力或虐待家庭成员，受害人提出请求的，公安机关应当依照治安管理处罚的法律规定予以行政处罚。"

第四十五条规定："对重婚的，对实施家庭暴力或虐待、遗弃家庭成员构成犯罪的，依法追究刑事责任。受害人可以依照刑事诉讼法的有关规定，向人民法院自诉；公安机关应当依法侦查，人民检察院应当依法提起公诉。"

第四十六条规定："有下列情形之一，导致离婚的，无过错方有权请求损害赔偿：（一）重婚的；（二）有配偶者与他人同居的；（三）实施家庭暴力的；（四）虐待、遗弃家庭成员的。"

《最高人民法院关于适用〈中华人民共和国婚姻法〉若干问题的解释（一）》第一条规定："婚姻法第三条、第三十二条、第四十三条、第四十五条、第四十六条所称的'家庭暴力'，是指行为人以殴打、捆绑、残害、强行限制人身自由或者其他手段，给其家庭成员的身体、精神等方面造成一定伤害后果的行为。持续性、经常性的家庭暴力，构成虐待。"

《中华人民共和国治安管理处罚法》第四十五条规定："有下列行为之一的，处五日以下拘留或者警告：（一）虐待家庭成员，被虐待人要求处理的；（二）遗弃没有独立生活能力的被扶养人的。"

《中华人民共和国刑法》第二百六十条规定："虐待家庭成员，情节恶劣的，处二年以下有期徒刑、拘役或者管制。犯前款罪，致使被害人重伤、死亡的，处二年以上七年以下有期徒刑。第一款罪，告诉的才处理。"

4. 遗弃家庭成员应负何种法律责任?

案情简介

黄某(男)与何某(女)于2005年2月3日结婚。由于婚前双方缺乏了解,感情基础较为薄弱。结婚一年后,何某因病住院治疗,黄某的性格开始变得暴躁起来,对何某经常恶言恶语,何某再也没有体会到夫妻之间的互相照顾,也没有感受到夫妻之间的关爱和家庭的温暖。即使何某因病五次住院,也是自己照顾自己,这一切只有何某独自承受。最不可容忍的是在2008年的端午节黄某和其父母把何某赶出家门,公然遗弃何某,此后何某一直住在娘家。

专家提示

本案涉及遗弃家庭成员的定性及遗弃行为实施者所应承担的法律责任等法律问题。

所谓遗弃,是指对于年老、年幼、患病或者其他没有独立生活能力的人,负有扶(抚)养义务而拒绝扶(抚)养的行为,如父母不抚养未成年子女;成年子女不赡养无劳动能力或生活困难的父母;配偶不履行扶养对方的义务等。遗弃以不作为的形式出现,该为而不为,致使被遗弃人的权益受到侵害。

根据我国《婚姻法》的有关规定,受害者的救助措施有:

(1)受害者提出请求的,居民委员会、村民委员会以及受害者所在单位应当予以劝阻、调解。

(2)受害者可以此理由要求离婚,并向人民法院提起民事诉讼要求遗弃者承担损害赔偿责任。

(3)遗弃家庭成员构成犯罪的，受害者可以依照《刑事诉讼法》的有关规定，向人民法院提起自诉，公安机关应当依法侦查，人民检察院应当依法提起公诉。

遗弃行为实施者承担的法律责任主要分为两种：

(1)民事责任。我国《婚姻法》规定，受害者提出请求的，实施者应当承担支付扶养费、抚养费、赡养费的责任。受害者在离婚的同时要求实施者承担损害赔偿责任的，实施者应当承担相应的损害赔偿责任。

(2)刑事责任。遗弃情节恶劣的，构成遗弃罪，实施者应当承担刑事责任。现实生活中，并不是所有的遗弃行为都构成遗弃罪，遗弃行为必须达到"情节恶劣"时才能构成遗弃罪。至于"情节恶劣"的判定标准，审判实践中一般将下列情节认定为情节恶劣：由于遗弃而致被害人重伤、死亡的；被害人因被遗弃而生活无着，四处流浪的；因遗弃而使被害人走投无路被迫自杀的；行为人屡经教育，拒绝改正而使被害人的生活陷入危难境地的；遗弃动机或手段十分卑劣的(如在遗弃中又有打骂、虐待行为的)等。

本案中，黄某虽然对妻子何某存在一定的遗弃行为，但尚不构成遗弃罪。何某可以以此提出离婚，并要求黄某承担损害赔偿责任。

法律依据

《中华人民共和国婚姻法》第四十四条规定:“对遗弃家庭成员,受害人有权提出请求,居民委员会、村民委员会以及所在单位应当予以劝阻、调解。对遗弃家庭成员,受害人提出请求的,人民法院应当依法作出支付扶养费、抚养费、赡养费的判决。”

第四十五条规定:“对重婚的,对实施家庭暴力或虐待、遗弃家庭成员构成犯罪的,依法追究刑事责任。受害人可以依照刑事诉讼法的有关规定,向人民法院自诉;公安机关应当依法侦查,人民检察院应当依法提起公诉。”

第四十六条规定:“有下列情形之一,导致离婚的,无过错方有权请求损害赔偿:(一)重婚的;(二)有配偶者与他人同居的;(三)实施家庭暴力的;(四)虐待、遗弃家庭成员的。”

《中华人民共和国刑法》第二百六十一条规定:“对于年老、年幼、患病或者其他没有独立生活能力的人,负有扶养义务而拒绝扶养,情节恶劣的,处五年以下有期徒刑、拘役或者管制。”

5. 实施重婚行为应负何种法律责任?

案情简介

浙江某公司职员丁某早已娶妻生子,儿子已上小学。丁某由于工作原因,需要常驻该公司山西办事处。在此期间,丁某与自己公司有业务往来的山西女子蔡某产生了暧昧关系,慢慢地,双方开始了同居关系。蔡某一直认为丁某未婚,于是产生了想嫁给丁某的想法。丁某考虑到以后在工作业务上的发展,欣然应允了蔡某的要求,并托人找了关系,在当地婚姻登记机关与蔡某共同领取了结婚证。然而,有一次,在丁某回浙江总公司开会期间,蔡某给丁某打电话,发现接听电话的人是一位女性,并声称是丁某的妻子。蔡某大吃一惊,这才恍然大悟,遂将丁某告上了法庭。

专家提示

本案涉及重婚行为的定性及所应承担的法律责任等法律问题。

所谓重婚,是指有配偶者又与他人结婚,或者明知他人有配偶而与之结婚的行为。

一夫一妻制是我国《婚姻法》的一项基本原则,它要求任何公民不得同时拥有两个及以上的法定配偶。已婚者在原有婚姻关系未终止之前,不得另行登记结婚。遵守一夫一妻制是每个公民应尽的法律义务和道德责任。在我国的司法实践中,重婚行为一般表现为法律上的重婚和事实上的重婚。法律上的重婚,是指当事人有配偶又与他人登记结婚,即前一个婚姻是经过婚姻登记的，后一个也是经过了婚姻登记。事实上的重婚，是指在婚姻关系没有解除前与他人以夫妻名义同居生活，周围群众也认为这种同居关系是夫妻关系。事实重婚和姘居、通奸是有区别的。姘居是指男女一方或双方已有配偶，而又与第三者同居的，这种同居是出于不良动机，彼此并不以夫妻相待，也无长远共同生活的目的。通奸是指已婚人士自愿与配偶以外的异性发生临时的、秘密的两性关系，并无同居生活的意图。

根据我国《婚姻法》的规定，受害人的救助措施有：

(1)受害者可以此理由要求离婚，并向人民法院提起民事诉讼要求重婚者承担损害赔偿责任。

(2)受害者可以依照我国《刑事诉讼法》的有关规定，向人民法院提起自诉，人民法院应当依法受理。对于证据不足、可以由公安机关受理的，或者认为被告人可能判处三年以上有期徒刑的，应当移送公安机关侦查。

重婚者承担的法律责任主要分为两种：

(1)民事责任。我国《婚姻法》规定，无过错的一方在离婚的同时要求重婚者承担损害赔偿责任的，重婚者应当承担相应的损害赔偿责任。

(2)刑事责任。重婚者，应当承担刑事责任。重婚罪表现为：与配偶登记结婚之后，又与他人登记结婚，也即两个法律婚的重婚；与配偶登记结婚之后，又与他人虽没有登记结婚但确以夫妻关系同居生活，此即为先法律婚后事实婚型的重婚；没有配偶，但明知对方有配偶而登记结婚或以夫妻关系同居而重婚。如果没有配偶一方确实不知对方有配偶而与之结婚或以夫妻关系共同生活的，无配偶一方不构成重婚罪，有配偶一方则构成重婚罪。

本案中，人民法院应当对丁某以重婚罪论处。同时，丁某还应承担对蔡某的损害赔偿责任。

法律依据

《中华人民共和国婚姻法》第三十二条规定："有下列情形之一，调解无效的，应准予离婚：(一)重婚或有配偶者与他人同居的；(二)实施家庭暴力或虐待、遗弃家庭成员的；(三)有赌博、吸毒等恶习屡教不改的；(四)因感情不和分居满二年的；(五)其他导致夫妻感情破裂的情形。一方被宣告失踪，另一方提出离婚诉讼的，应准予离婚。"

第四十五条规定："对重婚的，对实施家庭暴力或虐待、遗弃家庭成员构成犯罪的，依法追究刑事责任。受害人可以依照刑事诉讼法的有关规定，向人民法院自诉；公安机关应当依法侦查，人民检察院应当依法提起公诉。"

第四十六条规定："有下列情形之一，导致离婚的，无过错方有权请求损害赔偿：(一)重婚的；(二)有配偶者与他人同居的；(三)实施家庭暴力的；(四)虐待、遗弃家庭成员的。"

《中华人民共和国刑法》第二百五十八条规定："有配偶而重婚的，或者明知他人有配偶而与之结婚的，处二年以下有期徒刑或者拘役。"

6. 破坏军婚行为应负何种法律责任？

案情简介

中国人民解放军驻某省部队技术员毛某长年驻守边疆，结婚3年尚未生育。毛某的妻子刘某是某公司白领，从事文秘工作。刘某所在公司的经理张某早年丧偶，知道刘某的丈夫在边疆服役，且一直对刘某的工作能力赞赏有加。久而久之，张某对刘某产生了特殊的感情。张某认为，玩弄“小秘”是当今商界的“时尚”，故开始向刘某提出一些非分的要求，并要求发生两性关系。开始，刘某拒绝。后来，张某许诺给刘某大幅度加薪，刘某开始仍不为所动。随着张某的软磨硬泡，刘某只好依了张某的非分要求。一来二去，慢慢地，二人的关系开始变得不寻常起来。此后，二人逐渐发展为秘密同居，张某每月也塞给刘某一个大红包以示回馈。一次，毛某部队有任务，在执行新任务前，部队首长临时批准了他十天探亲假。毛某事前没有与妻子打招呼，当天乘飞机深夜抵家，无意中捉了奸。毛某气愤至极，当即要求张某写下检讨，并追问刘某，刘某如实地告知了与张某的暧昧经过，表示不愿与毛某离婚，并保证下不为例。毛某见妻子已做忏悔，顿时心软。次日，毛某去人民法院起诉张某破坏军婚。张某被判刑后，毛某又与刘某和好。不久，刘某到毛某处随军生活去了。

专家提示

本案涉及破坏军婚行为的定性及所应承担的法律责任等法律问题。

所谓破坏军婚，是指明知是现役军人的配偶而与之结婚或者同居的行为。军婚，是与现役军人形成婚姻关系的婚姻。现役军人，是指有军籍的，正在中国人民解放军、中国人民武装警察部队服役的官兵。

军人担负着保卫祖国，保卫社会主义建设的神圣职责。由于军人的工作、学习、战斗等特殊原因决定他们必须远离自己的家乡和亲人，为祖国贡献出宝贵的青春年华，甚至生命。因此，法律对现役军人的婚姻给予特殊保护是完全应当和必要的，这样既有利于巩固人民军队，提高人民解放军的战斗力，又符合国家和人民的利益。我国《婚姻法》规定，现役军人的配偶要求离婚的，除了军人一方有重大过错之外，必须得到军人的同意。这些保护军婚的规定，能够稳定军人的婚姻关系，使军人安心服役，充分体现了党和国家对军人的特别关怀。

破坏现役军人的家庭婚姻关系，应受到刑法的严厉打击。人民法院对于破坏军人婚姻家庭构成犯罪的，应当依法追究破坏军婚者的法律责任。破坏军婚罪主要表现为行为人与现役军人的配偶同居或者结婚，依照《最高人民法院关于破坏军人婚姻罪的四个案例》的按语，破坏军婚罪的客观方面还包括明知是现役军人的配偶而与之长期通奸，情节恶劣的行为。

本案中，张某在明知刘某的丈夫是现役军人的情况下，仍与刘某通奸甚至同居，破坏了军人毛某的婚姻家庭关系，应当以破坏军婚罪处罚。

法律依据

《中华人民共和国婚姻法》第三十三条规定："现役军人的配偶要求离婚，须得军人同意，但军人一方有重大过错的除外。"

《中华人民共和国刑法》第二百五十九条规定："明知是现役军人的配偶而与之同居或者结婚的，处三年以下有期徒刑或者拘役。利用职权、从属关系，以胁迫手段奸淫现役军人的妻子的，依照本法第二百三十六条的规定定罪处罚。"

7. 违反《继承法》的行为应负何种法律责任?

案情简介

王小和王大是亲兄弟,但素来关系不好,母亲也早早过世。2008 年 12 月,父亲因病去世,生前未立遗嘱。王氏兄弟在商量父亲遗产的分割问题时,王大提出父亲过世时自己多出了几千元的丧葬费,应该多分一点,而王小坚决反对,认为自己在父亲晚年时对父亲的照顾比哥哥要多,自己应当多分遗产。由于双方都不愿让步,父亲的遗产继承问题一直无法谈拢,有一次兄弟俩甚至还差点大打出手。一天深夜,王小越想越气,遂拿起自家菜刀偷偷地爬到隔壁哥哥王大家中,趁哥哥熟睡时将其杀害,后被公安机关发现。

专家提示

本案涉及违反《继承法》的行为所应承担的法律责任的法律问题。

违反《继承法》的行为,是指故意违反《继承法》的原则、规则,侵害他人合法的继承权和其他权益,或者损害国家、集体利益的行为。行为主体既可以是继承人中的一人或数人,也可以是其他的继承参与人,如遗嘱执行人、遗产保管人、受遗赠人、酌情分得财产人等,还可以是丧失继承权人,以及继承人、继承参与人以外的其他公民,甚至还可以是某些社会组织。

违反《继承法》的行为以民事违法行为为主,主要包括:第一,侵害公民合法的继承权。侵害公民合法的继承权有多种表现形式，例如侵吞或非法占有遗产，伪造、篡改或者销毁遗嘱，负有通知义务的人不通知全部继承人就分割遗产，非法剥夺老年人、未成年人、妇女和残疾人的继承权，故意不为胎儿保留继承份额等。第二，侵害公民或者国家、集体的财产所有权。其特征是把本不属于被继承人所有的财产列入了遗产并加以分割，例如把夫妻共同财产、家庭成员共同财产或者合伙的财产中属于生存配偶或者其他共有人的财产作为遗产分割。把由被继承人占有、使用过的国家、集体或者他人的财产当作遗产分割等。第三，违反合同的行为。这种行为表现为继承人取得遗产中的财产权利之后拒绝清偿或拒绝全部清偿被继承人生前所负债务。除了民事违法行为以外，违反《继承法》的行为还包括以下两个方面的内容：一是继承人和受遗赠人在取得被继承人的遗产后，拒不缴纳被继承人生前欠缴的税款，这是违反国家税收法律法规的行为。二是在继承中有关公民为争夺遗产而从事的刑事犯罪行为，如杀害其他继承人等。

违反《继承法》所应承担的法律责任主要分为两种：

(1)民事责任。我国《继承法》并未对法律责任做出专门规定。因此，侵害公民合法继承权和在继承中侵害国家、集体或者其他公民财产所有权的法律责任，应适用我国《侵权责任法》的有关规定；在继承中拒绝清偿遗产中债务的法律责任，应适用我国《合同法》的有关规定。另外，我国《继承法》还规定，为了争夺遗产而杀害其他继承人的，丧失继承权。丧失继承权的规定，是继承法律关系中一种专门而又重要的制裁方式。

(2)刑事责任。在继承法律关系中，经常发生的刑事犯罪主要有故意杀人罪、虐待罪和遗弃罪。对于构成犯罪的，应当依法追究犯罪人的刑事责任，如故意杀害被继承人和为争夺遗产而杀害其他继承人的，应当以故意杀人罪论处。遗弃被继承人的或者虐待被继承人，情节严重的，分别以遗弃罪和虐待罪论处。

本案中，王小为了争夺父亲的遗产杀害哥哥的行为违反了《继承法》的规定。王小丧失了对父亲的遗产继承权，同时应以故意杀人罪定罪处罚。

法律依据

《中华人民共和国继承法》第七条规定："继承人有下列行为之一的，丧失继承权：(一)故意杀害被继承人的；(二)为争夺遗产而杀害其他继承人的；(三)遗弃被继承人的，或者虐待被继承人情节严重的；(四)伪造、篡改或者销毁遗嘱，情节严重的。"

《中华人民共和国刑法》第二百三十二条规定："故意杀人的，处死刑、无期徒刑或者十年以上有期徒刑；情节较轻的，处三年以上十年以下有期徒刑。"

参考书目

1. 婚姻家庭纠纷实用法律手册
作　者:《常见纠纷法律手册》编写组
出版社:中国法制出版社 2007.3

2. 农村婚育知识百问
作　者:李　旭
出版社:西南交大出版社 2008

3. 新农村建设实用法律丛书
作　者:张　培　余文唐
出版社:厦门大学出版社

4. 家庭财产纠纷
刘东根　主编
徐晓三、许亚宝编著
时代出版传媒股份有限公司　黄山书社出版

图书在版编目(CIP)数据

婚姻与家庭的规矩方圆：婚姻家庭法律问题解答 / 徐康平，唐玮主编. --北京：学苑出版社，2011.10

ISBN 978-7-5077-3870-4

Ⅰ. ①婚… Ⅱ. ①徐… ②唐… Ⅲ. ①婚姻法－中国－问题解答 Ⅳ. ①D923.905

中国版本图书馆 CIP 数据核字(2011)第 201515 号

责任编辑：郑泽英
封面设计：北京攀轩致远文化有限公司
出版发行：学苑出版社
社　　址：北京市丰台区南方庄 2 号院 1 号楼
邮政编码：100079
网　　址：www.book001.com
电子邮箱：xueyuan@public.bta.net.cn
销售电话：010－67675512、67678944、67601101(邮购)
经　　销：全国新华书店
印 刷 厂：北京长阳汇文印刷厂
开本尺寸：850×1168　1/32
印　　张：11.875
字　　数：270 千字
版　　次：2012 年 3 月北京第 1 版
印　　次：2012 年 3 月北京第 1 次印刷
定　　价：19.00 元